확률가족:
아파트키드의
가족 이야기

KB079996

국립중앙도서관 출판예정도서목록(CIP)

확률가족: 아파트키드의 가족 이야기 / 박재현, 김형재 엮음.
-- 서울 : 마티, 2015
260 p. ; 14.8 × 21.76 cm

ISBN 979-11-86000-19-9 03330 : ₩16000

한국 사회[韓國社會]

330.911-KDC6
301.09519-DDC23

CIP2015022322

확률가족: 아파트키드의 가족 이야기

박재현 김형재 엮음
기획 박해천

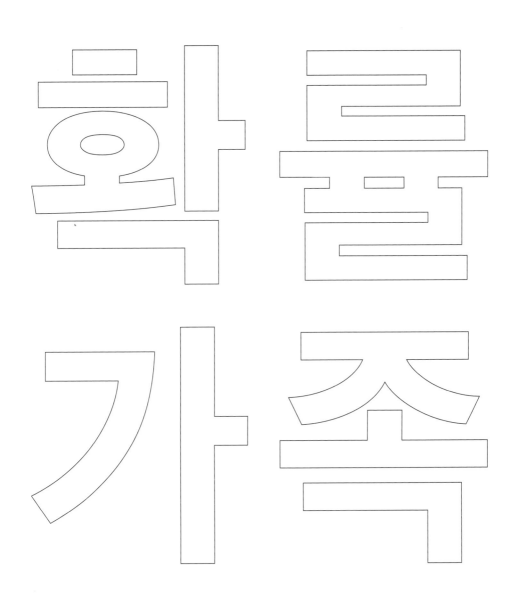

마티

기획의 글
아파트-중산층-핵가족, 그 이후의 세계

일반적으로 아파트에 대한 인식은 두 갈래이다. 하나는 전체 주택의
60퍼센트에 가까운 비중을 차지한 지배적인 주거 형식이라는 것이며,
다른 하나는 입지 조건만 맞아떨어지면 사용할수록 몸값이 올라가는
놀라운 중고 상품이라는 것이다. 특히 고도성장기의 아파트는 주거
공간과 중고 상품, 사용가치와 교환가치라는 이중적 특성을 결합시켜
중산층이 되고자 하는 이들에게 계층 상승의 도약대 구실을 해왔다.

　약간 도식화하자면, 70년대의 강남, 80년대의 목동, 상계·중계,
과천, 90년대의 수도권 신도시에 대규모 아파트 단지들이 솟아올랐고,
그 단지들 각각은 당시 '내 집 마련'에 나섰던 4·19세대, 유신 세대,
386세대 일부의 몫으로 돌아갔다. 이들은 분양가 상한제 덕분에 비교적
저렴한 비용으로 아파트를 구입할 수 있었다.

　흥미로운 것은 입주 이후였다. 그들 상당수는 '근로소득자'로서의
정체성을 청산하고, 아파트 시세 상승이 가져다준 경제적 여유를
바탕으로 '중산층 소비자'의 일상을 설계하기 시작했다. 대규모 단지
주변의 교회, 쇼핑 시설, 학원가 등이 입주 첫 세대의 생애주기에 맞춰
세를 확장했던 것도 이런 이유 때문이었다. 이런 측면에서 이 시기의
아파트는 중산층 위주로 물질적 부를 분배하는 사회적 시스템이나
다름없었다. 사실상 복지 제도를 대신했던 이 시스템의 에너지원은 연간
10퍼센트를 넘나들던 특정 시기의 경제성장률이었다.

　따라서 다음과 같이 말할 수 있을 것이다. 1960년대 이후 '조국
근대화'의 흐름을 타고 대도시에 당도한 개별 세대의 청춘들은 4·19
혁명, 유신 헌법 공포, 5·18 광주 등 10년 주기의 정치적 격변을 통해

사회문화적 동질의식을 공유하면서도, 고학력이라는 상징 자본의 습득을 통해 10년 주기의 경제 호황의 흐름을 타고 사회적 이동성의 경로를 확보할 수 있었으며, 더 나아가 가정을 이룬 뒤에는 10년 주기로 건설된 대규모 아파트 단지에 입주함으로써 중산층이라는 계층적 지위를 획득할 수 있었다고 말이다. 이런 측면에서라면, 4·19세대, 유신세대, 386세대 등 10년 주기의 세대론은 고도 성장기에 중산층의 지위를 확보한 이들의 계급의식이라고 볼 수도 있다.

주지하다시피, 고학력과 아파트를 통한 중산층 진입 경로가 변모하기 시작한 것은 IMF 외환위기 이후였다. 경제성장률은 과거의 영광을 되풀이하지 못한 채 맥없이 주춤거렸고, 분양가 상한제를 비롯한 각종 규제가 폐지되었다. 이전까지 정부-건설업체-중산층이 삼각편대를 구성해 수도권의 대규모 아파트 단지 상공을 비행했던 반면, 이제는 은행-건설업체-중산층이 아파트와 맺고 있는 이해관계를 조정하기 위해 삼위일체의 신성동맹을 구축했다. 은행은 정부의 빈자리를 재빨리 낚아챈 뒤, 건설업체와 중산층 사이에서 자금 흐름의 가교 역할을 떠맡았다. 이런 변화와 함께 대학 진학률은 20여 년 전의 도시화율 그래프와 유사한 기울기로 증가했고, 대학 등록금은 천정부지로 올랐다. 자녀 교육에 대한 가계 부담 역시 그만큼 증가할 수밖에 없었다.

이 모든 변화의 의미가 분명해진 것은 2008년 미국 금융위기 이후였다. 사회적 이동의 진입로마다 거대한 바리케이드가 세워져 있다는 사실을 증언하기 위해, 두 종족이 '세대론'의 형식을 빌려 언론 지면에 출몰하기 시작했다. '베이비붐 세대'와 그 자녀 세대인 '에코 세대'가 바로 그들이었다. 그리고 이와 함께 10년 주기의 세대론은 빠른 속도로 힘을 잃어갔다.

먼저 '베이비붐 세대'부터 살펴보자. 이 명칭에 호명된 상당수는 부모 공양과 자녀 교육에 상당한 비용을 지출한 터라 제대로 노후

생활을 준비하지 못했다. 게다가 가계 부채마저 그들의 발목을
잡고 있는 상태였다. 돌이켜 보면, 이 세대의 당사자에게는 자신의
운명이 기구하게 느껴질 법도 했다. 그들은 10퍼센트 초반대의 대학
졸업자들을 배출하면서, 정부의 산업화 정책이 추동한 '이촌향도'의
흐름을 양적으로 주도했다. 하지만 두 차례의 오일쇼크라는 경제 위기와
유신정권의 긴급 조치라는 정치적 압력 앞에서 고개를 숙인 채 '20대의
청춘'을 소진할 수밖에 없었고, 87년 민주화 항쟁과 그에 뒤이은 노동자
대투쟁을 거친 후에야 비로소 제 목소리를 드높일 수 있었다. 특히나
'머릿수만 많은 낀 세대'의 운명은 90년대 후반 이후 악화일로였다.
1997년이 되어 IMF 외환위기에는 구조조정의 대상으로, 2008년 미국
금융위기에는 은퇴를 코앞에 둔 하우스푸어로, 두 차례의 경제위기에서
희생양이 되어야만 했다.

　한편, '에코 세대'는 '베이비붐 세대의 자녀 세대'라는 의미를
명시적으로 드러내면서 비관적인 미래 전망의 대명사로 급부상했다.
사실 이 이름으로 호명된 상당수는 생애주기에 따라 '이해찬 세대',
'트라우마 세대', '88만원 세대' 등 각기 다른 명칭으로 불렸다. 그리고
1990년대 초중반 이후 산업화된 사교육 시스템을 경유해 70~80퍼센트
대의 높은 진학률로 대학에 입학했다. 그러나 2000년대 초반부터
기업화되기 시작한 대학 교육 제도 안에서 별다른 자율권을 행사하지
못한 채 교육 소비자로 처신해야만 하는 상황이었고, 취업의 비좁은
관문을 통과하기 위해 '자기 계발'과 '스펙 경쟁'에 몰두해야만 하는
처지였다. 그들의 청춘은 적자생존의 현실 원리 앞에서 한없이
무기력했다. 그들에게 그나마 한숨 돌릴 여유를 제공해준 도피처는
청소년기 시절부터 함께해온 '인터넷 게시판'과 '온라인 게임' 같은 가상
세계였다.

　여기서 흥미로운 것은 각종 언론이 서사화한 '베이비붐 세대'와 '에코

세대'의 가족이야기가 해당 세대 전반에 대한 것이 아니라, 중산층의
자리에서 이탈하기 시작한 그 세대의 하위 종족에 대한 것이었다는
점이다. 그러니까 그것은 IMF 외환위기 이후 10여 년이 지난 후
본격적으로 모습을 드러낸 중산층 가족 모델의 쇠락에 대한 것에 다름
아니었던 것이다.

그렇다면 이 쇠락의 서사 앞에서 새로운 변화의 가능성을 찾아볼
수는 없을까? 지난 두 번의 대선에서 드러났듯이, 2000년대 중반 이후
뚜렷해진 '베이비붐 세대'의 정치적 보수화는 그런 변화의 부정적 양상
중 하나일 것이다. 지난 대선 이후 수많은 비판의 표적이 되었던 이런
정치적 선택은 나름의 '합리성'을 지닌 집단적 행위라고 볼 수도 있다.
개혁의 출구가 마땅히 보이지 않는 상황에서 지금까지 살아온 방식대로
앞으로도 살아가길 바라는 마음의 표현일 수 있기 때문이다. 이런
관점이라면 다음과 같이 말할 수 있을 것이다. 그들은 자신이 상상한
이해관계 안에서 현 시스템의 유지에 베팅을 한 것이라고 말이다.

반면, '에코 세대'의 상황은 부모 세대와 달랐다. 1·2인 가구의 증가,
'삼포 세대'라는 별칭의 등장, 저출산 기조의 지속 등은 이제 30대에
접어들기 시작한 이 세대의 구성원들이 저성장·고령화 시대의 문턱을
어떻게 넘어서고 있는가를 보여주는 지표일 것이다. 과연 이런 상황에서
이들은 가족, 주거, 교육, 소비의 측면에서 새로운 돌파구를 만들어낼 수
있을까? 더 나아가 아파트와 사교육으로 요약되는 부모 세대의 삶, 달리
말하면, 고도성장기의 중산층 핵가족 모델에서 탈피해 저성장 시대에
걸맞은 새로운 삶의 모델을 발명해낼 수 있을까?

이 책은 위와 같은 질문들을 출발점으로 삼아, '에코 세대'의 개인들이
부모와의 관계 속에서 자신의 주거 공간을 마련해가는 과정을
살펴보고자 기획되었다. 여기에 실린 글들은 2012년 11월부터

2014년 7월까지 『한겨레신문』이 발행하는 교양 월간지 『나-들』에
"아파트키드의 생애"라는 제목으로 연재되었던 것이다. 기획의 초안을
잡은 것은 나였지만, 이 초안을 다듬어 연재물의 형태로 발전시킨 것은
부동산 연구자 박재현, 편집자 김류미, 디자이너 김형재였다. 이들은
연재 기간 내내 부지런히 주변을 탐문하며 기획 의도에 부합하는 다양한
계층의 필자들을 지면 위로 불러 모으려고 노력했다. 그리고 이들로부터
원고를 청탁받은 필자들은 주거 공간에 얽힌 개인사의 우여곡절을
허심탄회하게 글로 풀어내주었다.

개별 글들이 미시적 차원에서 제각각의 개인사를 다루고 있는 반면,
이 책을 위해 따로 준비한 박재현의 두 글과 김형재의 인포그래픽은
거시적 차원에서 이 글들을 조감할 수 있는 구조적 프레임을 제공한다.
아마도 독자들은 미시적 차원과 거시적 차원을 바쁘게 오가면서, 주거
공간과 관련된 자신의 상황을 좀 더 냉정하고 객관적으로 바라볼 수
있을 것이다.

책 제목에 관해 설명을 덧붙이자면, 지난 2014년 12월 박재현과
김형재는 '옵티컬 레이스'라는 이름으로 아르코 미술관의 "즐거운
나의 집" 전시에 「확률가족」이라는 리서치 기반의 인포그래픽 작품을
선보인 바 있다. 눈 밝은 독자들은 이미 알아챘겠지만, 이 책은 그
작품과 '확률가족'이라는 제목을 공유하고 있다. 처음부터 의도한
것은 아니지만, 주거 공간을 둘러싼 부모 세대와 자식 세대의 관계를
살펴본다는 점에서 그리고 '옵티컬 레이스'가 진행하는 작업과
문제의식의 연속성이라는 면에서 '확률가족'이 본래의 연재 제목이었던
'아파트키드의 생애'보다 적합한 제목이라고 판단했다. 이후에도
'옵티컬 레이스'가 출판과 전시를 오가며 다양한 형식으로 동명의
연작을 계속 발표해주었으면 하는 바람이다.

기획 초기, 당시 『나-들』의 창간호를 준비하던 안영춘 편집장님과

이재훈 기자를 만난 것은 큰 행운이었다. 아마도 그들의 지지와 도움이
아니었으면, 이 책의 기획 제안서는 수신인을 찾지 못한 채 재활용
쓰레기통에 버려지고 말았을 것이다. 이 자리를 빌려 큰 감사의 마음을
전한다. 그리고 이 책의 취지에 동감하고 좋은 글을 써주신 필자
분들, 개인적인 사정으로 끝까지 함께 하지 못한 김류미 씨, 이 책이
나오기까지 적극 후원해주신 도서출판 마티의 박정현 편집장님께도
감사의 말씀을 드린다.

　박해천

차례

한 부부의 이야기

가나 / 허쉬

여자(가나)

아버지
1950년생

어머니
1959년생

본인
1981년생
여자, 회사원

남자(허쉬)

아버지
1949년생

어머니
1951년생

본인
1977년생
남자, 회사원

여자의 부모님

1997년 11월 21일, 한국 정부는 IMF에 구제금융을 요청했음을 공식
발표했다. 1997년은 시작부터 위기의 징조로 가득했다. 1월에는
한보철강이 부도났다. 회장의 갖가지 비리와 주요 결정을 역술인에
의지했다는 소식을 신문과 방송이 전했다. 두 달 뒤 3월에는 삼미그룹이
무너졌다. 바로 다음 달에는 진로그룹이 부도났다. 그리고 6월에는
한신공영그룹 차례였다. 그때는 이 일들이 커다란 변화의 시작이라는
점을 깨닫지 못했다. 사주의 착복, 정치인과의 유착, 비리를 성토하는
뉴스를 보며 혀를 차고 있었지만 정직하고 성실하게 살아온 우리는
묘한 안도감을 느꼈다. 마치 벌을 받을 이들에게 돌아갈 응보가 마침내
찾아온 것 같았다. 그러나 일련의 사태는 커다란 변화의 서막이었다.
나는 미처 알 수 없었던 원인들이 열매를 맺기 시작하는 신호였던
것이다. 변화는 언제나 알기 전에 일어나 우리를 기다리고 있었다.
이제야 돌아보니 우리 가족이 직접 혹은 간접으로 겪은 변화에는
하나하나 이유가 있었고 우리에게 영향을 주었다. 1997년 3월에는
초등학교 교과목에 영어가 추가되었다. 몇 년 뒤 나는 취업에서 영어
성적이 얼마나 중요해졌는지 실감하게 되었다. 상고를 졸업한 아버지의
선배들은 전교에서 10등 이내에 들어야 은행에 취직할 수 있었다.
그런데 아버지가 졸업할 때에는 무려 100명이나 은행에 취직할 수
있었다. 늘 전교 5등 이내였던 아버지는 100여 명의 친구들과 은행에
취직했다. 이런 변화가 갖는 의미는 1990년대가 돼서야 명백해졌다.
　아버지가 다니던 은행이 사라졌다. 상업은행과 한일은행은
한빛은행이 되었다가 평화, 광주, 경남은행 등과 함께
우리금융지주회사의 자회사가 되었다. 이후 한빛은행은 다시
평화은행과 분할·합병되어 우리은행이 되었다. 국민은행과 대동은행이
1998년 국민은행으로 합병하더니 곧 장신은행까지 국민은행이 되었다.

이후 동남은행을 합병한 주택은행 역시 국민은행이 되었다. 한 학교에서
열 명만 은행에 취직하던 시절의 선배들은 지점장으로 승진할 수
있었다. 그러나 아버지 대에 이르자 승진에는 또 다른 적성이 필요했다.
90명의 경쟁자가 늘어난 덕분이었다. 아버지는 차장을 마지막으로
직장에서 나왔다. 그리고 어머니는 경제신문을 구독하기 시작했다.

어머니는 서울에서 태어났다. 어머니의 아버지, 나의 외할아버지는
하는 일 없는 한량이었다고 한다. 외가의 가계 형편은 남자 형제들이
일을 할 수 있는 나이가 되어서야 겨우 나아졌다. 형제가 여덟이었지만
어머니는 중학교를 졸업한 후 공장에 나가 일을 시작해야 했다.
나중에야 고등학교까지 학업을 마친 어머니는 가난을 반드시 벗어나야
한다는 생각으로 지금까지 살아왔다고 회상한다. 어머니가 아버지를
만나 결혼한 이유에도 이런 현실의 문제가 없지 않았다. 당시 은행원은
일등 신랑감이었던 것이다. 어머니는 언제나 미래를 준비하고
있었다. 쓰는 돈보다 저축하는 돈이 늘 많았다. 아끼고 아끼는 생활이
계속되었다. 저축은 적금으로 차곡차곡 쌓여갔다. 내가 학창시절 별다른
문화 생활이나 취미를 가지지 않은 것, 남들처럼 학원이나 과외로
돈을 많이 쓰지 않았던 것은 이렇게 검약하는 생활의 영향일 것이다.
IMF 외환위기 이후 어머니는 본격적으로 가계를 경영하기 시작했다.
아버지가 일을 그만두었지만 당장 생활에 어려움은 없었다. 그동안
저축으로 모아온 돈이 상당했던 것으로 기억한다. 어머니는 그 돈을
가지고 미래를 위한 대비를 시작했다.
　1999년, 어머니가 본격적으로 움직이기 시작한 때를 이야기하려면
그전까지의 이사 이력을 먼저 짚어봐야 한다. 지금에서야 돌아보면서
느끼는 것이지만 이때의 경험이 아버지 실직 후의 어머니를 만든
원동력이 아니었나 생각한다. 1980년 초 결혼 직후 어머니가 처음으로

산 집은 인천의 주공아파트 13평형이었다. 이 아파트의 당시 가격은 860만 원이었다. 분양을 받고 다달이 상환금을 갚아나갔다. 아마 아버지 직장 주택조합으로 분양받은 것이 아니었나 짐작한다. 새집에서의 생활도 잠시, 그해 11월경 아버지의 승진과 함께 지방 발령이 있었다. 어머니는 이 집을 팔지 않고 그대로 둔 채 이사를 했다. 지방의 작은 아파트를 전세로 빌려 살았다. 지방 생활은 그리 길지 않았다. 이듬해가 되자 다시 인천으로 돌아올 수 있었다.

1982년, 첫 집이었던 주공아파트를 550만 원을 받고 팔았다. 살 때보다 300만 원이나 떨어진 가격에 판 것이었다. 어머니는 이때 큰 손해를 보았노라 회상한다. 하지만 손해를 감수하고서라도 이 집을 판 이유가 있었다. 어머니는 내가 태어난 지 얼마 지나지 않았을 때부터 몇 가지 구상을 가지고 있었다. 우선 서울로 집을 옮기는 것, 그리고 단독주택을 사서 세를 놓는 것이었다. 인천에 첫 집을 마련하고 잠시 지방에 내려가 살면서도 어머니는 서울을 주시하고 있었다. 인천의 아파트 가격이 떨어지는 것이 오히려 어머니의 등을 떠민 격이 되었다. 약간의 조바심을 더해준 것이었다.

도봉구에는 토지구획정리사업 후에 지어진 단독주택이 많았다. 어머니는 이곳의 한 단독주택을 2,700만 원에 샀다. 인천 주공아파트를 판 돈 550만 원에 저축을 보태 700만 원을 마련하고 나머지 2,000만 원은 대출받았다고 한다. 당시 이렇게 큰돈을 대출받을 수 있었던 것은 은행에 다니는 아버지 덕이었다. 마당이 있는 2층 단독주택에서 우리 가족은 2층에 살았다. 1층은 몇 개 방을 나누어 세를 주었다. 어머니는 세를 받아 대출금을 갚아나갔고 나머지는 저축을 했다. 이 집에서 7년을 살았다. 나는 어려서 이 집에 대한 별다른 기억이 없지만 단독주택은 어머니를 어지간히 번거롭게 만들었나 보다. 크고 작은 하자가 끊이지 않았다. 1층은 세를 놓았기 때문에 문제가 생길 때마다 고치느라 신경을

써야 했다. 여름에 큰비가 있으면 비가 새거나 겨울에 수도관이 얼어
터지는 일은 매년 치르는 행사 같은 것이었다. 자주 바뀌는 세입자를
관리하는 일도 번거롭기만 했다. 어머니는 다시 아파트로 이사할 결심을
했다.

  2,700만 원에 산 집이 어느새 1억에서 조금 모자란 9,800만 원이
되어 있었다. 1988년 서울올림픽을 치르고 난 후 집값은 크게 올랐다.
서울의 집값은 1989년 16.6퍼센트, 1990년엔 24.2퍼센트가 올랐다.
1986년부터 1988년에 이르는 시기까지 연평균 10퍼센트가 넘는
고성장과 3저호황의 결실은 그대로 집값으로 반영되었다. 우리
집 가격도 7년 만에 세 배가 넘게 올랐다. 1989년에 토지공개념이
도입되었고 서울뿐 아니라 수도권에 신도시를 조성하여 주택 200만
호를 공급하겠다는 특단의 대책이 동시에 발표되었다. 1기 신도시들의
입주가 시작되던 1991년, 마침 어머니는 금천구에 새로 지은 아파트
단지 분양 공고를 발견하였다. 그때까지만 해도 어머니에게 강남이란
별다른 인상을 주는 곳이 아니었던 모양이다. 주변에서 언뜻 보기에는
강남이라 하여 그리 유별날 것이 없었다 했다. 그저 서울이면 되지
않겠냐는 마음이었다고 한다. 주택채권 1,000만 원 가량을 포함하여
5,600만 원에 아파트를 분양받았다. 어머니는 앞으로 여기서 평생을
살겠다 결심했다고 한다.

  1994년, 영등포구 양평동에 코스트코 코리아가 첫 점포 '프라이스
클럽'을 열었다. 비교적 가까운 곳에 있던 우리가 사는 아파트
단지에서도 주말이면 이 곳을 이용하는 유행이 일었다. 단지 내에서
좀 산다 싶은 집에서는 주말마다 차를 가지고 가 동네에서는 잘 볼 수
없었던 식료품이나 가정용품 등을 차에 가득 싣고 오는 모습을 자주
볼 수 있었다. 자연스럽게 '프라이스 클럽'과 가까웠지만 그때까지도
미완성의 신도시였던 목동에 대한 관심이 일기 시작했다. 이곳에서 평생

살겠다던 어머니도 목동으로 움직일 마음이 들었다. 1991년에 5,600만 원에 분양을 받은 아파트는 어느덧 1억을 훌쩍 넘었다. 토지공개념과 1기 신도시 입주로 5년 내내 집값은 횡보하거나 조금 떨어지기까지 했지만 분양가는 토지가격과 건설원가에 연동된 것으로 애당초 주변 시세보다 반 이상 싼 가격이었다. 아파트를 분양받는 것만으로도 돈을 버는 셈이었다. 시야에 들어온 목동 아파트 가격도 2억 원이 조금 넘는 수준이었다. 그때까지 살던 집에서 저축한 돈을 조금만 보태면 옮길 수 있는 수준이었다. 어머니는 저층으로 조성된 목동 1단지 아파트를 둘러보고는 옮길 결심을 굳혔다.

목동으로 옮길 즈음에 막간극이 하나 있었다. 어머니는 목동 이주에 생각보다 큰돈이 들지 않자 남은 여유 자금으로 광명시에 땅을 조금 사둘 생각을 하신 모양이었다. 그리고 생각에서 그쳤다. 나중에 그 땅에는 광명역이 들어서게 된다. 이 막간극은 2000년 이후 어머니의 투자 행보의 서막과 같은 것이 되었다.

어머니가 본격적으로 경제신문을 구독하기 시작한 것은 1999년이다. 매일매일 1면 오른쪽 끝에서 시작하여 마지막 면 왼쪽 끝까지 한 번에 다 읽었다. 어머니는 이렇게 신문을 꾸준히 읽어나가다 보면 어느 순간 흐름이 보인다고 말했다. 어머니는 사교적인 성격도 아니었고 구태여 뭘 배우러 다니거나 부동산을 잘 아는 이웃 아주머니들과 어울리지도 않았다. 다만 혼자 꾸준히 신문을 읽었다. 그리고 그 보이는 흐름에 따라 그동안 모아온 저축을 굴릴 생각을 했다. 당신은 꾸준하게 신문을 읽은 덕분이라 말하지만 그것만은 아닐 것이다. 결혼 후 첫 집을 마련하고 이사를 다니는 동안, 직접 발로 뛰고 귀로 듣고 사는 동네와 그 주변과 서울에 촉각을 곤두세우며 하나하나 결정을 내리는 동안에 어머니는 비록 글로 표현하지는 못하지만 이미 많은 것을 익힌 것 같다. 매일 정독한 신문이 그 경험을 하나하나 지식으로 만들어준 것이다.

30년 가까운 세월을 은행에서 보내고 외환위기를 맞아 차장으로
명예퇴직을 한 아버지는 달랐다. 집안 형편이 어려웠지만 배움이 낯설지
않았던 아버지는 서울의 유명한 상고로 진학했다. 지방에서 서울로
올라와 학교를 다니기 시작하여 직장을 그만두는 날까지 한눈 팔지 않고
성실하게 살아왔다. 성실한 아버지와 검소한 어머니 콤비는 고성장
고금리 시기를 함께하며 성공적으로 가계를 꾸려왔다. 저축으로 집을
늘려 나가며 다시 저축하는 것으로 외환위기 직전에 목동의 27평형
아파트를 빚 하나 없이 가질 수 있었다.

어머니와 아버지는 함께 가정을 꾸려왔지만 계산법은 달랐다.
아버지는 매달 그리고 매년 성실하게 월급을 가져다주었다. 쳇바퀴 같은
일상이 주는 열매를 믿었다. 그 열매란 곧 저축이었다. 그리고 저축은
100퍼센트 믿을 수 있는 것이었다. 하지만 어머니는 절약과 저축만이
비결이 아니었음을 체득하고 있었다. 어머니에게도 저축은 중요했다.
저축을 통해 집을 살 수 있었기 때문이다. 집을 가지고 있다는 것의
이점을 어머니는 알고 있었다. 집을 가지고 있기에 더 많이 저축할 수
있었다. 빚을 지더라도 세를 받아 메꿀 수 있었다. 게다가 집은 가격이
오르는 것이었다. 저축은 집을, 집은 시세 차익으로 돈을 불려주었다.
아버지와 어머니 사이의 이러한 경험 차이가 1999년 이후 우리 집의
운명을 결정했다.

1996년 11월 대우전자 대표 배순훈 회장은 목동에 국내 최대 규모가
될 기술연구소인 '테크타워' 건립 기공식을 가졌다. 3,000여억 원의
자금을 투입하여 4,000여 명이 입주할 이 건물은 2000년 완공을
목표로 하고 있었다. 영국을 대표하는 하이테크 건축의 대표 건축가
노먼 포스터 경이 설계를 맡았다. 그러나 대우전자의 운명은 아버지와
같았다. 사는 방식은 완전히 딴판이었음에도 말이다. 외환위기와 함께

대우그룹은 공중분해되었고 '테크타워' 부지는 동양건설에 매각되었다.
서울 서부지역의 중심업무지구를 조성하려던 목동의 계획도 함께
날아갔다. 대신 이곳은 주상복합 전성시대의 최전선이 되었다.
목동중심업무지구에는 주상복합 동양파라곤, 현대의 하이페리온 1차와
2차, 트라펠리스, 삼성 쉐르빌이 들어서게 되었다. 기업이 있어야 했던
자리에 주택이 가득 들어서게 되었다. 어머니는 이 흐름에 주목했다.

　어머니는 아버지 퇴직 후 그동한 모아 둔 저축과 아버지의
퇴직금으로 혼자 증권회사에 다니며 투자에 나섰다. 당시 벤처 열풍을
타고 적지 않은 수익을 내며 생활비를 버셨다. 그리고 이때에도 목동
주변 집값에서 시선을 떼지 않았다. 그러던 와중에 2억대 중후반을
호가하던 목동 27평 아파트 가격이 잠시 주춤하기 시작했다. 2001년
즈음, 벤처 열풍과 코스닥 버블이 꺼지자 주식 투자에 실패한 사람들이
내놓는 급매물이 나오기 시작했다. 어머니는 이때야말로 집을 살 적기라
판단했다. 우선 임대사업자로 등록하고 목동 아파트를 둘러보았다.
마침 적당한 급매물이 있어 2억 원 정도의 아파트 두 채를 계약하기로
약정했다. 도장을 준비하고 계약을 하러 가는 날, 어머니는 마지막으로
아버지의 의사를 물었다고 한다. 아버지는 계약이 임박하자 급히
반대했다. 1997년의 경험, 회사가 사라지는가 하면 심지어 은행과
대기업이 무너지고, 덕분에 아직도 빈 땅으로 남아 있는 목동의
중심부를 보아왔던 아버지는 도무지 낙관적 전망을 가질 수 없었던
것이다. 결국 어머니는 아버지의 의사를 따라 계약을 포기했다. 2008년
가을, 이 아파트는 13억을 호가했다.

　어머니는 포기하지 않고 새로 들어서는 주상복합 아파트를 노렸다.
임대를 목적으로 26평형 두 채를 각각 1억 6,000만 원에 분양받았다.
당시 청약 경쟁이 꽤나 치열했는데 당첨에 행운이 따랐다. 그러나
여기에도 아버지는 강하게 반대했다. 아직도 허허벌판인 목동

한가운데에 짓는다는 오피스텔이 앞으로 어떻게 될지 알 수 없다는
것이었다. 당시엔 주상복합과 같은 고층 주거용 건물이 막 생기기
시작할 즈음이었다. 그리고 타워팰리스의 성공이 가시화되기 전이기도
했다. 당시로서는 아버지의 조심스러운 의견이 오히려 더 설득력이
있었다. 외환위기의 충격은 어느 정도 극복해가고 있었지만 새로운
거품은 주식 폭락과 함께 사라진 것처럼 보였다. 하지만 어머니는
새로운 흐름을 알 것 같았다고 회상한다. 한 번 꼬꾸라진 목동 아파트
가격이 하루가 다르게 들썩이고 있었다. 주상복합과 같은 고층
주거시설이 서울 전역에 건설되거나 건설을 준비 중이었다. 정부 역시
주택 관련 규제를 대폭 철폐했다. 아파트를 사기로 하고 오피스텔을
분양받으려고 한 어머니의 결심에는 근거가 있었다. 그러나 어머니의
확신은 저축의 시대를 살았던 아버지를 설득하지 못했다. 결국 준공을
얼마 남겨두고 분양권 프리미엄을 조금 얹은 가격으로 두 채 모두
팔아버렸다.

어머니는 우리는 큰돈을 벌 운명이 아니라면서 스스로 입장을
정리하였다. 가난이 무서워 가난의 반대편으로 열심히 달렸으나 그리
멀리 도망가지는 못했다. 그렇지만 가난에 붙들리지도 않았다. 검소하게
살고 꾸준히 저축하여 이뤄낸 삶에 빚의 그림자는 없었다. 여전히 나의
부모님에게는 아파트 한 채가 온전히 남아 있고 저축도 있다. 큰 수익을
거둘 수 있었던 기회를 여러 차례 놓치고 나자 그동안 날린 기회가
앗아간 돈이 얼마인지 세어보기도 했다. 그러나 오지 않을 불행을
미리 걱정하는 것이 부질없듯이 놓쳐 버린 행운을 손해로 생각하는
것도 어리석다 생각한다. 그때 우리가 그 기회를 잡았다면 어땠을까
같은 후회는 '2007년의 정점에서 족한 줄 알고 정리할 수 있었을까'와
같은 질문과 함께여야 할 것이다. 물론 저축으로 투자하고 빚을 지는

일에 극히 조심스러웠던 어머니와 아버지가 하우스 푸어가 되는 일은
상상하기 어렵지만 말이다. 이제 두 분은 조촐한 노후를 준비하기 위해
목동에서의 생활을 정리할까 생각 중이시다. 이제는 내가 내 미래의
빚이 얼마가 될 것인지만 걱정하면 된다.

남자의 부모님

어머니는 아직도 신혼 초부터 꾸준하게 기록해온 가계부를 간직하고
있다. 그 기록은 어머니의 기억 속에도 여전히 남아 있다. 나는 어머니가
이야기한 저축의 개인사를 이야기해보려 한다.

어머니는 1952년생으로 친구의 소개를 통해 아버지를 만났다.
1969년에 처음 만난 두 사람은 1976년 말에 결혼할 수 있었다. 결혼에
이르는 과정은 험난했다. 아버지는 1967년에 집에서 나와 독립해
포항의 한 운수업체 정비 공장에 들어가 정비 조수로 일을 시작했다.
일을 배우는 동안은 월급을 받지 못했다. 6개월 수습이 끝나고 조수가
되자 첫 월급이 7,000원이었다고 한다. 아버지는 1969년에 대구에
본사를 둔 다른 운수회사에 대형 버스 조수로 일을 시작했다. 포항에
사는 어머니와는 버스 노선이 이어주는 장거리 연애를 했다.
　1972년, 아버지는 그 동안 저축한 돈으로 지입용 택시를 100만 원에
계약했다. (지입제도란 개인이 차량을 구입, 등록하고, 운송회사에
사용에 대한 권리금과 매월 일정한 관리비를 납부하며, 그 운송회사
소속 차량처럼 영업 행위를 하는 형태다. 택시와 같은 여객 업종은
이를 일찍부터 금지하고 있지만 현재까지 곳곳에서 편법적 방법으로
계속되고 있다.) 대우자동차의 전신인 신진자동차가 일본 도요타를
통해 들여온 코로나 택시였다. 30만 원을 계약금으로 주고 나머지 70만
원은 벌어서 갚기로 했다. 어머니와 아버지는 이때 결혼을 계획했다고
한다. 그러나 의외의 사고가 터졌다.

아버지는 택시를 마련하기 위해 진 빚을 하루빨리 갚고자 잠을
아끼며 일했다. 이것이 화근이었다. 대구 서문시장으로 포목을 하러
가는 사람들 다섯을 태우고 가던 새벽길에 그만 사고가 난 것이다. 승객
다섯이 합쳐 18주 진단이 나왔다. 그런데 더 큰 문제가 있었다. 아버지는
당시 무면허로 운전하고 있었던 것이다. 아예 무면허로 운전하기로
마음먹은 것은 아니었다. 면허 시험에 합격하고 운전면허증이 나오기를
기다리던 중이었으나 잠을 아끼는 마당에 하루를 허투루 쓸 수 없다며
운전대를 잡은 것이다. 면허증이 나오기 불과 이틀 전에 벌어진
일이었다. 아버지는 구속되어 5개월 20일을 복역했다. 이 일을 치르면서
변호사 비용과 여기저기 뒷돈을 대다 보니 출소하자 기다리는 것은 빚
30만 원이었다.

　다시 운수회사로 돌아온 아버지는 어머니와 결혼을 위한 계획에
들어갔다. 둘은 방 하나 얻을 돈만 모으면 바로 결혼을 할 생각이었다.
당시 아버지의 기본급이 3만 원, 따로 받는 숙박비와 그 외 부수입 등을
동원하고 어머니의 수입을 합쳐 돈을 모았다. 돌파구는 계에 있었다.
계는 목돈이 급한 사람이 먼저 돈을 타고 마지막 계원이 돈을 탈 때까지
이자를 낸다. 돈을 타는 순위가 뒤로 밀릴수록 고리의 이자를 받는
원리다. 어머니는 한 달에 55,000원씩 20개월을 부어 총 200만 원을
만들었다.

　이 200만 원으로 부모님은 결혼했다. 우선 대구 효목동에 방 하나,
점포 하나 그리고 부엌이 하나 있는 집을 2년 계약으로 전세 60만
원에 구했다. 대략 10평 정도 되는 방과 7평짜리 점포에 화장실은
두 집이 함께 썼다고 한다. 분식집을 하고 있던 점포는 시설비와
권리금으로 3만 원을 더 주었다. 결혼 비용으로 70만 원을 쓰고 10여
만 원을 비상금으로 남긴 채 가전제품 등은 나머지 돈으로 마련했다.
장농은 큰고모할머니가, 살림 일부를 할아버지가 보태준 3만 원으로

마련했지만 그 외에 가족의 도움을 받지 않았다. 어머니는 결혼을 위해 곗돈을 미리 받아 아직 갚아야 할 돈이 남아 있었기 때문에 점포를 빌려 장사를 할 생각이었다. 결혼 후 한 달이 지나 장사를 시작해 떡국이나 라면, 빵, 우동 등을 팔았다. 그러나 이 장사는 3개월을 넘기지 못했다. 어머니가 나를 임신했기 때문이다. 아버지는 결혼 이듬해 운수 회사 정비사로 정식 입사했다. 첫 월급이 2만 7,000원, 추석과 설에 명절 떡값을 받았다. 당시 서울에서 대기업 사원의 월급이 20여만 원, 자장면 한 그릇이 200원이던 시절이었다.

우리 가족의 이사 경력은 어머니의 계의 역사와 함께한다. 신혼 살림을 시작한 동네는 아버지 직장 동료들이 함께 살았다. 자연스럽게 직장을 중심으로 공동체가 형성되었다. 매일 얼굴을 보고 부대끼며 살던 사람들끼리 4부 이자인 계를 부었다. (4부 이자면 한 달 이자가 4퍼센트라는 뜻이다. 1년으로 환산하면 48퍼센트가 된다.) 어머니도 동네 아주머니들과 집을 늘려나가고 저축을 위해 계를 하는 재미가 쏠쏠했다고 한다.

1978년 신혼집의 전세 계약 끝나자 근처 방 두 칸짜리 주택으로 이사했다. 큰방은 4평, 작은방은 2평에 화장실을 단독으로 쓸 수 있었다. 전세금은 100만 원이었다. 작은방에는 대구에 유학을 온 아버지의 여동생이 기거했다. 할아버지는 여동생을 맡은 우리 집에 매달 쌀 한 말을 보냈다. 거기에 조금만 보태면 우리 식구가 먹는 데 부족함이 없었다. 어머니는 이 시절 한 달에 만 원도 안되는 식비를 썼다고 한다. 반찬은 가장 싼 채소인 호박을 사서 고추장이나 된장과 함께 먹었다. 아버지는 호주머니에 10원 하나 넣지 않고 회사에 다녔다. 나머지는 모두 계를 통해 저축했다. 그 결과 1년 후에는 더 넓은 집으로 이사할 수 있었다. 단독주택 2층 독채를 전세 150만 원에 얻었다. 방이 두 칸인 13평짜리 집에는 마루와 주방, 화장실이 딸려 있었다.

계로 저축하고 이자받는 재미에는 시련도 있었다. 큰고모할머니의
딸, 아버지의 고종사촌에게 돈을 떼인 것이다. 사연은 이러했다.
어머니의 계에 참여한 고모는 어머니에게 돈을 빌렸다. 어머니가
곗돈을 부어 만든 360만 원과 동네에서 우리 집과 가족보다 친하게 지낸
집에서 200만 원을 빌려갔다. 역시 4부 이자를 받아준다는 명목이었다.
거기에 함께 하던 계에서 미리 탄 돈까지 모두 800만 원을 빌려갔다.
1982년 어머니 생일에 돈을 떼인 것을 알았다고 한다. 돈을 빌려간
고모는 당시 섬유공장을 운영하고 있었다. 어머니가 이상한 마음에 고모
집으로 돈을 받으러 갔을 때는 이미 늦은 뒤였다. 공장은 부도나고 집은
난장판이었다. 당시 220만 원짜리 전세보증금이 가진 재산의 전부였던
우리는 가진 것을 모두 잃었다. 어머니는 친구가 떼인 돈 200만 원을
갚아야 했기 때문이다.

　어머니는 신혼 초에 잠시 하다 접었던 장사를 다시 시작하기로
마음을 굳혔다. 동네에서 슈퍼를 하자는 생각으로 상가를 얻으러
다니다가 할머니 혼자 꾸려가는 장사가 안 되는 횟집 하나를 발견했다.
어머니가 보기에 이 집이 곧 세로 나올 것 같았다. 장사를 처음 결심했을
때는 횟집을 할 것이라고는 생각조차 하지 않았다. 순전히 우연 같은
이유가 다였다. 우선 세로 나온 적당한 곳이 횟집이었고 우리 집 초장은
꽤 맛있었다. 아버지는 회사 동료들과 포항에서 회를 떠다가 우리
집에서 함께 먹곤 했다. 그때 회사 동료들이 우리 집 초장을 칭찬하곤
했던 것이다. 1982년 9월, 9평 상가에 1.5평짜리 살림방이 있는 횟집을
보증금 100만 원, 월세 10만 원에 계약했다. 탁자 다섯 개, 수족관 두
개를 넘겨받는 조건으로 55만 원을 더 냈다. 권리금은 따로 없었다고
한다. 우선 장사를 위해 이웃들에게 190만 원을 빌렸다. 아버지의
월급으로 생활하면서, 가게에서 번 돈으로 고모가 받아 떼어 먹은
곗돈을 갚아나가기로 하고 횟집의 단칸방으로 들어갔다.

장사는 성공적이었다. 먼저 횟집을 운영하던 할머니는 부근에
횟집이 없고 선생들이 많이 살고 있으니 한번 해보라고 권했었다. 과연
이전까지 장사가 안 되던 이유는 자리가 나쁘기 때문은 아니었다.
어머니는 새벽에 포항 죽도시장에 가서 갖가지 회를 떠와서 팔았다.
회덮밥을 점심식사로 내고 찌개와 회를 팔았다. 당시 찌개는 2,500원,
회 한 접시에 5,000원을 받았다고 한다. 일을 도와주는 아주머니
한 명을 고용하고도 빚을 갚아나가며 다시 저축을 할 수 있었다.
장사가 어느 정도 궤도에 오르자 이웃과 돈을 모아 포항에 2,500만
원짜리 상가를 하나 마련하기도 했다. 4부 이자를 주는 계를 계속하고
재형저축(목돈마련저축)을 들었다. 당시 장기저축 중 가장 유리했던
재형저축은, 3년만기는 연 22.9퍼센트, 5년만기는 23.9퍼센트를 이자로
주었다. 이율이 계에 비할 바는 못되었지만 계에 수반되는 위험이
없었다. 이렇게 8년을 버티자 가게를 넓혀 이사할 생각도 할 수 있게
되었다.

1990년 새 가게로 이사했다. 30평 규모의 가게를 전세 4,500만 원에
얻었다. 저축으로 모은 돈 900만 원과 할아버지의 포항 집을 담보로
마을금고에서 빌린 돈 1,500만 원에 함께 계를 하며 친하게 지내던
이웃들의 도움으로 가게 전세금을 마련했다. 좋은 시절이 왔다. 생활은
아버지의 월급으로 충분했고 하루 수입을 모두 은행에 넣을 수 있었다.
한 달에 순수입이 300만 원도 넘었다. 1년 반 사이에 1억 5,000만 원
정도를 벌었다. 이제 제대로 된 집에 살 차례가 된 것이다.

1990년대 초, 대구도 아파트가 붐이었다. 어머니도 청약저축에
가입한 상태였다. 이웃의 소식에도 귀가 솔깃해졌다. 어머니 친구는
대구 범물동의 한 아파트를 5,700만 원에 분양받았는데 입주도 하기
전에 분양권 가격이 7,000만 원으로 뛰었다는 것이었다. 아버지는
『영남일보』와 『매일신문』에 실리는 분양 공고를 보고 청약할 아파트를

물색하기 시작했다. 아버지의 첫 시도였던 범물동 아파트는 청약
신청에서 고배를 마시고 말았다. 대신 대구 남산동의 송림아파트
34평을 8,900만 원에 분양받을 수 있었다. 장사해서 번 돈을 모두
저축해서 모은 결과 빚 하나 지지 않고 아파트를 분양받을 수 있었다.
문제는 이 아파트는 횟집과 거리가 멀었다. 결국 입주 시기가 다가오자
이 아파트에 전세를 놓기로 결정했다. 새집에 들어가는 일은 포기했다.

여기에는 다른 이유도 있었다. 경기가 좋고 장사가 잘되자 식당
전세보증금이 크게 뛰었던 것이다. 1993년 3월, 상가 주인은 4,500만
원이던 전세금을 1억 3,000만 원으로 올려달라고 요구했다. 분양받은
아파트에 전세를 놓고 받은 6,000만 원을 고스란히 가게 전세금으로
돌려야 했다. 이때 부모님은 가게든 집이든 반드시 자기 소유의 집이
있어야겠다고 생각했다. 장사가 잘되었지만 벌어서 모은 돈이 족족 가게
전세금으로 들어갈 것이기 때문이었다.

1995년 말에 수성구청 옆 주택가의 2층 주택을 2억 2,000만 원에
샀다. 대지는 68평에 건물이 50평이었다. 1층은 횟집을 위한 상가였고
2층은 주택이었다. 대지 모양이 자루 형태로 좋지 못했지만 대지가
준상업지역으로 풀린 것이 선택의 결정적 이유였다. 횟집을 시작한 지
13년 만에 드디어 우리 명의의 가게를 갖게 되었다. 매매대금은 이전
가게 전세금 1억 3,000만 원에 저축을 보태 빚 없이 치를 수 있었다. 대신
횟집을 열기 위해 새로 시설을 하고 수리를 해야 했다. 저축 3,000만
원에 은행에서 대출받은 5,000만 원을 합쳐 집을 고쳤다. 1996년 4월,
새로운 횟집의 개업과 함께 우리 가족도 이사했다.

1997년 봄, 분양받은 아파트를 1억 1,500만 원에 팔았다. 그리고
20년을 이어 오던 어머니의 저축의 시대도 종언을 고했다. 힘들었던
검소한 생활을 포기한 것이 아니었다. 새로운 시대가 열렸기
때문이었다. 새로운 시대는 IMF 외환위기와 함께 찾아왔다. 그리고

아버지의 퇴사가 뒤를 따랐다. 1998년 5월, 정비 관리자로서 과장직까지 올라가 있던 아버지는 사표를 쓰고 회사에서 나왔다. 정비 관리자의 자리는 정비소에 있어야 하는데도 아버지의 자리는 본사에 있었다. 정비소로 가고 싶었지만 정작 그곳에는 자리가 없었다. 아버지는 이때, '이곳은 내가 오래 앉아 있을 자리가 못된다.'고 느꼈다고 한다. 아버지는 회사에서 나올 당시 변두리에 카인테리어 공장을 하나 차려 일을 계속했으면 했다. 그러나 외환위기 직후의 공기는 차가웠다. 이제는 새로운 시대에 새로운 방식으로 대응해야 하는 것이었다.

2002년에 아버지는 큰아버지와 함께 각각 1억 3,000만 원을 마련하여 2억 6,000만 원에 앞집을 샀다. 1억 3,000만 원 중 1억은 대출로 충당했다. 대지 63평에 건물이 50평으로 기존에 우리 집과도 유사한 물건이었다. 원래 가지고 있던 집은 자루형으로 오목하게 들어간 대지에 자리 잡고 있었다. 도로에 면한 부분이 좁아 식당을 하기엔 다소 불리한 모양이다. 그런데 앞집에 새로 식당을 연다는 소문이 있었다. 아버지는 이 가게가 생기면 우리가 운영하는 횟집이 큰 타격을 입으리라는 생각에 급히 구입을 결정한 것이다. 이 시기부터 우리 집도 본격적으로 빚을 지기 시작했다.

새로운 기회는 위기 이후 다시 돌아온 부동산 붐과 함께 찾아왔다. 대구에도 주상복합을 짓는 바람이 불었다. 2004년 즈음, 우리 집이 있던 큰길 건너편 블록을 두산에서 1,500세대 규모의 주상복합으로 재개발을 한다는 소문이 돌았다. 우리 집에도 개발업자가 드나들었다. 2006년 2월, 다른 개발업자가 와서 우리 집 부지를 30억에 사겠노라며 계약금 3억을 주고 갔다. 이때 받은 계약금을 그대로 묵힐 수는 없었다. 이미 은행 금리는 그 전과는 비할 데 없이 낮아져 있었다. 2006년 11월, 택지개발로 조성된 땅에 지어진 45평형 롯데아파트를 5억 6,100만 원에 분양받았다. 계약금 5,610만 원을 내고 3년이 지나 2009년 11월에 완공되었다. 그 사이 우리 집이 포함된 재개발 계획은 지지부진하더니 어느덧 식어버린 부동산 경기에 개발이 취소된다는 이야기가 들렸다. 실로 짧은 바람이었다. 분양받은 아파트마저 가격이 떨어져 2010년에 4억 9,000만 원을 받고 팔았다. 그사이 중도금 대출 등으로 이자를 내느라 재개발 계약금으로 받은 것을 모두 날리고 빚이 2억 넘게 남았다.

나는 재개발 바람이 불기 시작한 2003년 말에 첫 직장을 얻어 사회생활을 시작했다. 입사 초기에는 정신이 없어 저축을 계획할 틈이 없었다. 그저 돈 쓸 시간이 없어 통장에 돈이 남는 것이 고작이었다. 청약저축도 어머니가 들어준 것이다. 다른 직장인처럼 재테크에 관심을 가질 틈이 없었던 내가 요즘과 같은 저금리 상황에서 은행을 통해 저축을 해봐야 월급 통장에 방치하는 것과 크게 다른 금액을 모으지는 못했을 것이다. 대신 저금리 기조가 계속되자 5년을 이어온 세입자 생활을 빠르게 청산했다. 2008년, 나는 집을 사기로 결심했다. 서울시 영등포구에 자리한 19평형 아파트를 전세보증금 8,500만 원에 저축과 집에서 받은 5,500만 원을 보태고 대출을 받아 2억 4,500만 원에 구입했다. 대출금 1억 500만 원은 연 6.8퍼센트 고정금리, 30년 매달 원리금 분할 상환 조건으로 정부에서 출시하여 은행이 대행 판매하는 대출 상품이었다. 최근에 더 낮은 금리의 대출로 바꾸었다.

2015년 현재, 우리 가족은 모두 대출금을 착실하게 갚아나가고 있다.

'우리 집은 괜찮을 거야'

아버지
1949년생

어머니
1949년생

본인
1980년생
남자, 기혼,
회사원

코준

1980년 서울 을지로7가 한 병원에서 태어났다. 평범한 모범생으로 학창시절을 보내던 중 어쩌다 그림에 흥미를 붙여 시각디자인을 전공했다. 졸업 후 디자인 스튜디오에서 18개월을 근무하다 다시 남들처럼 평범하게 살기 위해 회사원이 되었다. 유년시절은 주로 연남동과 북가좌동에서 보냈으며, 대학 진학 이후 점차 활동 범위가 넓어져 어느새 매일 왕복 3시간이 소요되는 경기도 분당에 거주하게 되었다. 현재 사는 집이 자가인지라 타의에 의해 더 바깥으로 밀려나지는 않겠지만, 높은 확률로 그런 선택을 하게 될는지 모른다.

아버지는 7남매 중 장남이다. 제사를 지내는 우리 집은 명절이면
친척들로 붐볐고 이후 사촌들이 늘어가자 그 인원은 30명에
가까워졌다. 아버지는 항상 제사를 편하게 지낼 수 있는 큰 집을
원하셨다. 생활에 여유가 생기면 조금 더 큰 집으로 이사를 하였고,
사정이 여의치 않으면 급전을 마련하기 위해 자산의 큰 부분을 차지하는
집을 제일 먼저 처분하셨다. 사정에 따라 비쌀 때 사서 쌀 때 파는 일이
반복되다 보니 집 평수는 계속해서 하강 곡선을 타기 마련이었다.
그나마도 이렇게 집을 사고파는 것이 가능했던 것은 IMF 이전 부동산의
시기별 가격 차이가 작을 때 이야기였다. 많은 가계가 그러했듯이 IMF
이후로 집은 많이 어려워졌고, 부모님은 당시 소유 중이었던 서대문구
북가좌동 33평 아파트를 팔고 다시 이사를 계획했다. 이즈음해서
둘째이자 막내인 내가 대학에 진학했다. 거주지 위치 선정에 부담이
적어진 부모님의 이사 범위는 기존에 살던 마포, 서대문 지역에
국한되지 않았다.

　IMF 이후 1999년, 처음 이사한 집은 잠실 주공 1단지였다. 1976년에
완공된 이 아파트는 엘리베이터도 없는 5층 건물에 10평 안팎인 작은
집이었다. 조경수로 심어진 은행나무들은 아파트보다도 키가 컸지만, 집
안의 나무로 된 문지방은 삭아서 무너져 내려 있었다. 겨울에는 뜨거운
물이 나오지 않아 목욕은 물을 데워서 해야 했다.

　평수를 확 줄이고 보유구조를 바꿨음에도 집안 사정은 여전히
나아지질 않았고, 이듬해 2000년에는 남양주시로 이사를 가야 했다.
차산리 맹골이라는 지명의 그야말로 시골동네였다. 다행히 시골
입구에 청량리까지 가는 버스의 정류장이 있었고, 얼마간은 이 버스를
타고 통학했다. 이때는 IMF의 그림자를 서서히 벗어나던 시기였고,
서울 가는 버스가 다니던 남양주 지역에도 아파트 개발의 바람이 불던
시기였다. 평내, 호평, 마석 일대에 서울에서나 볼 법한 거대한 아파트

단지가 만들어지고 맹골 입구에는 서울춘천고속도로가 놓이고 있었다. 부모님이 부동산의 중요함을 인식한 시기 역시 이즈음이었다. 부모님이 그간 소유했다가 잃은 것 중에 가장 극적인 상승폭을 보였기 때문이라고 생각된다. 하지만 한번 높아진 부동산의 가격과 고비 때마다 수차례 떨어진 우리 가계 자산의 차이는 컸다. 그동안 쉽게 사고팔던 것이 쉽게 살 수 없어졌고, 그 전에 실제로 보유했던 집의 가격은 가파르게 상승했다.

한 시간 반이 넘게 걸리는 통학에 지쳐 2000년 2학기에는 자취를 결심하게 되었고, 그 후 공익 시절과 2004년 복학할 때까지 홀로 서울 여기저기를 전전하였다. 나의 복학과 동시에 부모님도 은평구 녹번동의 10평 후반대의 다세대빌라에 전세를 얻으셨다. 약간의 여유가 생기신 것 같았다. 2년 뒤, 내가 대학교를 졸업할 때에는 용산구 갈월동에 다소 큰 집을 월세로 얻으셨다. 친척이 모두 모여 제사를 지낼 수 있을만큼 큰 집이었지만 내 집은 아니었고, 사촌들도 다 자랐고 친척들도 삶에 치여 예전만큼 시끌벅적하게 잘 모이지 못했다. 집은 컸지만 제대로 유지할 만한 상황은 아니었다.

그 사이는 나는 졸업을 했고 작은 디자인회사에 취업했다. 대학에만 들어가면 모든 것이 해결될 것이라고 믿었던 것처럼 취직을 하고 사회생활을 하면 자립도 할 수 있을 것이라 믿었지만, 업무 능력은 늘지 않고 학자금대출 원금은 줄지 않았다. 대학생을 위한 4퍼센트대의 낮은 금리의 대출이었지만 졸업과 동시에 원금을 갚아야 하는 상황이 되니 작은 디자인회사에서 받는 낮은 월급으로는 한 달 벌어 한 달 사는 생활의 반복이었다.

그러던 중 인천에는 부동산 호재가 불었고, 인천에서 부동산중개업을 하시던 작은외삼촌이 인천 생활을 부모님께 권하셨다. 아직은 삶의 터전이 서울이었던 어머니는 서울에 남기를 원하셨고, 마침 일자리를

찾으시던 아버지가 작은외삼촌과 함께 일하시게 되었다. 이 시절 인천의
부동산 가격은 가파르게 상승 중이었고, 거래량 또한 엄청났다. 한 주,
한 달 사이에 1억이 안 되는 빌라가 1,000~2,000만 원씩 뛰어올랐고,
몰려드는 구매자들로 인해 작은외삼촌과 아버지의 수입도 크게 늘었다.

　번듯한 아파트는 비쌌지만 작은 다세대주택들은 여전히 매우 쌌던
인천은 약간의 담보대출만 더하면 당시 가진 돈으로도 내 집 마련이
가능했다. 인천의 부동산 활황으로 여유가 생긴 부모님은 재산 증식을
목적으로 투기의 장에 적극적으로 뛰어드셨다. 몇 채의 집을 담보대출을
끼고 구매하셨고, 나와 형의 명의로 된 집도 있었다. 그 와중에 온전히
내 몫인 집이 생겼고, 나는 그 집에 낀 담보대출의 이자까지 내게 되었다.
하지만 이 집들은 명의만 우리 가족의 것이었고 실제로는 세입자와
은행의 공동소유나 다름없었다.

　100만 원이 조금 넘는 월급으로 생활비, 학자금대출금, 담보대출
이자를 부담하다 보니 '자립'은 요원해졌다.

　시간은 회사에서 모두 쓰고, 돈은 살지도 않는 집에 쓰고 남는 것이
없었다. 내가 하고 싶은 일이었지만 업무 강도가 높았고, 시간적인
여유를 뒤로하더라도 경제적인 부분을 빼고서는 '남들처럼 사는 것'이
어렵다는 것을 깨달았다. 갑에게 휘둘리며 몇 날 며칠을 밤을 새고
일하던 중 문득 이 음의 방향으로 회전해 내려가는 고리를 빠져나오기
위해서는 돈이 필요하다는 생각이 들었고, 그 생각은 '대기업을
가자'라는 결론으로 연결되었다.

　2007년 나는 다니던 회사를 그만두고 다시 취업을 준비하였고,
부모님은 인천으로 이사를 준비하셨다. 중개업으로 모은 돈과 주택
매매로 얻은 돈을 합쳐 드디어 거주가 가능한 집을 인천 주안동에 얻을
수 있었다. 이렇게 IMF 이후 부모님의 내 집 마련의 꿈은 인천에서
이루어졌다. 어쩌다 보니 나는 이름을 대면 알 만한 금융계 대기업에

취직을 했고, 그렇게 나도 남들처럼 살게 되는 줄 알았다. 실제로
대기업의 월급은 학자금대출금, 담보대출 이자를 내고 생활비를 쓰고도
남아, 1년 후에는 학자금대출 원금을 모두 갚을 수 있을 정도였다.

하지만 인천의 부동산 호황은 오래가지 않았다. 2~3년이 지나고
웬만한 집들이 억억 하는 소리를 내게 되자, 거래량은 점점 줄었고 그간
투자를 목적으로 산 집들이 부담이 되기 시작했다. 부모님이 부동산으로
이득 혹은 손해를 본 경험이 있었더라면 이러한 신호가 어떤 의미인지
파악하고 어떠한 행동을 취해야 하는지 아셨겠지만 불행히도 현실은
그러지 못했다. 또한 부모님이 살아오시며 겪었던 부동산은 시간이
지나면 다시 가격이 상승하는 것이었다. 결국 버티기 힘든 상황이
되어서야 소유한 집을 처분하기 시작했고, 이때는 적정 시점보다 많이
늦은 상황이었다. 초반에 싸게 구입했던 집들에서는 본전은 찾을 수
있었지만, 막바지에 구입한 집일 수록 손해가 많았고 그나마 팔아 빚을
없앨 수 있으면 다행이었다. 결국 팔리지 않는 집 중 한 곳으로 이사를
해야 했고, 나머지 집들은 담보대출 이자를 계속 부담하거나 전세를
월세로 돌려 월세로 이자를 메꾸었다. 그중 내가 맡았던 집은 꽤 늦게
팔렸는데 그래도 투자 초반에 구입했던 집이어서 아주 약간의 이익이
남았다. 하지만 그 집에 들어간 수리비 등 경비와 은행에 낸 이자를
그대로 적금을 들어 모았다면 비슷한 금액을 만들 수 있었을 것이다.
2010년, '하우스 푸어'라는 신조어가 인터넷과 신문을 휩쓸던 때였다.

내 몫이었던 집은 사실 부모님이 내가 결혼해서 살 신혼집(혹은
결혼 자금)으로 마련하셨던 것이다. 그 집이 신혼부부가 살 만한
좋은 환경이었던 것은 아니고, 그저 인천 생활 초반에 상황이 좀
여유로워지자 자식 생각해서 사신 집이었다. 나는 빚이 사라졌다는
점이 무척 마음에 들었지만 부모님은 자식의 신혼집을 파셨다(혹은
결혼 자금을 제대로 마련하지 못했다)고 여기셨던 것 같다. 결국 이듬해

초, 사촌의 결혼을 앞두고 분당에 신혼집을 구입하신 외숙모를 따라
어머니는 분당에 집을 사기로 결정하셨다.

　그렇게 구매한 집은 분당 남단 끝의 구미동에 위치한 17평짜리
아파트였다. 집을 살 시기는 절대 아니라는 것은 인천에서의 경험으로
알고 있었다. 하지만 1기 신도시의 쾌적한 환경, 매매임에도 감당할 만한
가격, 신분당선 2차역(미금역) 선정 호재 등이 마음을 끌었고 급락은
안 하겠다는 판단이 들었다. 결혼을 생각 중인 여자친구의 직장이
용인이라는 점도 있었다. 그리고 가족 명의의 다른 집들의 부채에 녹아
사라진 내 돈을 돌려받고 싶었다. 돈을 벌기 위해 대기업에 취직했는데,
대기업 생활 4년차임에도 내 앞으로 아무런 자산이 없었기에 다소
조바심이 났다. 가족에게 돌려받은 돈에 전세를 끼고 대출을 더하면
아파트를 구입하고도 유지할 수 있으리라 생각됐다.

　구입 결정은 어머니가 하셨지만 실제 아파트 매매 과정은 내가
진행했다. 아파트 가격에서 현재 세입자의 전세 가격과 내 자산을
뺀 금액을 마련하기 위해 은행을 찾았다. 대출 규모가 커서 고생할
것이라는 나의 추측과는 달리, '분당아파트'라는 믿을 만한 담보와
'금융계 대기업'이라는 믿을 만한 신용은 내 집 장만을 간단히 이루게
해주었다. 대출이자도 감당할 만한 수준이었다.

　2012년 결혼을 앞두고 거주에 대한 고민이 다시 시작되었다. 우선
여자친구의 직장인 용인에서 분당은 아파트를 구입할 때 생각했던
것보다 많이 멀었고, 또 세입자에게 전세금을 돌려주는 것도
큰일이었다. 다시 담보대출을 받아 전세금을 마련하면 됐지만, 그럴
바에는 전세를 올려 그 돈으로 용인에 전세를 다시 구하자는 여자친구의
의견이 있었다.

　신혼집은 여자 쪽 직장에 가까워야 한다는 말에 결국 죽전, 기흥,
동백에 걸친 용인지역의 집을 찾아 헤매기 시작했다. 하지만 2012년은

매매가는 계속 떨어지고 전세가가 급등하던 때였다. 전세 물량은 매우
적었고 한 주 한 주가 지날 수록 돈 1,000만 원이 우습게 올랐다. 가격
혹은 환경 등 상황에 맞는 집을 발견하지 못한 채 시간이 지났고 그렇게
용인 부동산을 탐색하던 와중 이상한 점이 눈에 띄었다. 용인지역에는
일단 10~20평형의 작은 아파트가 매우 적었고 매물은 대부분
40~50평이 넘는 아파트였다. 그래서인지 작은 아파트들도 서울, 분당
못지않게 비싼 억대 전세가를 자랑했다. 하지만 대형 아파트들도 2억이
조금 안되는 억대 전세가였다. 약 1,000만 원당 10평씩 집이 더 넓어지는
셈이었다. 매매가 대비 전세가 비율이 60퍼센트가 넘는 건 기본이었다.
내가 만약 이 아파트에 전세를 들어간다고 해도 2년 후에 전세 가격을
제때 온전히 돌려받을 수 있을까 하는 의문이 들었다.

마음에 드는 집이 없기도 했지만, 모래성 혹은 신기루 같은 용인의
부동산 때문에 결국 다시 분당으로 신혼집을 결정하게 되었다. 먼 길을
돌아서 왔지만 1기 신도시 아파트에서 대기업 다니는 맞벌이 부부로
남들처럼 새출발을 할 수 있게 된 것이다. 아내는 여전히 회사가 멀다고
투덜대지만 지근거리에 조경이 잘된 하천이 있고 웬만한 편의시설이
모두 차로 10분 거리에 있는 이 집을 편해 한다. 나도 아파트가 주는
주거의 편리함이 무엇인지 분당에 와서야 제대로 알게 되었다. 집
자체보다 자신과 비슷한 이웃, 편의시설, 교통, 주차, 조경, 분리수거 등
주변시설과 환경이 주는 편안함이었다.

인터넷에서 '하우스푸어'를 투기 혹은 투기에 가까운 투자를 한
욕심 많은 사람들이라고 비난하기도 하지만, 나는 그들은 그저 살면서
경험했던 관성대로 움직인 평범한 사람들이라고 생각한다. 내 부모님
역시 그러했으니.

참고로, 구입한 지 4년이 된 우리 집의 매매가는 처음 2년 동안에는
강남의 고가 아파트 가격이 몇 억씩 빠지는 상황에서도 하락하지

않았고, 그 이후 2년 동안 슬금슬금 오르기 시작하더니 어느새 구입가 대비 30퍼센트가량 상승했다. 그간 집값이 빠지지 않고 더구나 오르기까지 했으니 즐겁긴 하지만, 우리 집 살림살이, 우리 회사의 매출, 우리나라 경제 상황 중 어느 하나 나아진 것이 없는데 집값만 뚱딴지 같이 오르니 어딘가 찜찜한 마음이다.

　이성적으로는 부동산 업계에서 말하는 호재라는 것 없이 집값이 오르고 있으니 이 거품이 언젠가 빠지지 않을까 하는 불안한 마음이 들지만, 여전히 대출이 많이 남은 주택 보유자-하우스 푸어로서의 솔직한 심정은 '우리 집은 괜찮을 거야.'라는 것이다. 여전히 인천에 몇 채의 집을 소유하고 계신 부모님을 생각해보면, 그냥 정말 그랬으면 좋겠다.

다음 그래프들은 부동산 가격 정보업체 '부동산 뱅크'의 아파트 시세 자료를 바탕으로 아파트 투자액(아파트 건설에 투입된 금액)과 아파트 시세 변동액을 연도별로 나타낸 것이다. 서울 각 자치구와 수도권 신도시의 아파트만을 대상으로 한다. 그래프를 통해 연도별 아파트 건설 현황과 가격 변동의 개요를 파악하고 아파트를 통한 가계 자산의 등락 추세를 파악할 수 있다.

■ 아파트 시세차익
□ 아파트 건설 투자액

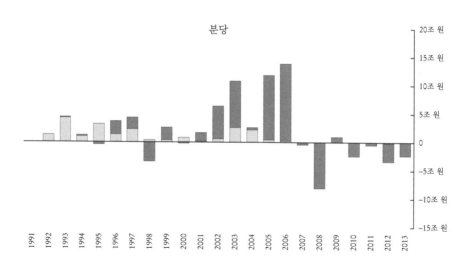

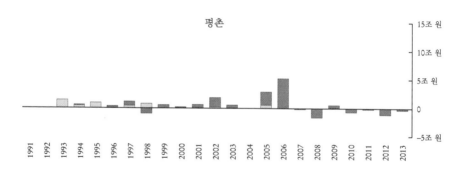

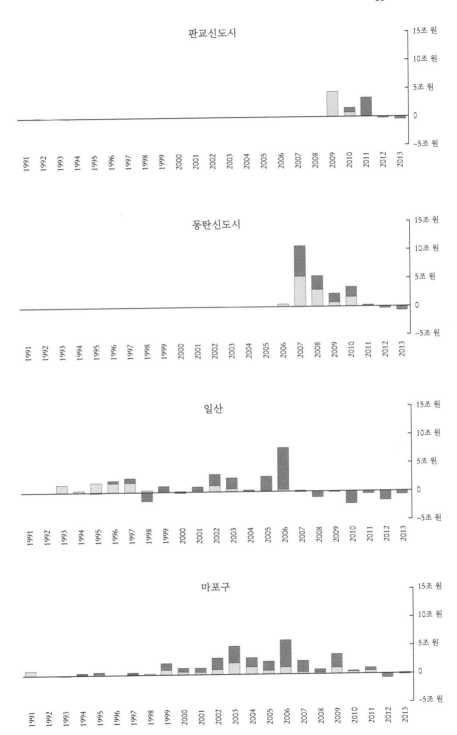

잘돼도 걱정
안 돼도 걱정

쿠우아빠

아버지	**어머니**
1946년생	1952년생
	본인
	1978년생
	남자, 기혼,
	자영업

2005년 5월, 나는 아내와의 혼인신고를 마쳤다. 결혼식을 3개월 앞둔
시점이었다. 신혼부부에게 주어지는 저리의 주택자금대출을 받아
집값을 치르기 위해서였다. 변동금리였던 해당 대출은 처음에는 금리가
3퍼센트였던 것으로 기억한다. 매매 계약에서 정한 날짜를 지키려다
보니 서류상으로나마 결혼을 서두르게 된 것이다. 전세로 시작할 수도
있었지만 우리 부부는 집을 사기로 결정했다. 여기엔 이유가 있었다.
2003년부터인가 동네에는 재개발에 대한 소문이 무성했다. 평당 500만
원짜리 동네가 평당 1,000만 원을 넘어 1,500만 원짜리 동네로 변하는
것은 순식간이었다. 동네 사람들은 분양권을 하나라도 더 확보하기
위해 분주했다. 여기서 전세로 시작한다는 것은 떠도는 삶을 예약하는
것과 다를 바 없었다. 그래서 나도 그즈음 새로 지어진 다세대주택
2층의 전용면적 18평, 대지 지분은 6평인 주택을 구입했다. 부동산 일을
오래 해오신 아버지의 도움으로 당시로서는 저렴한 가격에 집을 얻을
수 있었다. 매매 대금 9,000만 원 중 7,000만 원을 빚으로 충당했다.
2009년, 기대한 대로 이 동네가 재개발구역으로 지정되자 나는 분양권
하나를 가질 수 있었다. 부모님은 이미 같은 구역 내에 집을 가지고
있었다. 결혼 전까지 내가 함께 살던 집이다. 나는 이렇게 신혼 생활을
시작해 지금까지 같은 집에서 살고 있다. 그리고 아직 주택재개발조합의
조합원이기도 하다.

아버지는 충남 당진, 어머니는 강원도 횡성 출신이다. 1970년대 말, 두
분은 결혼 후 서울 상도동의 달동네 판자촌에서 살림을 시작했다고
한다. 아버지는 쌀집이나 세탁소 등에서 막일을 마다하지 않으셨고
어머니는 미용 기술을 배워 미용실에 일을 했다. 어머니는 나를 낳기
위해 리어카에 실려 달동네 언덕을 내려오셨다고 들었다. 그 후 우리
가족은 봉천동 등을 떠돌며 살았다고 들었지만 나는 그 시절이 정확하게

기억나지 않는다. 어렴풋한 기억이라도 조금 나기 시작하는 때는
네다섯 살 무렵부터다. 그때 우리 가족은 은평구 응암동의 단칸방으로
이사하였다. 마당을 가운데 두고 빙둘러 늘어선 방들 중 하나에 우리
가족이 자리했다. 다른 방들엔 각각 다른 가족이 있었다. 이 무렵
아버지는 건설회사를 통해 일을 구하여 사우디로 떠나셨다. 중동
건설붐이 일자 중동으로 진출하는 건설회사에서 사람을 많이 구하던
시절이었다. 그러나 아버지는 1년이 채 못되어 현장에서 커다란 사고를
당해 척추뼈가 부서지는 중상을 입고 귀국하셨다. 이후 2년을 꼼짝없이
병원에서 지내게 되었다. 가족의 생계는 어머니 손에 달려 있었다.
삯바느질과 미용일을 하며 겨우 먹고 살았다.

    어느 정도 돈이 모이자 우리 가족은 용산으로 이사했다.
1983년이었다. 집은 미군 부대 담벼락에 줄줄이 늘어선 일본식 목조
주택 중 하나였다. 집은 좁았다. 방을 통해서만 다른 방으로 갈 수 있었고
그 방 끝에 조그마한 부엌이 딸려 있었다. 2층 다락으로 올라가는 조그만
계단도 있었다. 다락은 어린 나의 기억으로도 너무 낮아 별 쓸모가
없었다. 나는 누나와 할머니와 함께 이 집에 살았다. 부모님은 근처 학교
앞 문방구를 운영하시며 점포에 딸린 방에서 지내셨다. 오래된 목조
주택이라 그런지 집은 쥐와 바퀴벌레의 소굴이나 다름없었다. 밤이면
쥐가 뛰어다니는 소리가 요란했고 방 안에는 바퀴벌레가 거리낌없이
날아다녔다. 가끔 아버지가 오셔서 바퀴벌레를 잡아주면 전등을 켜고
끄는 줄에 바퀴벌레를 매달아 태우며 놀았던 기억이 난다. 내겐 다른
소일거리가 두 가지 더 있었다. 하나는 못을 주워 철길에 놓고 기차를
기다리는 일이었다. 제대로 놓는다면 못은 기차 바퀴에 납작해졌고
그걸 갈아 작은 칼을 만들 수 있었다. 동네에서 만난 또래 친구들과 못을
주워 기찻길 옆에서 기차가 오기를 기다리던 기억이 난다. 다른 하나는
할머니의 담배 꽁초를 줍는 것이었다.

　아버지는 사우디에 다녀온 후 가게를 꾸려보려 몇 번 시도하였으나 번번이 별 재미를 못 본 채 빚만 늘어났다. 당구장도 제과점도 모두 조금 하다 그만두셨다. 한국에서 버는 돈은 아무리 힘들게 일해도 사우디에서 받던 것과 비교할 수 없었다. 쥐꼬리만 한 돈을 받고 남의 밑에서 일하느니 당신 힘으로 큰돈을 벌겠다는 생각이셨던 것 같다. 내가 열 살 무렵, 아버지가 사우디에서 몸담았던 건설회사의 도움으로 홍제동의 한 아파트에 전세로 들어가서 살 수 있었다. 이 아파트는 그 건설회사가 직접 지은 것이기도 했다. 아버지의 부상에 대한 건설회사의 알량한 호의이자 보상이었다. 고작 1년짜리 시한부에 불과했다. 그래도 1년 동안은 거의 거저 살 수 있었다. 이 집에 대해선 매우 좁고 조금 어두웠다는 기억 외에 달리 떠오르는 것이 없다. 나는 학교를 마치면 주로 밖에서 뛰어노느라 바빴기 때문일까. 이 무렵 아버지는 지금까지 해온 일인 부동산업에 발을 들였다. 그리고 어머니도 동대문 시장에서 홈패션, 인테리어 소품을 만들어 파는 일을 시작했다.

　지금 살고 있는 서울 서북부의 은평구로 이사온 것은 내가 초등학교 4학년 말 무렵이었던 것 같다. 모아 놓은 돈이 거의 없어 전세집을 구하기 위해 방방곡곡을 누비며 겨우 찾아낸 저렴한 집이었다. 당시 동네에는 곳곳에 2층 단독주택들이 있었고 줄지어 단독주택이 늘어선 블록도 있었다. 나무가 많았다. 특히 대추나무가 많았다. 우리는 2층 단독주택의 1층에 전세를 얻었다. 지금까지 기억에 남는 것은 차가운 나무 마루바닥이다. 겨울이면 발을 웅크리고 오돌오돌 떨며 다니던 기억, 연탄 난로를 놓고 연통을 설치하던 일 등이다. 추위도 고역이었지만 다른 불편도 있었다. 주인집과 대문과 마당을 함께 쓰고 자주 부딪히게 되자 서로 얼굴 붉힐 일도 빈번하게 있었다. 그런 일이 있고 마당에서 주인집 아주머니와 마주치게 되는 날이면 마치 외통수에 걸린 듯 등골이 쭈뼛 섰다.

내가 중학교에 입학하자 같은 동네의 다가구주택으로 이사했다.
다행스럽게도 이제 마당이 없어졌다. 엇비슷한 집이 차곡차곡 쌓여
있으니 꽤나 공평해 보이는 것이었다. 이 집의 문제는 너무 좁다는 데
있었다. 물론 집의 면적은 전에 살던 집도 크지 않았지만 생김새 자체가
좁고 긴 형태였다. 한 층에 두 가구를 배치해야 했기 때문이었다. 15평의
공간에 방이 세 개 있었고 부엌 겸 거실로 쓰는 공간이 조금 있어서
방과 화장실을 이어주었다. 이 화장실이 겨울이면 고역이었다. 난방이
전혀 되지 않는데다 날이 추우면 수도관이 동파되기 일쑤였다. 그리고
유독 이 집에선 도둑이 많이 들었다. 우리 집은 반지하 위에 자리한
1층이었다. 높이로 치자면 1.5층이라 하겠으나 1층과 다름없었다.
첫 도둑이 들고 알량한 방범창을 설치했지만 두 번째 도둑에게도
속수무책이었다. 당시 동네에는 텔레비전이나 비디오를 훔치려 빈집을
노리던 좀도둑이 극성이었다. 학교에서 친구들의 도둑맞은 사연을
심심치 않게 들을 수 있었다.

우리 가족이 처음 집을 산 것은 2000년의 일이다. 전에 살던 집에서 한
블록 정도 내려온 곳에 새로 지어진 다세대주택이 많았다. 1980년대
말에서부터 1990년대 초까지 이 동네의 단독주택들이 많이 없어졌다.
전에 살던 집도 그즈음 지어진 것이었다. 그래도 동네에는 드문드문
큰 단독주택들이 있었다. 이 집들이 빌라로 탈바꿈하던 때가 1990년대
말이었다. 그러나 이 빌라들이 IMF 여파로 제때 팔리지 않아 오래 비어
있는 경우도 꽤 있었다. 이 근처를 눈여겨보시던 아버지는 좋은 조건에
나온 전용 24평 빌라를 사기로 결정했다. 나는 그 당시 군대에 있었기
때문에 집을 산 자세한 경위는 알지 못한다. 당시 저축이 꽤 있었던
것도 아니었다. 전에 살던 전세금을 가지고서도 이것저것 빼고 나면
남는 것이 별로 없었다. 집값 1억 7,000만 원 중에서 빚이 대부분이었던

것으로 기억한다. 2년 동안 비어 있던 집이었는데 지금 생각해보면
그렇게 싼 것이었나 하는 의문도 든다. 그 당시에는 좋은 가격에 집을
구했다고 기뻐했었다. 2년이나 비어 있었던 집이다 보니 집 안 곳곳이
먼지에 찌들어 있었다. 이 오래 묵은 흔적은 내가 다 없앴다. 드디어
방과 주방, 거실이 온전히 있는 집에서 살게 되었다. 방 세 개 중 두 개는
침대를 놓고도 여유가 있을 정도로 컸으며 욕실은 하나였지만 변기를
놓는 별실을 가질 정도로 넓었다. 처음으로 욕조를 갖게 되었다. 부엌
옆으로는 베란다가 따로 있어 어머니가 무척 좋아하셨다.

어머니의 이야기를 빼놓을 수 없다. 사실 우리 가족의 경제적 문제를
모두 해결해온 장본인이 어머니다. 아버지는 이제는 평생의 업이 된
부동산중개업을 시작하셨으나 드문드문 조금 큰돈을 가지고 오는
것 외엔 벌이가 일정하지 않았다. 내가 고등학교에 진학하기 전에
고등학생이었던 누나는 외국으로 유학을 떠났다. 어머니는 1년에
한두 번씩 적지 않은 액수를 송금해야 했다. 그리고 나는 나중에야 안
일이었지만 어머니는 고향에 땅까지 사두었다고 한다. 아버지가 사업을
벌이다 남긴 빚들, 누나의 유학비와 나의 학비, 집과 땅을 사는 데 끌어다
쓴 빚을 모두 어머니가 해결했다. 어머니는 동대문 시장에서 이불, 쿠션
등을 만들어 파는 일을 했다. 매일 새벽 첫차를 타고 나가서 밤 9시 혹은
10시나 되어야 돌아왔다. 이제와 그동안 어머니가 번 돈이 얼마나 될까
생각해보면 아득해진다. 나 역시 지금은 간단한 가구나 인테리어 소품은
모두 인터넷으로 구입한다.

2012년, 나와 아내는 둘째를 가졌다. 첫째는 2013년 초등학교에
입학했다. 아내가 다니던 초등학교다. 살림은 빠듯하다. 첫째를
가지면서 어느 정도 자리를 잡았던 첫 직장은 사장이 고의 부도를

내고 도주했다. 나와 동료는 거래처를 가지고 나와 독립하여 사업을
시작했다. 그 때문에 1억 가까운 대출을 다시 받았다. 결혼하기 전
집을 사기 위해 받은 대출은 이자만 갚아나가고 있는 상태다. 변동금리
상품이라 2000년대 중반 금리가 오를 때는 힘들었지만 지금은 다시
금리가 낮아져 부담을 조금 덜었다. 이런 상황에서 재개발에 대해 깊게
생각하고 관여할 여유가 없다. 차라리 그만두었으면 하는 마음마저
든다.

   재개발 소문이 돌기 시작한 지 2, 3년이 지나 2005년 봄에
이르러 재개발추진위원회가 설립되었고, 2009년에야 주택재개발
정비구역으로 지정고시되었다. 재개발 구역은 동의 한가운데 섬처럼
자리하여 2,000여 가구가 들어서게 된다. 오래된 주거지역이라 도로가
좁고 대로에 인접하지 못하여 계획이 통과되는 데 우여곡절이 많았다고
들었다. 그러나 문제는 입지가 아니었다. 이 변두리의 고만고만한
동네에도 재개발에 대한 입장 차이는 분명했다. 변변찮은 살림이
태반이었지만 나름 이곳의 방식대로 재산을 불려온 사람들도 있었다.
재개발에 대한 소문이 돌고 집값이 급등하자 각자 나름의 입장을 정해야
했다. 우리 가족이 이 동네에 이사 온 이후 계속 다니던 교회의 성도들도
이 구역에 많이 살았다. 그래서 나도 몇몇 사정들을 전해 들을 기회가
있었다.

   내가 아는 한 이 동네 사람들은 동네에 만족하고 있다. 유별나게
불행한 일이 없다면 동네를 떠나고 싶어 하지 않는다. 집값이 많이
올랐을 때 집을 팔고 떠나는 사람도 있었다지만 많지는 않았다. 오래된
동네고 사람들 벌이도 변변찮다 보니 집들이 거의 다 작았다. 큰
집이 없지 않았지만 곧 빌라로 바뀌어 쪼개지곤 했다. 그런 방식으로
사람들은 좁은 땅에 붙어 좀 더 큰 집을 가지고 살았다. 여기에서
세를 든 사람들의 고민은 차라리 간명했다. 사정에 맞춰 이사를 가면

그만이었다. 갈등은 집을 가진 사람들 사이에서 나타났다. 입장은
재산에 따라 나뉘게 마련이었다. 사정은 대략 다음과 같았다. 교회의
한 권사님은 아들을 장가 보내고 조그만 집을 얻어 혼자 살고 있다.
분명 자가 소유의 집이지만 대지지분이 워낙 보잘것없고 따로 벌이가
없어 재개발이 되면 이 동네를 떠나야 한다. 그러므로 당연히 반대다.
슈퍼마켓을 하다 다가구를 지은 다른 집은 재개발 소문에 맞춰 다가구를
구분등기하여 다세대주택으로 바꾸고 새로 생긴 세대를 자녀와 친척
명의로 돌려놓았다. 몇 개의 분양권을 확보한 이런 입장은 당연히
찬성이다. 다세대주택과 다가구주택이 많았던 이 지역 사람들은 바쁘게
움직이기 시작한 모양이었다. 다가구주택을 가진 사람들은 분할등기를
하여 분양권을 확보하기 위해 이른바 지분 쪼개기를 하는가 하면,
단독주택을 헐고 다세대주택을 짓는 사람들도 많았다.
　나 역시 이런 분위기에 결혼을 앞두고 집을 산 것이다. 그러나
지금은 또 다른 풍경이 펼쳐지고 있다. 지분 쪼개기가 성행하자 말들이
많아졌다. 동네 사정을 잘 알고 건설회사에 오래 다니셨던 당구장
사장님은 조합 지분이 너무 많아 건설사가 쉽게 손대지 않을 거라 했다.
그래도 초반엔 대형 건설사들이 적극적이었다. 분위기가 무르익자
문제는 조합이었다. 내가 알기로도 조합이 벌써 세 번은 바뀌었다.
소송도 몇 건 있었다. 바뀌는 조합장마다 주변에서 말이 많았다. 요컨대
다 도둑놈들이라는 것이었다. 조합설립인가는 2010년에 있었다.
그 후로 별다른 진척 없이 시간만 갔다. 급기야 재개발에 반대하는
사람들이 모여 재개발반대위원회를 결성했다. 퇴근하면서 종종 조합
사람들과 재개발에 반대하는 사람들이 조합 사무실 앞에서 언성을
높이며 싸우는 모습을 볼 수 있었다.
　내가 가진 6평 남짓한 대지 지분으로 32평형에 입주하기 위해선
3~4억 원의 분담금을 내야 한다고 들었다. 나는 재개발이 된다면 계속

이곳에서 살고 싶다. 그렇지만 내 형편에 저 분담금을 갚아나갈 수
있을지 장담할 수 없다. 더 작은 평형의 아파트에 들어간다고 하더라도
마찬가지다. 그렇다고 지금 가진 집을 팔고 다른 곳으로 갈 수도 없다.
2005년에 9,000만 원을 주고 산 지금 집은 현재 1억 2,000만 원 선이다.
그러나 팔려고 내놔도 팔리지 않는다. 비슷한 규모의 새 빌라가 같은
가격으로 쏟아져나오고 있지만 분양에 실패하고 있는 듯 하다. 지하철
전봇대마다 붙는 급매 전단이 날이 갈수록 늘어만 간다. 설령 판다고
하더라도 아직 갚지 못한 빚을 정리하면 어디서 전세라도 구할 수
있을지. 그나마 내 집이라도 지키며 버티는 방법만이 내가 유일하게
선택할 수 있는 것이다. 이제 재개발 여부에는 큰 관심이 없다. 문제는
조합이 결성된 지 3년이 되어가는데 조합이 쓴 돈이 얼마인지 확인할
길이 없다는 것이다. 조합원인 나는 내가 알지도 못하는 빚을 더 가지고
있다.

데우스 엑스 마키나

N과 A

N

아버지
1950년생

어머니
1955년생

본인
1980년생
남자, 기혼,
전직 번역가,
대학원생

A

아버지
1955년생

어머니
1960년생

본인
1981년생
여자, 기혼,
출판 편집자

A: "공간은 힘의 형식, 시간은 무력(無力)의 형식"이라고 말한 게 누구였죠?

N: 프랑스 철학자 쥘 라뇨.

A: 우리 신혼 시절이 생각나네요. 각자 부모님과 함께 살다가 살림을 합쳤을 때, 양쪽 집에서 꼬리를 물고 날아온 것은 다름 아닌 책 박스였어요. 두 집의 공간을 상당 부분 차지하고 있던 책 1만 권이 33평짜리 신혼집에 모이니 온 집이 그야말로….

N: 책의 홍수였죠. 우리 집 책장은 대부분 붙박이여서 신혼집에 가져올 수 없었어요. A씨의 책장만으로 다 감당할 수가 없어 거실과 방 세 개에 무작정 쌓아놓은 책들 때문에 다른 짐들은 아예 정리할 엄두를 못 낼 정도였죠. 500권 정도를 추려 아름다운가게에 기증했는데도 빙산의 일각을 살짝 베어낸 정도였고, 거기다 앤 패디먼과 그 남편처럼 책들을 분류해 '서재 결혼시키키'를 시도하려고 하니 이건 뭐….

A: 그래도 쥘 라뇨의 말에 따르면, 우리는 비슷한 또래의 신혼부부보다 훨씬 큰 '힘'을 업고 출발하는 셈이었어요. 서울 중심가의 33평짜리 대기업 브랜드 아파트. 교통 편리하고 대형 쇼핑몰 가깝고, 번화가를 이웃하고 있고, 학군도 나쁘지 않은 동네. 비록 전세였지만 우리 둘의 돈은 한 푼도 들어가지 않았죠.

N: 은행에 손을 벌릴 필요도 없었어요. 간단히 말해, 우리가 소유한 공간이라는 형태의 힘은 전적으로 부모님에게서 빌려온 것이었어요.

A: '간단히'라는 부분에서 얼굴이 붉어지네요. 하지만 거기에다 대고 이러쿵저러쿵 부연할 계제는 아니니 넘어갑시다. 그래요, 우리는, 정확히 말하면 N씨의 부모님은, 최대한 에둘러 말해 경제적으로 여유가 있는 분들이시죠. 덕분에 결혼 준비를

하면서도 부동산을 돌아다닌다거나, 서류를 들여다본다거나, 돈을
마련하기 위해 고민을 할 필요가 없었어요. 우린 그저 우리가 살고
싶은 지역을 말하기만 하면 됐고 그 뒤로는 계약에서 이사까지
일사천리였지요.

N: 우리는 서로 비슷한 환경에서 자라 여러모로 닮은 커플이었지만,
그 시점에서 양쪽 집안의 풍경은 많이 달랐어요. 우리 부모님은
도심에 빌딩 한 채와 수익형 부동산 몇 채를 소유해 꼬박꼬박 적지
않은 액수의 월세를 받으며 정원이 있는 2층집에 거주하시는
반면….

A: 우리 부모님은, 아니 정확히 말해 우리 어머니는 유흥가 뒤편의
아주 오래된 양옥집에서 홀로 살고 계셨죠. 하지만 스케일이
다르다뿐이지 우리 어머니도 집주인이고 방 몇 개를 굴려 월세를
받고 계셨으니까 엄밀히 말하면 그리 다른 풍경도 아니었어요.
굳이 그 집의 반지하방에 거주하셨던 건 더 넓은 방을 세놓아 한
푼이라도 더 받기 위해서였고.
시간을 거슬러 우리의 유년기로 돌아가면 양쪽 집안의 풍경은
더더욱 비슷해지죠. 먼저 제 얘기부터 할까요. 우리 부모님은
1980년대 초반 아버지 직장 때문에 고향을 떠나 수도권의 한
도시에 자리를 잡았어요. 빈손으로 시작했지만 아버지가 대기업
직원이어서 허리띠를 졸라매며 돈을 모은 지 5년 만에 단독주택을
한 채 장만했어요.
지금도 내 머릿속에 고향의 이미지로 남아 있는 건 그 주택가의
풍경이에요. 주위에 아파트는 하나도 없었고, 온통 파란 지붕
2층집들에 동네 끝으로는 논밭이 펼쳐진 곳이었죠. 89년에 그 집을
팔고 고층아파트로 이사하게 됐을 때 나는 정말 많이 울었어요.
이후로도 한동안 향수에 시달리며 혼자 슬그머니 그 동네로 돌아가

우리가 살던 집 앞에 멍하니 서 있곤 했지요.

하지만 욕심이 없는 분이었던 아버지와 달리 이재(理財)에
밝았던 어머니는 금세 아파트에서 새로운 가능성을 발견했어요.
처음에는 교육 때문에 이사를 결심한 것이었지만, 언제부터인가
24평짜리 아파트를 잭의 콩나무처럼 거대한 자산으로 키워낼 수
있다는 확신을 갖게 된 거예요. 나는 그때는 물론 성인이 될 때까지
어머니가 어떤 마법으로 우리 집의 덩치를 불려 나갔는지 관심도
없었고, 굳이 알려고 하지도 않았어요. 대학에 입학할 때까지 다섯
번의 이사를 더 했고 우리 집의 평수는 24평에서 28평, 33평, 43평,
48평으로 점점 넓어졌어요. 방 네 개짜리 아파트에는 내 전용
서재도 있었고, 화장실도 둘이라 아침마다 변기를 놓고 전쟁을 할
필요도 없었죠.

어린 마음에도 나는 어렴풋이 '이런 게 정상은 아니다, 언젠가는
끝나고야 말 거다.'라는 불안감을 느꼈던 것 같아요. 그래서 더
알려고 하지 않았는지도 모르죠. 그저 어머니가 무언가에 '당첨'이
되었다며 춤을 추면 옆에서 함께 환호하고 용돈이나 받는 걸로
만족했어요.

스물한 살 때 우리는 수도권 신도시의 50평대 아파트로
이사했어요. 눈이 돌아갈 정도로 번화한 곳이었죠. 나는 대학
생활을 만끽하고 있었고, 동생은 중국으로 유학을 떠났고, 모든
것이 그때까지 그래왔듯 앞으로도 순조로울 듯싶었어요. 그러나
그 무렵 아버지는 밖으로 돌기 시작했고 머지않아 여자가 있다는
사실이 밝혀졌어요. 불같은 성격의 어머니는 당장 아파트 명의를
당신 앞으로 변경한 뒤 자식들을 데리고 몰래 어머니 소유의
빌라로 이사를 해버렸어요.

나는 아버지가 용서를 빌 거라 생각했지만, 일은 그렇게 흘러가지

않았죠. 아버지는 어머니를 사문서 위조 등의 혐의로 고소했어요.
어머니는 큰 충격을 받았고 우울증에 걸려 알코올에 기대기
시작했어요. 결국 고소 취하를 전제로 아버지에게 아파트를, 불과
얼마 전까지만 해도 어머니가 성취한 가장 큰 승리였던 오십몇
평짜리 공간을 돌려주고 말았죠.

모든 것이 사라진 것처럼 보였지만, 그러나 새로운 세기의
초입까지는 아직 마법이 위력을 발휘할 수 있었던가 봐요.
어머니는 우리가 잠시 지내던 빌라를 팔고, 어머니 명의의 부동산
몇 개를 더 정리해 시 외곽의 48평짜리 아파트로 이사했어요.
그곳에서 2년가량 지내다 재개발 호재를 기대하며 아파트를 전세
놓고 지금 사시는 단독주택으로 다시 옮겼지요. 나는 취직을 했고,
N씨를 만났어요.

N: 내가 최초로 기억하는 아파트는 아버지가 정착하신 지방도시의
     대규모 주공아파트였어요. 20평짜리 전세 아파트. 방 개수는
     기억나지 않아요. 안방 문손잡이가 빠져서 구멍이 뻥 뚫려 있었던
     게 유난히 기억에 남네요. 마루는 윤이 나는 황토색 나무 바닥. 마루
     한쪽에는 라디에이터.

     최초의 '우리 집'은 거기에서 두어 블록 떨어진 곳에 새로 생긴
     두 동짜리 아파트였어요. 방 세 개짜리 28평 아파트였죠. 교회
     선교원을 다닐 즈음에 이사해서 초등학교 3학년 때까지 살았어요.
     아버지는 공장장이 되셨고 그때 집에 처음 전축이 들어왔던 게
     기억나네요.

     1988년, 아이들의 통학 편의를 위해 그 집을 전세 주고 전에 살던
     주공아파트 단지 근처 시영아파트로 이사했어요. 20평형이었지만
     여전히 방이 셋이었기 때문에 네 식구가 지내는 데 불편은 없었죠.
     그리고 몇 년이 지난 93년, 청약 당첨으로 다시 지방 신도시의 고층

아파트로 이사를 갔어요. 무려 51평형에 17층! 내 작은 세계가
순식간에 몇 배로 확장된 거죠. 그 몇 해 전에 아버지가 창업을
하셨는데 사업이 예상보다 훨씬 잘 풀린 덕분이었던 것 같아요.
고등학교를 시골 기숙사에서 보낸 나는 대학에 합격하면서 서울로
올라왔어요. 집에서는 강북에 있는 학교 근처의 12평 반짜리
반지하 빌라를 자취방으로 얻어주셨죠. 보증금 3,000만 원, 방
두 개짜리 전세였어요. 난생 처음 살아본 반지하는 곰팡이와
바퀴벌레가 창궐하는 곳이었어요. 그래도 대학생다운 자유를
즐기느라 마냥 즐거웠지만, 부모님은 간혹 올라오셔서 그 집을
들여다보실 때마다 한숨을 쉬시더라고요.
대학교 2학년을 마친 나는 대치동에 있던 IT벤처에서 병역특례를
얻었어요. 집에서는 다시 그 근처에 신축된 11평짜리 빌라를
전세로 얻어 주셨죠. 보증금 8,000만 원. 모두가 IMF로
힘들어하던 시절이었지만, 수출이 중심이던 아버지 회사는 당시가
최고의 호시절이었던 거예요.
그러나 한편으로 아버지는 산업 자체가 사양 산업이라는 것을
정확히 파악하고 계셨어요. 서울에서 내가 그럭저럭 자리를
잡자 아버지는 사업을 최소한의 틀만 남기고 정리하신 뒤
상경하셨어요. 지방의 재산을 정리한 돈으로 강동에 있는 40평형
아파트를 구입하신 아버지는 머지않아 신세계를 목격하셨죠.
아무것도 하지 않고 가만히 있기만 하면 절로 가격이 쑥쑥 치솟는
아파트. 수완 좋은 분이셨지만 지방에 계실 때는 그런 재테크가
가능하다는 걸 상상조차 못 하셨던 거죠.
아버지는 기민하게 움직이셨어요. 상경 후 몇 년이 지나자 우리
집 형편은 아버지 사업이 한창 잘나가던 때보다 더 나아졌어요.
2005년경 아버지의 재산은 수익형 부동산 몇 채와 아파트 몇 채로

불어나 있었어요. 부모님은 그중 아파트들을 처분하고 일본인
건축가가 지은, 나선형 계단과 정원이 있는 천장 높은 2층집으로
이사하셨죠. 그 뒤로는 A씨가 아는 대로예요.

A: 다시 우리의 현재로 돌아와서. 2010년 결혼한 뒤 우리는 33평짜리
아파트에서 2년을 살았어요. 그곳에서 아이를 낳았고 책들도
꾸준히 새끼를 쳤죠. 갓난아기를 포함한 세 식구가 살기에 33평도
과하게 넓다고 생각했지만, 오랫동안 물건을 버리기보다는
쌓아두면서 지내는 데 익숙해진 저희가 여분의 공간을 상실하는
데는 2년도 채 걸리지 않았어요. 곧 온 방을 책과 프라모델과
오래된 잡지와 아기 물건들이 지배하게 되었죠.

N: 그래서 다시 우리 부모님이….

A: 데우스 엑스 마키나처럼.

N: 부모님은 결혼한 지 2년 된 부부와 아기에게 48평짜리 아파트를
새로 마련해주셨어요. 여전히 전세였지만 여전히 그 동네요. 교통
편하고 쇼핑하기 좋고 학군도 나쁘지 않은.

A: 공간은 힘이에요. 정말로 그래요. 우리는 부모님 힘에 압도되었고,
가슴으로 무엇을 느끼건 거기 저항할 수 없다는 사실을 다시 한 번
실감했죠.

N: A씨의 어머님, 그러니까 장모님은 산후조리를 마치고 복직한
A씨 대신 아기를 봐주시게 되었지요. 처음에는 댁에서 출퇴근을
하시다가, 나중에는 아예 평일 내내 우리 집에 머무르시게
되었어요.

A: 어머니에게는 월세가 들어오는 방 몇 개와, 당신이 쉬실 수 있는
공간이 아직 남아 있었지만, 그 동네의 재개발 이슈는 물 건너갔고
아파트는 팔리지 않았어요. 그사이에도 외국에서 공부하고
있는 아들의 학비와 만만치 않은 대출금이 꾸준히 빠져나가고
있었지요.

N: 우리는 어머님께 아이를 봐주시는 대가로 A씨의 월급 대부분을
   드리기로 했어요.

A: 대신 N씨의 부모님께 생활비의 일부를 원조받게 되었고요.
   생각해보면 우스울 수도 있는 게… 아파트로 축적된 한쪽의 부가,
   아기를 매개로 해서, 아파트를 끌어안은 한쪽의 손실을 메워주고
   있는 셈이에요.

N: 너무나 흔한 얘기인 걸요. 별반 우스울 것도 없지요.

A: 중요한 건 내가 종종 겁이 난다는 거예요.

N: 나도 마찬가지예요. 하지만 기계장치의 신이 일으키는 바람이
   계속되기를 바라는 것 말고 무엇을 더 할 수 있겠어요?

A: 저 책, 저 1만 권의 무게가 없으면 어떻게든 할 수 있지 않을까요?

N: 그게 가능하다면요. 절대로 그럴 리는 없겠지만.

2015년 현재, A와 N은 두 아이의 부모가 되었다. 둘째가 태어남에 따라
A는 직장을 그만두고 시댁의 부동산 관리를 도우면서 생활비를 받게
되었다. N은 학위 취득을 위해 유학을 떠났다. A와 N의 첫째 아이는
영어 유치원에 입학했으며, 일가는 아이의 초등학교 진학 문제를 놓고
강남 이주를 고려 중이다.

1차 가족계획   박재현

베이비붐 세대는 1955년에서 1963년 사이에 태어난 인구집단을 가리킨다.
베이비붐 세대는 자연출산율에 가까운 합계출산율 6.0명을 기록하던
1960년을 전후한 기간에 걸쳐, 그리고 가족계획, 달리 말하자면 산아
제한 정책이 본격적으로 시행되기 시작한 1964년을 맞기 전에 태어났다.
산아 제한 정책은 본격적인 공업화를 향한 경제개발계획의 일환으로,
베이비붐 세대는 국가가 본격적으로 경제 개발과 출산에 개입하기 전에
태어난 셈이다. 초기의 경제개발계획이 시행되던 시기에 유년 시절을 보낸
베이비붐 세대는 자연스럽게 본격적인 산업화와 도시화를 이끈 세대가
되었다. 베이비붐 세대는 농촌을 벗어나 도시로, 특히 서울과 수도권으로
이주하여 새로운 산업에 종사하고 도시에서 가정을 꾸렸으며 산아 제한
정책을 완성하여 4인 가구를 만들었다. 그리고 이 책에 참여한 필자들의
부모로서 책의 또 다른 주인공이 되었다. 그러므로 베이비붐 세대의 성장
과정과 그들이 살았던 시대를 간략하게나마 살펴보는 것이 무익한 일은 아닐
것이다.
  1961년, 5·16쿠데타 군사 정부의 국가재건최고회의는 가족계획사업을
국가시책으로 채택했다. 제1차 경제개발5개년계획이 시작되는 1962년에
인구증가율을 2.9퍼센트를 낮추고, 1966년도에는 2.5퍼센트로, 제2차
경제개발5개년계획의 목표연도 말인 1971년에는 2.0퍼센트까지
단계적으로 낮추겠다는 목표를 세웠다. 가족계획사업이 본격적으로 시행된
것은 1963년 보건국 모자보건과에 가족계획계가 설치되면서부터다.
1961년에 피임약과 피임 기구의 수입 금지 조치를 해제하고 국내 생산을
허용하고 1962년에 콘돔과 정관수술을 피임 방법으로 보급하기 시작했으나
전국적으로 시행할 행정 조직이 미비했다. 1969년에는 먹는 피임약이

보급되었다. 의학적 이유의 인공임신중절 수술은 1973년 「모자보건법」이
공포됨으로써 합법화되었다. 정부는 가족계획을 위한 경제적 유인책도
마련했다. 1974년에 개정된 소득세법에서는 인적 공제 대상을 자녀 3인으로
제한했고 1978년 주택공급에 관한 규정을 제정하여, 두 자녀 이하, 불임수술
수용자에게 공공주택 분양 우선권을 부여하기로 했다.

산아 제한 정책은 경제 개발을 본격화하기에 앞서 급격한 인구 증가에
제동을 걸 필요가 있었기 때문에 탄생했다. 게다가 급격히 늘어나는 인구를
먹이기에 부족한 식량 생산량에 대한 위기감이 있었다. 1962년부터
1976년까지 3차에 걸친 경제개발5개년계획의 주요 목표에 식량의
자급자족, 특히 주곡인 쌀의 증산을 위한 농업 생산성 향상은 항상 주요
목표로 자리하고 있었다. 농업 생산성 향상과 식량의 자급자족은 농업
국가에서 산업 국가로 성공적으로 이행하기 위한 필수 조건이기도 했다.
산아 제한 정책은 이 이행 과정의 완충 장치였다.

이행 과정의 이상적인 얼개는 이렇다. 농업 생산성을 향상시켜 곡물
가격을 낮게 안정시키고 농촌에서 잉여 노동 인력을 생산한다. 이 잉여
농업 인구는 공업화가 진행되는 도시로 이주해 도시 노동자가 된다. 농업의
생산성이 높아져 식량 생산량이 늘어날수록 곡물 가격은 낮아지고 농촌의
잉여 노동력은 늘어난다. 낮은 곡물 가격은 생활비를 안정시키고 농촌에서
도시로 재배치된 노동자의 임금 상승을 억제할 수 있는 기초가 된다. 한편
수출 산업으로 육성하는 공업 분야에서는 저임금을 바탕으로 빠르게 산업
생산의 잉여를 축적하고 이를 재투자한다. 만약 식량 공급이 충분하지
않다면 경제성장의 과실은 폭등하는 곡물 가격으로 흡수되고 공업 분야에
재투자할 수 있는 잉여는 줄어들게 마련이었다. 산아 제한 정책으로 공업화
과정의 재투자를 위한 자본 형성에 가계도 저축을 통해 기여할 수 있었다.
많은 자녀를 낳는다는 것은 가족 내 경제활동 능력이 없는 구성원이 단시간
내에 늘어난다는 의미다. 그들이 경제활동인구로 편입되기 위해선 15년을

기다려야 한다. 부양해야 하는 가족이 늘어날수록 저축할 여력은 줄어든다.

가족계획사업에 관한 슬로건은 당시의 상황을 극적으로 표현한다.
1960년대에는 "많이 낳아 고생 말고 적게 낳아 잘 기르자", "덮어 놓고 낳다
보면 거지꼴을 못 면한다", "3·3·35운동(3명의 자녀를 3년 터울로 35세
이전에 단산하자)" 등이 있었다. "딸·아들 구별 말고 둘만 낳아 잘 기르자"는
1970년대의 대표적 슬로건이다. "적게 낳아 엄마 건강 잘 키워서 아기
건강", "잘 키운 딸 하나 열 아들 안 부럽다", "신혼부부 첫 약속은 웃으면서
가족 계획" 같은 1980년대 슬로건에서야 산아 제한 정책 초기의 절박함이
거의 사라졌다.[1]

이상적 경로와 세부 내용은 달랐지만 공업화는 성공적으로 진행되었고
성장을 향한 오르막길의 이중의 나선형 회로가 만들어졌다. 한미일 삼각
무역을 기반으로 하는 가공 무역을 통해 수출 주도의 공업화 성장 전략이
국외의 회로였다면, 저곡가와 저임금, 높은 투자율로 고속 성장을 달성하는
전략은 국내의 순환 체계였다. 이 구조는 두 가지 충격에 매우 취약했다.
외부로부터의 충격은 공업의 근간이라 할 수 있는 석유 가격의 변동이었다.
경제 개발 기간에 원화의 가치는 달러에 묶어두고 대외 충격에 비교적
자율적으로 대응하고자 했지만, 달러의 위상 변동에 따른 원유 가격에
대비할 수는 없었다. 내부의 문제는 물가였다. 특히 곡물 가격은 노동 가격을
결정하는 가장 근본적인 요소였다. 농업 생산이 지지부진하자 식량을 외부에
의존하게 되었다. 잉여 농업 인구를 생산한 계기는 농업 생산성 향상이
아니라 미국의 잉여 농산물을 대량으로 수입한 덕에 쌀 가격이 폭락하여
많은 농가가 몰락했기 때문이었다. 한국의 수출 공업이 석유 가격을
감내했듯이 농민들도 낮은 쌀 가격을 받아들일 수밖에 없었다. 농촌 인구는
새로운 일자리를 찾아 빠르게 도시로 이동했다. 수출 산업 중심의 공업과
저임금 노동의 생산을 짝으로 갖는 이중의 경제 개발 구조는 산업 사회에서
성장한 베이비붐 세대 가계에 대한 이중의 구속으로 지속되었다.

---

1   『한국의 인구정책 동향과 전망』(한국보건사회연구원, 2010), 77~86쪽.

　　가족계획이 정착해가는 과정은 공업화와 경제성장이 성공하면서
자연스럽게 따라온 도시화와 함께했다. 세계은행 자료에 따르면,
1960년 한국의 도시지역 인구 비율은 27.71퍼센트였는데 제2차
경제개발5개년계획이 마무리되던 1971년에 이르면 42.17퍼센트가
된다. 1977년에는 51.51퍼센트로 인구의 과반이 도시에 살기 시작했다.
1970년부터 1975년에 이르는 기간에 연평균 25만 명 이상이 전국에서
서울로 유입되었다. 도시화가 진행됨과 동시에 출산율이 급격히 떨어졌다.
합계출산율이란 여성 한 명이 가임기간(15~49세)에 낳을 것으로
예상되는 평균 출생아 수를 말한다. 합계출산율은 1960년에 자연출산율
수준인 6.0명에서 제2차경제개발계획이 시작된 직후인 1965년에는
5.63명으로 떨어졌다. 1970년에는 4.71명, 1983년에는 2.06명이 되어
인구대체수준 아래로까지 떨어졌다. 모든 여성이 평생 평균 2.08명의
아이를 낳으면 인구는 안정적으로 유지된다. 이때의 출산율을 인구대체수준
합계출산율이라고 한다. 1990년이 되자 합계출산율은 1.6명으로 떨어졌다.
인구억제정책은 1996년에 폐지되었다.

　　가족계획사업의 목표였던 도시의 4인 핵가족이 정착한 시기는 도시로
이주한 베이비붐 세대의 결혼 및 출산 시기와 정확히 겹쳐진다. 이는 통계를
통해서도 확인할 수 있다. 베이비붐 세대가 결혼하여 아이를 가질 70년대
후반부터 80년대에는 합계출산율이 2명대로 떨어졌다. 통계청에서 파악한
베이비붐 세대의 평균 출생아 수는 2.04명이다. 자녀 두 명을 가진 비율이
63.9퍼센트로 가장 많았고, 한 명이 15.5퍼센트, 세 명은 15.2퍼센트다.

　　전후 복구와 본격적인 경제 개발 사이에서 국가의 미래와 가계에 닥칠
미래를 가늠할 실마리가 없던 공백의 기간에, 농업 외에는 달리 아는 것이
없었던 집안에서 태어난 베이비붐 세대가 빠르게 산업 사회의 새로운 가족
형태에 적응하게 된 계기는 산업화의 전환기를 통과한 베이비붐 세대의 성장
과정을 살펴봄으로써 짐작할 수 있다.

　　많은 자녀를 갖는 일은 농업을 주요 산업으로 삼는 사회의 일반적인
모습이다. 이를 노동력을 가능한 한 많이 확보하여 노후의 위험에 대비하는
전략으로 보는 관점도 있다. 그러나 농업 사회에서 통용되던 가족 규모는
변화하는 시대에 탄력적으로 대응하기에는 버거운 몸집이었다. 문제는
밥만 챙겨 먹을 수 있으면 가계 내에서 다음 세대로 기술 전수가 가능한
농사일과는 달리 산업 사회의 노동자는 별도의 교육을 필요로 한다는
점이었다. 그리고 교육에는 돈이 들었다. 정부가 공업화를 통한 국가 개조를
서두르는 동안 베이비붐 세대의 부모들은 자녀 모두를 농사꾼으로 만들 수
없는 현실을 받아들이고 가계를 꾸려갈 대책을 마련해야 했다.

　　베이비붐 세대는 대개 대여섯 명의 형제와 함께 자랐다. 가뜩이나
가난하던 시기에 자녀 모두를 교육시키는 일은 거의 불가능한 일이었다.
주로 장남 혹은 더 똑똑한 남자 형제만 제대로 교육을 받을 수 있었다. 이들이
집안의 운명과 대를 이을 임무를 짊어지고 있었다. 대신 장남의 여동생
혹은 누나는 기초적인 교육만 마친 채 상경해 공장에서 일하며 남자 형제의
학비를 보태거나 시골에 남은 부모의 집에 송금했다. 논과 소를 팔아 학비와
도시 유학 경비를 낸다고 하여 상아탑 대신 우골탑이라 불렸던 대학이지만,
이를 위해 재산을 처분할 수 있었던 배경에는 여자 형제들의 희생이 있었다.[2]
도시에서 성장하는 상·공업의 저임금 일자리를 베이비붐 여자 형제들이
채웠고, 이들의 임금은 농촌에 있는 부모에게로 들어갔다. 그리고 이 돈은
다시 도시의 대학 등록금과 하숙비로 흘러 나갔다. 요컨대 베이비붐 세대의
교육받은 장남이란 농업을 주업으로 삼는 가계의 자산인 농지 등에서 전환된
인적 자본으로 정의할 수 있다. 통계청에서 실시하는 2010년 인구총조사에
따르면 베이비붐 세대는 현재 약 695만 명으로 전체 인구의 14.5퍼센트를
차지한다. 현재 베이비붐 세대의 학력은 고졸이 311만 명(44.7퍼센트)으로
가장 많은 비중을 차지한다. 중졸은 17.3퍼센트, 대졸은 15.8퍼센트다.
학력 수준이 높아질수록 남자가 더 많아진다. 4년제 대학을 졸업한 남자

2　　그러나 베이비붐 세대 여자 형제들은 이러한 상황을 불가피한 사정으로
　　받아들이는 경우가 많다. 이에 대해서는 한국보건사회연구원이 펴낸 보고서
　　『베이비 부머의 삶의 다양성에 관한 연구』(2011) 참조.

베이비붐 세대는 70만 9,000명인데 반해 여자는 38만 6,000명이다.
석사의 경우는 남자가 16만 2,000명, 여자는 6만 3,000명이다. 학령기인
10대 초반에 취업해 일을 하다 검정고시 등으로 나중에야 중·고등학교를
졸업하는 경우가 많았던 베이비붐 세대의 특성상, 2010년 조사 결과는 당대
현실보다는 약간 과장된 수치일 것으로 추정된다.

    농촌 사회의 관습이 반영된 이러한 선택과 집중 전략에 따라 수혜자와
피해자가 갈렸다. 베이비붐 세대의 유년기의 결과는 차등적인 사회적 지위로
나타났다. 고도성장 과정에서 입지전적인 사례가 드물지는 않았지만, 대개
하향식 경제 개발 전략을 따르는 대기업과 중소기업의 수직 구조에 따라
그 종사자의 소득과 자산이 결정되었다. 그리고 이 수직 구조는 베이비붐
세대가 받은 교육 투자의 결과를 반영했다. 대졸 베이비붐 세대는 비교적
좋은 기업에 어려움 없이 취직할 수 있었던 반면, 그들을 뒷바라지 했던
배우지 못한 형제들은 소규모 공장에 취직하거나 낮은 임금을 꾸준히 모아
자영업에 투신했다. 외환위기 이후 기존 중산층의 운명이 엇갈리면서 계층이
분화되기 시작할 즈음 터져나온 사회 양극화의 문제는 이미 베이비붐 세대가
사회에 진출할 당시부터 엄연한 현실로 존재했다. 단지 고도성장의 환희
속에 혹은 고도성장의 수혜를 기다리는 희망 속에 잠복해 있을 뿐이었던
현실이 불황이 닥치자 수면 위로 떠올라 문제가 되었다. 이러한 사회적
분화는 한 가계 내에서도 똑같은 모습으로 재현되었다.[3]

    도시로 이주하여 산업 사회의 일원이 된 베이비붐 세대는 농촌 공동체의
논리에 따라 가족을 구성할 수는 없었다. 농업 사회의 재생산 기반이 식량
생산에 있다면 산업 사회의 재생산 기반은 현금 소득이었던 것이다. 이는
베이비붐 세대의 성장 과정에서 자연스럽게 습득한 교훈이었다. 출산율
저하의 원인에는 물론 정부의 적극적인 산아 제한 정책이 있었다. 더불어

---

3   이와 관련해 베이비붐 세대 가계의 자산 형성과 사회적 특성에 대한 자료는
    이 글의 뒤에 실은 인포그래픽을 참고하기 바란다. 가계금융복지조사의 가계
    부문을 기준으로 작성한 차트는 일반적으로 베이비붐 세대의 남성이 가구주로
    등록되어 있는 현실을 반영하고 있기 때문에 남녀의 교육 격차와 자산 형성의
    연관성을 보여주는 것은 아니다. 다만 배우자의 선택 역시 유사한 사회
    계급에서 빈번하게 일어나는 점을 고려하여 미루어 짐작할 수 있다.

베이비붐 세대는 자신의 소득이 자신의 교육 수준에 달려 있는 현실을
정확하게 인식했다. 부양가족이 늘어날수록 자녀를 교육하기 어려워지고
자녀의 미래가 어두워진다는 메시지는 전환기를 경험한 베이비붐 세대에게
명확한 진실이기도 했다. 시골에 사는 가난한 부모가 재산을 늘리는
기분으로 낳은 베이비붐 세대가 도시에 정착하기 시작했을 때 얻은 인생의
교훈이 무엇인지 짐작하기란 어렵지 않다. 내 자녀의 미래는 내가 얼마나
자녀 교육에 투자할 수 있는가에 의해 결정되는 것이다. 가족계획은 도시
가계의 재생산 전략에 부합했기 때문에 성공할 수 있었다. 베이비붐 세대의
4인 가족은 이렇게 탄생했다.

　가족의 재생산의 기반이 소득이라면 그 목표는 미래의 가족의 모습에
맞추어져 있었다. 경제 성장과 함께 중산층의 삶의 형태가 새로운 표준으로
모습을 드러내면서 가족의 미래를 구체적으로 그려낼 수 있게 되었다.
그리고 그 구체적인 가족의 미래는 저축을 통해 표현될 수 있었다. 주택과
자녀 교육 그리고 자녀의 독립에 이르기까지 앞으로 이어질 가족의 생애
주기에 대비하기 위해서 필요한 것은 목돈이었기 때문이다. 베이비붐 세대의
맏이라고 할 수 있는 1950년대 중후반 생이 사회 진출을 본격적으로 하기
시작한 1976년 3월, 저소득 근로자의 목돈 마련과 주거 안정을 목적으로 한
'근로자재산형성저축'이라는 이름의 재형저축이 첫선을 보였다. 1976년
3월 29일 자 『매일경제』의 연재 코너 '알기 쉬운 경제학'에서 당시 재무부
금융정책과장이던 이헌재는 '근로자재형저축 제도'에 관한 글을 싣는다.

　　　근로자재산형성저축의 대상은 사업주에 고용되어 금여를 받고
　　　근로를 제공하는 자(공무원, 군인, 공공단체 및 공익 사업 종사자,
　　　학교 교원 등을 포함)로서 월 소득이 25만 원 이하는 근로자로
　　　제한되어 있다. (중략)
　　　근로자 월 소득의 39퍼센트 범위 내에서 최고한도는 월 5만 원이며

저축 단위는 1천 원 이상 5백 원 단위에서 저축취급기관과 직접
저축계약을 체결하고 사업주가 저축자의 급여에서 매월 저축액을
공제하여 대납하게 되어있다. 또한 저축 기간은 3년만기형과
5년만기형 두 가지가 있다.

동 저축에 대하여는 우선 저축의 종류에 따라 정기적금이율
또는 배당률 등의 기준금리가 적용되며 계약기간 만료 시에는
총저축원금에 대하여 3년형의 경우 15퍼센트, 5년형의 경우
30퍼센트의 저축장려금이 별도 조성되는 저축장려기금에서
지급된다. (이하 생략)

1975년 기준으로 월 급여 3만 원 이상을 받는 122만 6,000명을 대상으로
재무부에서 실시한 급여계층별 근로소득조사에 의하면, 재형저축에 가입할
수 있는 월 25만 원 이하 소득자는 120만 명이 넘는 것으로 생각할 수 있다.[4]
해당 조사의 월 급여는 수당과 보너스를 포함해 환산한 것으로 재형저축
가입 자격을 결정하는 상여금을 제외하는 소득 기준과는 차이가 있다. 해당
조사에서 상위 1만 번째 소득자인 장관급의 소득은 월 34만 원이지만,
수당과 보너스를 제외한 월 급여는 24만 4,400원이다. 기사에서 예시한
대로 월 5만 원을 납입할 수 있는 15만 원 이상 월 소득이 있는 근로자는
6만 6,000명뿐이다. 재형저축에 매달 1만 원 이상 납입할 수 있는 월 소득
3만 원 이상 근로자가 122만 6,000명이나, 이에 미치지 못하는 근로자는
훨씬 많았다. 1977년 재무부는 1976년 자료를 바탕으로 국회 재무위에

4　"계층별 근로소득자 122만 명 대상 추계 재무부, 75년 기준 내 월급은 어느
　　정도 수준인가?"(『경향신문』, 1976년 11월 5일 자); 1975년을 기준으로
　　월급여 3만 원 이상인 근로자의 임금구조를 살펴보면 다음과 같다. "월
　　100만 원이 넘는 고소득 급여 생활자는 1,000명, 70만 원 초과 100만
　　원 미만도 1,000명, 그리고 50만 원에서 70만 원까지 받는 사람 역시
　　1,000명으로 나타났다. 이 통계를 기준으로 급여 순위를 분석하면 월급여
　　수준 5만 원인 사람은 94만 6,001번째, 7만 원은 58만 1,001번째, 9만 원은
　　31만 2,001번째, 12만 원은 14만 3,001번째, 20만 원은 4만 1번째, 30만
　　원은 1만 5,001번째, 40만 원은 6,001번째"다. 참고로 한국전력이나 은행
　　부장급 월급이 1만 5,000번째 수준으로 월급여는 30만 원인데 이는 월급
　　24만 원, 연 400퍼센트 보너스를 받는 것을 환산한 것이다.

근로소득세에 관한 자료를 제출하였다.[5] 해당 자료에 따르면, 당시 한국의
전체 근로자는 677만 9,000명으로 504만 6,000명이 과세 기준 미달의
소득을 받는 근로자라 보고하고 있다. 1976년의 소득세 총결정인원은
100만 1,851명으로 이 중 59만 2,536명이 과세 미달인 점은 차치하고라도
재형저축의 혜택을 누릴 수 있는 대상은 100만 명 남짓이라 짐작할 수 있다.

재형저축에 가입할 수 없는 자영업자의 저축 수단은 계였다. 계는
은행 문턱이 높은 서민층이 사정에 맞춰 목돈을 마련하는 수단이었다.
급한 목돈이 필요할 때는 앞쪽 순번을 선택해 돈을 당겨 쓰고 나머지
기간에 이자를 붙여 갚아나갔다. 고금리의 이득을 보려면 뒤쪽 순번을
선택해 먼저 돈을 탄 계원이 내는 이자를 얻는다. 계원들이 각각 대부자가
되거나 대출자가 되어 금융기관 노릇을 하는 것이다. 후순위의 경우 월
금리가 4퍼센트가 넘는 경우도 많았다. 연리로 환산하면 48퍼센트로
재형저축 수익률을 훌쩍 넘는다. 물론 서민층만 계를 이용하는 것은
아니었다. 부유층이 얽힌 고액의 계가 사기로 이어지는 사건이 종종 신문에
보도되었다. 1976년 한국은행이 실시한 저축 관련 설문조사 내용에 따르면,
은행 등 제도금융을 이용하는 가구가 전체 조사 대상의 58.7퍼센트를
차지한 데 비해 계를 이용하는 가구는 34.7퍼센트를 차지했다. 은행과 계를
동시에 이용하는 가구는 30퍼센트에 달했다.

재형저축은 가계의 저축 증대를 꾀해 외자 유치에 크게 의존하던 기업의
투자 재원을 확보하기 위한 방편이자, 경제성장의 과실을 인위적으로
분배하는 정책의 일환이었다. 정부는 시장 금리보다 훨씬 낮은 금리로
수출 기업에 자금을 대출해주며 산업화를 지원했다. 반면에 시중에는
언제나 돈이 부족했다. 따라서 예금 금리 역시 시장 금리보다 낮을 수밖에
없는 상황이었다. 돈이 사채 시장이나 계와 같은 사금융으로 몰리는 것이
당연했다. 재형저축의 특징인 저축장려금이라는 생소한 형태의 가산 금리는

---

5   "재무부 76년 자료 과세미달 근로자 74.9퍼센트"(『동아일보』, 1977년
      10월 12일 자); "연간 120만 원 이하 저소득자가 납세 인원 면에서 전체
      인원의 88.6퍼센트를 차지하고 있으나 세부담은 7퍼센트"인 데 반해 "연
      1,200만 원 이상자의 인원 점유비는 0.3퍼센트에 불과하나 세부담은 전체의
      43.1퍼센트를 차지하고 있다." 또 "갑근세 대상자 1백 69만 3,000명 중 월
      9만 원 이하는 107만 5,000명이다."

시중 자금을 은행을 통해 투자 재원으로 흡수하려는 방안이었다. 시장의
논리를 거슬러 산업 투자를 지속하려는 정부의 궁여지책이기도 했다.
재형저축의 장점은 계와 같은 사금융에 비해 더욱 안전한 저축 수단이라는
점이었고, 그 대상은 비교적 안정적인 직장을 가진 근로자로 이미
상대적으로 경제성장의 혜택을 누리는 이들이었다.

　가계 순저축률은 1975년부터 1980년대까지 추세적으로 상승했고
1990년대 내내 20퍼센트 이상을 기록했다. 경제성장이 일시적으로 후퇴한
1979년 이후 잠시 주춤했지만 곧 회복하여 올림픽이 열린 1988년에는
최고점인 24.7퍼센트를 기록했다. 1982년에는 가계 예금이 10조 원을
돌파했다. 가계 저축률이 높아지던 시기에 한국의 여러 지표가 크게 변했다.
1975년 1인당 국민소득은 602달러에 불과했으나 1995년에는 1만 달러를
돌파하여 1만 1,432달러가 되었다. 1975년 48퍼센트이던 도시화율은
1995년에 78.2퍼센트가 되었다. 1975년의 총부양비는 72.5였으나
1995년에는 41.4가 되었다. 같은 기간 유소년 부양비가 66.6에서 33으로
떨어졌기 때문이었다. 성공적인 산아 제한 덕이었다. 참고 삼아 부연하자면,
같은 기간 평균수명이 지속적으로 상승했기 때문에 노인 부양비 역시
지속적으로 상승했다. 통계청의 인구추계에 따르면, 지속적으로 하락하던
총부양비가 반등하는 때는 2014년, 그리고 유소년 부양비를 노인 부양비가
추월하는 시점은 2017년이다. 총부양비란 생산가능인구(15~64세)에 대한
유소년인구(0~14세)와 고령인구(65세 이상)의 합의 백분비로, 부양비가
높을수록 가계의 지출 부담이 늘어나고 저축할 여력이 줄어든다.

　가계 저축률 상승의 가장 강한 압력은 도시의 주택 문제였다. 저축의
원동력이었던 경제성장은 도시 생활에 새로운 전망을 보여주었고, 이
전망은 곧바로 주택 가격에 반영됐다. 주택은 저축을 독려하면서 저축을
빨아먹는 매개로 작동했다. 지방에서 상경한 베이비붐 세대의 당면 문제는
바로 만성적인 주택 부족이었다. 1970년대부터 1990년까지 서울의

주택보급률은 50퍼센트대를 벗어나지 못했다. 제3차경제개발 기간인 1972년에서 1976년 동안 역대 최대인 76만 호가 넘는 주택이 공급됐지만 베이비붐 세대의 서울 이주와 독립을 감당할 수 없었다. 1990년대부터 본격적으로 시작한 '주택 200만 호 건설 계획'이 시행되고 경기도 신도시로 대규모 인구가 유출된 1995년에야 68퍼센트를 기록했다. 당시 상황을 살펴보기 위해 1980년에 실시한 주택총조사 자료를 보자. 당시 서울에는 주택 96만 8,133채에서 184만 3,988가구, 821만 7,614명이 살았다. 이 중에서 단독주택 68만 4,083채에 147만 1,696가구, 654만 1,532명이 살았다. 한 채의 주택에서 방 여러 개를 세놓는 일이 흔했다. 반면 아파트 18만 3,846채에서는 19만 5,880가구, 81만 2,331명이 살았다. 단독주택이 가구와 인구 밀도 면에서 월등히 높음을 알 수 있다.

저축과 주택 문제 사이에 전세가 있었다. 당장 집을 살 수 없는 입장에서 전세는 중요한 교두보였다. 시골에서 상경하고 가정을 꾸리는 베이비붐 세대는 대개 사글세에서 살림을 시작했다. 그 이후에 약간의 보증금을 모아 월세방을 구했다. 그리고 전세를 얻어 매달 월세로 지출하는 비용을 절약한 다음에야 다시 저축에 매진할 수 있었다. 전세를 얻는 과정도 저축, 전세에서 내 집 마련으로 과는 과정 역시 저축에 달려 있었다. 전세는 살림의 커다란 분기점이었다. 전세를 얻은 후에는 가계도 안정을 찾고 자녀의 교육과 내 집 마련을 위한 저축 계획을 세울 여력을 얻었다.

전세는 전세 보증금을 주택 소유자에게 내고 계약 기간에 주택을 임차하는 방식이다. 집주인은 임대 기간에 전세 보증금을 운용해 이익을 얻고, 전세 임차인은 집을 사용하는 이득을 얻는다. 집주인의 보증금 운용 이익은 임차인이 지불하는 기회비용이다. 전세 수요는 집을 필요로 하는 전체 수요 중에서 주택 구매자를 제외한 수요다. 전세 수요는 집을 살 의사나 여력이 없으나 집이 필요한 가구가 늘어나면 증가한다. 반대로 집을 필요로 하는 가구가 줄거나 전세 수요 중에서 집을 사는 사람이 늘면 전세 수요는 줄어든다. 전세 공급의 증가는 주택 공급의 증가로 주택 재고가 늘어나고, 이 중 얼마나 다주택자가 주택을 구입하여 임대 시장에 내놓는가에 달려 있다. 이 거래의 한쪽에는 주택 가격의 수준과 변동 폭, 주택 공급량, 다른 한쪽에는 주택 수요인 독립 가구의 소득과 저축이라는 주요 변수가 있다.

　주택 가격이 오르는데 전세를 얻고 싶은 사람은 거의 없다. 전세 보증금은 계약 기간 만료 시에도 일정한 금액으로 고정되어 있는 대신 주택은 더 비싸져 있을 것이기 때문이다. 가격 상승 시 전세를 구하는 쪽은 당장 집을 살 능력이 없다고 볼 수 있다. 반면 다주택자 중 일부는 전세 계약으로 자금을 조달해 다른 곳에 투자할 수 있다. 주택 가격이 오르는 상황이면, 이 전세금은 또 다른 집을 살 재원이 된다. 이때 다주택자가 추가로 구입한 주택은 다시 전세 시장에 공급된다. 주택 가격이 상승하는 가운데 전세 공급의 증가하는 현상은 다음의 두 가지 사실을 의미한다. 첫째, 다주택 소유 가구의 증가다. 더욱이 지속적으로 공급되는 주택이 무주택 가구뿐 아니라 다주택 소유 가구에게도 돌아간다는 뜻으로 다주택을 소유한 가구는 전세금을 지렛대로 삼아 주택 구입을 더욱 늘려 시세 차익을 얻는다. 둘째, 무주택 가구의 주택 소유가 더욱 어려워지고 있음을 의미한다. 다주택자가 전세금을 이용해 집을 추가로 구입하므로 늘어나는 전세금 규모가 바로 주택 가격에 반영되기 때문이다.

　반대로 주택 가격이 떨어질 경우는 어떨까. 주택을 구입한 후 주택 가격이 떨어진 만큼의 손해를 감수하기보다는 계약 기간이 끝난 후 전세금을 돌려받는 것이 더 나은 상황이다. 주택 구입으로 자산 증식이 불가능하니 다주택자 역시 집을 더 사두지 않는다. 새로 공급된 주택 가격이 전세 세입자가 주택을 구매하기로 마음을 바꿀 만큼 충분히 내려가지 않으면 팔리지 않는 주택이 늘어난다. 이때는 전세 공급은 늘지 않고 전세 수요만 늘어나므로 전세 가격이 오르는 것이 보통이다. 1990년대 주택 가격이 완만하게 내려가는 시기, 그리고 2010년 이후 주택 가격이 부진한 시기에 전세 가격은 올랐다.

이 구도에 따르면, 전세 시장을 안정시키기 위해선 두 가지 대책이
있다. 다주택자의 주택 구입을 늘려 전세 공급을 늘리거나, 전세 세입자의
소득이나 주택 구입 여력을 늘려 구입 수요로 전환을 돕는 것이다. 이것이
민간 임대주택 시장에서 전세 문제를 해결하는 방식이다. 물론 이 대책의
대전제는 원활한 주택 공급이다. 우선 필요한 주택이 충분히 공급되어야
전세 가격을 안정시킬 수 있다. 그러나 저축이 증가하고 주택 가격이
오른다고 해서 자연스럽게 주택 공급이 필요한 만큼 늘어나는 것은 아니다.
도시의 택지는 한정된 자원이기 때문이다.

베이비붐 세대 무주택 가구에게 동시에 닥친 것이 주택난과
전세난이었다. 서울과 수도권에 몰려드는 베이비붐 세대는 모두 부족한
주택을 구하는 경쟁자였다. 때때로 찾아오는 전세 파동을 버티곤 했지만
1986년부터 시작된 3저 호황이 가져온 주택 가격과 전세 가격의 동반
폭등은 버텨내기 어려웠다. 내 집 마련은 둘째치고 당장 해마다 오르는
전셋값이 문제였다. 서울은 만성적인 주택 부족에 시달렸기 때문이다. 서울
전세 가격은 1987년에 18.3퍼센트를 시작으로 1989년에는 23.7퍼센트,
1990년에는 16.2퍼센트가 올랐다. 1987년부터 1990년까지 서울의 전세
가격이 82.5퍼센트 오르는 동안 서울의 주택 가격은 61.2퍼센트가 올랐다.
집이 없는 이들에게는 공포스러운 호황이었다. 이 사태를 타개하기 위해
노태우 정부는 전격적으로 주택 건설 200만 호 계획을 추진하면서 경기도에
1기 신도시를 건설하는 대규모 주택 공급 정책을 단행할 수밖에 없었다.

만약 무주택 가구의 소득 수준에 맞는 임대 주택을 정부에서 대량으로
공급할 수 있었다면 주택 가격이 임대 시장에서 전세를 통해 민간 저축을
흡수하며 성장하면서도 주기적으로 전세난이 반복되는 상황에서 서서히
벗어날 수 있었을 지도 모른다. 문제는 공급 과정에 있었다. 대량의 주택을
공급하기 위해선 다음 세 가지 문제를 동시에 풀어야 했다. 먼저 택지가
부족했다. 특히 대량의 택지는 더욱 희소하다. 그러나 이 문제를 완화해 줄

정부가 보유한 택지는 거의 없었다. 따라서 택지를 확보하기 위해선 민간이
보유한 땅을 구매해야 했다. 둘째, 대량의 택지 개발에 체계적인 도시 계획의
형태가 도입되어야 했다. 여기에는 교통 및 상·하수도 등 설비를 갖추는
비용이 포함된다. 마지막으로 주택 보급은 그 자체로 수지가 맞아야 하는
사업이어야 했다. 경제성장기 동안 자원 배분의 최우선 순위는 산업 투자에
있었기 때문에 주택 보급을 위한 충분한 재원 조달을 위해 민간의 도움이
필요했기 때문이다. 이미 포화 상태인 서울을 대신해 경기도의 미개발지에
대량의 택지를 조성하는 것이 대안으로 선택된 것은 이 때문이었다. 비교적
낮은 가격으로 토지를 수용할 수 있는 장점도 있었다. 그리고 대규모 도시
계획을 단번에 설치할 수 있는 모델로서 강남 개발과 목동, 상계 등에서
실험을 거친 아파트 단지가 준비되어 있었다. 이렇게 지어진 아파트는
토지와 주택을 일괄 분양하는 방식으로 공급되었다. 이 방식을 통해 토지
가격에 토지 조성비, 즉 도시 개발에 필요한 비용을 포함시킬 수 있었다.
그 결과, 공공 택지와 그 위에 지어진 집이 분양 이후에는 다시 민간 주택
시장으로 편입되었다.

　　공공 영역에서 임대 주택을 충분히 공급할 수 없었기 때문에 주택 공급
정책의 최우선 순위 목표는 1가구 1주택에 있었다. 주택 실수요자에게
차례대로 주택을 공급하고 주택의 가격 안정을 위해 몇 가지 제도 묶음이
만들어졌다. 무주택 가구에 우선권을 주는 주택청약제도, 도시 노동자의
소득 수준으로도 집을 살 수 있도록 만든 공영 개발의 보상 방식과
분양가상한제는 원활한 공급을 위한 제도였으며, 위장 전입을 엄중히
처벌하는 주민등록법은 1가구의 실질을 파악하기 위한 방편이었다. 주택
가격을 원가에 묶어놓았기 때문에 분양 이후 주택 가격 상승분은 집주인에게
귀속되었다. 주택 공급은 공공 영역의 규제 아래 이루어졌으나 일단 공급된
아파트는 곧 민간 주택 시장에서 거래되었기 때문에 이런 효과는 당연한
귀결이었다. 주택 건설 200만 호 계획에 따라 지어진 1기 신도시 아파트는

이런 상황을 잘 보여준다. 적게는 평당 180만 원에서 많아야 평당 200만 원대로 분양한 1기 신도시 아파트는 입주가 본격화된 1993년이 되자 평당 360만 원에서 평당 460만 원까지 시가가 형성되어 있었다. 산본 신도시와 중동 신도시의 아파트가 평당 357만 원 선을 호가하던 1993년 당시 일산은 평당 430만 원대, 분당은 평당 460만 원대를 호가하고 있었다. 분양가를 기준으로 두 배 이상 오른 것이다. 이 시세 차익이 아파트를 분양받은 가계에 고스란히 돌아갔다.

주택 건설 200만호 계획이 성공적으로 끝나자 주택 경기는 침체기에 접어들었다. 1기 신도시는 거대한 공급 충격이었던 것이다. 덕분에 베이비붐 세대는 저축을 통해 집을 살 수 있는 거의 마지막 기회를 얻을 수 있었다. 반면, 정부는 정부 소유의 대량의 택지를 확보할 수 있는 마지막 기회를 놓친 셈이 되었다. 그리고 40대를 바라보는 베이비붐 세대의 자녀들에게 10대의 학창 시절이 기다리는 1990년대가 시작되었다.

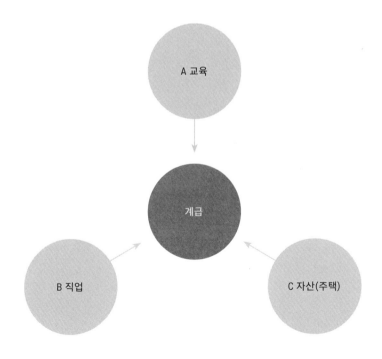

베이비붐 세대 소득5분위별-자산5분위별 자산 및 부채 현황

(2014 가계금융복지조사 마이크로데이터, 통계청)

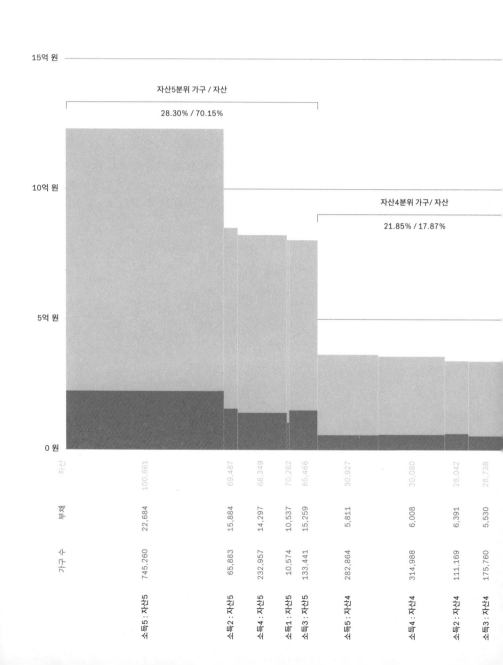

이 그래프는 가구의 순자산 및 부채액을 자산 및 소득 5분위별로 보여준다. 자산 5분위는 총자산(순자산 + 부채) 기준 상위 20%, 소득 5분위는 소득 기준 상위 20%에 해당한다. 가로축은 가구 수, 세로축은 순자산과 부채액이다. 예를 들어, 소득 5분위에 속하면서 자산 5분위에 속하는 사람은 평균적으로 경상소득 1억 3,093만 원, 순자산 10억 661만 원, 부채 2억 2,684만 원(총자산 12억 3,345만 원)이다.

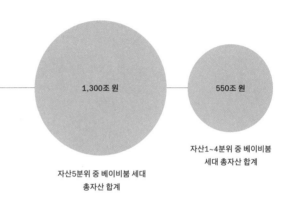

1,300조 원

550조 원

자산5분위 중 베이비붐 세대
총자산 합계

자산1~4분위 중 베이비붐
세대 총자산 합계

자산3분위 가구/ 자산

17.21% / 7.76%

자산2분위 가구/ 자산

16.22% / 3.44%

자산1분위 가구/ 자산

16.41% / 0.77%

단위: 만 원

	소득5 : 자산3	소득3 : 자산3	소득2 : 자산3	소득1 : 자산3	소득5 : 자산2	소득4 : 자산2	소득3 : 자산2	소득2 : 자산2	소득1 : 자산2	소득5 : 자산1	소득4 : 자산1	소득3 : 자산1	소득2 : 자산1	소득1 : 자산1
	16,552	15,909	15,305	15,065	7,678	8,039	7,790	7,131	7,726	1,121	1,905	1,244	1,303	860
	3,633	3,603	3,761	3,162	2,248	1,559	1,640	1,825	1,108	2,289	951	1,426	1,011	621
	105,775	173,250	158,312	53,095	36,724	129,940	209,900	201,772	102,638	4,960	39,678	119,706	230,778	293,780

A 베이비붐 세대 가구주 기준 각 분위별 학력 분포

(2014 가계금융복지조사 마이크로데이터, 통계청)

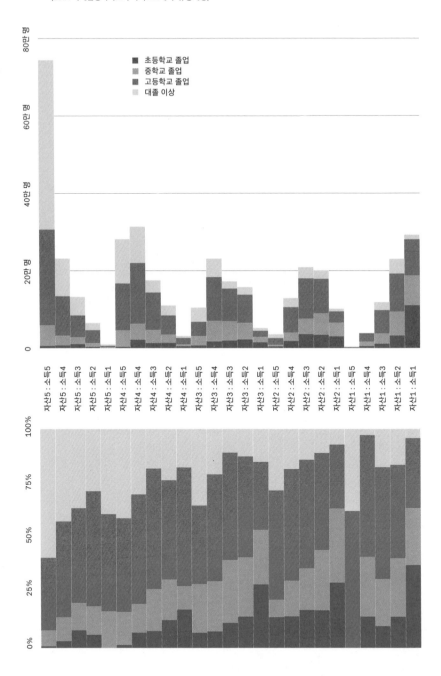

B 베이비붐 세대 가구주 기준 각 분위별 종사상 지위 분포

(2014 가계금융복지조사 마이크로데이터, 통계청)

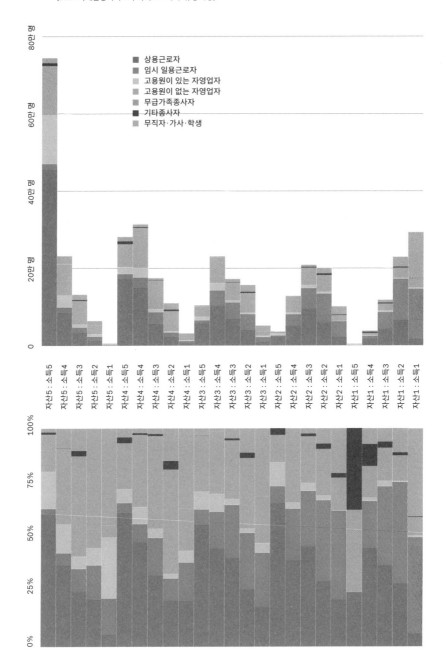

C 베이비붐 세대 가구 기준 각 분위별 주택 보유 분포

(2014 가계금융복지조사 마이크로데이터, 통계청)

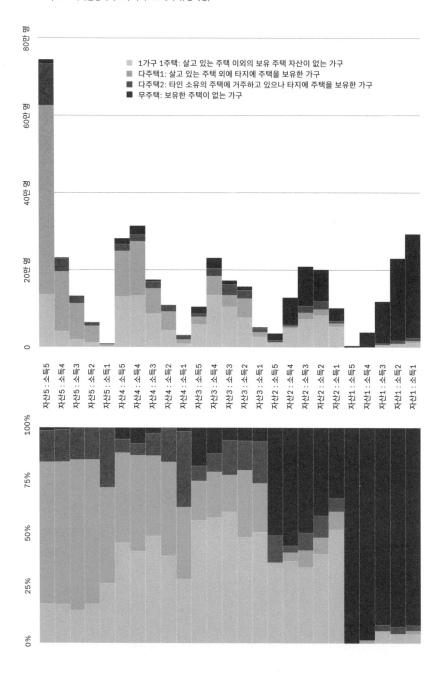

C   베이비붐 세대 가구 기준 각 분위별 부동산 자산액

(2014 가계금융복지조사 마이크로데이터, 통계청)

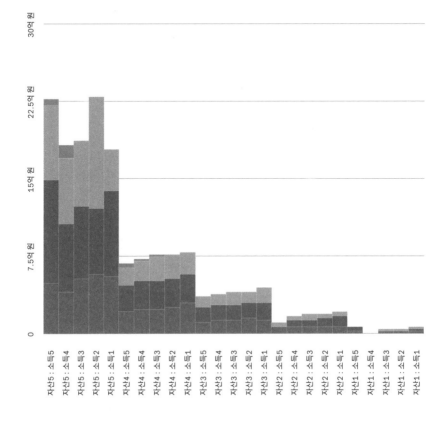

■ 1가구 1주택: 살고 있는 주택 이외의 보유 주택 자산이 없는 가구
■ 다주택1: 살고 있는 주택 외에 타지에 주택을 보유한 가구
■ 다주택2: 타인 소유의 주택에 거주하고 있으나 타지에 주택을 보유한 가구
■ 무주택: 보유한 주택이 없는 가구

에코 세대 소득5분위별-자산5분위별 자산 및 부채 현황

(2014 가계금융복지조사 마이크로데이터, 통계청)

■ 순자산액
■ 부채액

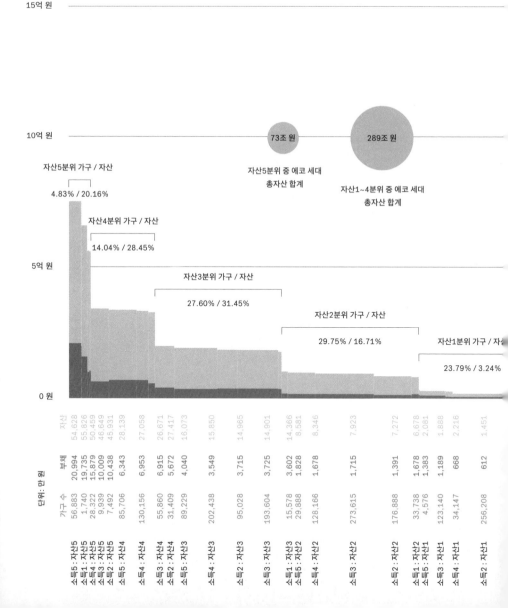

똥통, 열통 지옥보다 무서운 깡통 아파트

아버지
1956년생

어머니
1957년생

본인
1984년생
여자, 미혼,
사무직

메로나

1984년 출생. 지방 소도시
자영업자의 딸로 태어나 경기변동과
함께 부침 있는 유년시절을 보냈다.
어른이 되면 응당 취직을 하는
것인 줄 알고 취직이 될 만한 과를
골라 국립대로 진학했다. 졸업 후
6개월간 초조하게 구직을 하다가
덜컥 대기업에 입사했다. 이후로 쭉
아파트에 살고 있다.

부모님은 일을 찾아 서울, 인천, 원주 등 여러 지역을 전전했지만, 내
기억에 남아 있는 최초의 집은 강원도 어느 바닷가의 단칸방이다.
비록 단칸방이었지만, 어려서는 불편한 것도 몰랐다. 전해 듣기로는
내가 태어나기 전 이 지역에 큰 해일이 닥쳐 부랴부랴 복구하느라 대강
지었다고 한다. '새마을'이라는 흔한 이름이 붙은 동네였고, 시멘트
벽돌 위에 슬레이트 지붕을 얹은 집들이 모여 있었다. 걸어나가면 금세
바다에 닿을 수 있었지만, 전형적인 어촌 마을은 아니었다. 사람들은
고기잡이보다는 보신탕집이나 택시 영업, 과일 가게를 하며 살았다.

　　1997년 IMF 외환위기가 닥치기 전까지, 아마 '고도 성장기'라고
부르는 시기에 이곳에도 형편이 피는 사람들이 하나둘씩 생겨났다.
내가 초등학교 저학년이던 1990년대 초반엔 우리 집도 형편이 피기
시작했다. 강원도 춘천이 고향인 아버지는 집안의 자원을 '몰빵'받은
장남이었는데, 많은 형제자매 중 혼자서만 대학을 졸업하고 제과회사에
입사했지만 성격에 맞지 않다며 1년 반 만에 그만두고는 줄곧
자영업자의 길을 걸었다. 전라도 영광 출신인 어머니는 집안의 장녀로
야간 고등학교를 나와서 서울에서 직장 생활을 했는데, 유품을 정리하는
과정에서 발견한 옛 일기장에 따르면 직장 생활은 매우 끔찍해서
매일매일이 눈물의 나날이었던 것 같다. 고향이 먼 두 분이 어떻게
만나서 결혼을 하게 되었는지는 상당한 의문으로 남아 있다.

　　내 기억이 자리 잡힐 무렵부터 부모님은 비닐봉투를 제조·판매하는
사업을 했다. 단칸방 셋집에 붙은 임시 건물을 공장 삼아 원단을
절단하는 기계를 놓고, 재단한 비닐 뭉치를 쌓았다. 상호는 뭘
만드는지도 모호한 'ㅇㅇ화학'이었고, 아버지 '명함'은 상대에 따라
대표이사이거나 '비니루 아저씨'이거나 'ㅇㅇ아빠'였다. 가끔 일하는
사람을 쓰기도 했지만 주로 어머니가 기계를 돌리고 아버지가 봉고차에
비닐봉투를 싣고 팔러 다녔기 때문에, 보기에 따라 공장이기도 했고

가내수공업이기도 했다. 거래처 사장들은 가끔 방글라데시 등에서 온
외국인 노동자들과 함께 우리 '집-공장'을 방문하곤 했는데, 그들에게
배운 영어를 써보는 일은 어린 마음에 큰 즐거움이었다. 자국에서
대학을 졸업하고 유창한 영어를 하던 그들은 사장님들보다 여러 면에서
교양이 있어 보였다.

    물건 담는 비닐봉투 만드는 사업은 관광업으로 먹고사는 지방
소도시에서는 자영업자들의 흥망성쇠와 궤를 같이했다. 경기가 좋은
여름휴가철, 몇 날 며칠 밤을 새우며 기계가 돌아가더니 드디어 우리도
'집'을 마련하게 되었다.

'비니루 아저씨'였던 아버지

우리 집이 생긴다고 들었을 땐, 책에서 보던 세모꼴 지붕과 다락, 마당,
울타리가 있는 단독주택을 상상했다. 하지만 막상 부모님이 지은 집은
'스위트홈'이라기보다는 한 푼이라도 더 벌기 위한 집이었다. 운 좋게
'당첨'되었다는 택지는 아파트 바로 앞에 있었는데, 부모님은 1층을
상가로 지어 세를 줄 수 있겠다며 상당한 행운으로 여겼다. 부모님은
그 터에 타일로 벽을 마감한 지하 1층, 지상 3층짜리 건물을 지었다.
1층에는 점포 두 개, 2층에는 2가구, 3층에는 1가구가 거주할 수
있었다. 그곳은 모두 세를 주었다. 지하는 반을 잘라 한쪽에는 우리의
호구지책인 비닐 절단 기계를 놓고 공장과 창고로 썼고, 다른 한쪽은
반지하로 만들어 건축비를 다 갚을 때까지 우리가 들어가 살았다.
반지하에 수세식 화장실을 설치하면 정화조 조성비가 더 든다는 이유로
화장실은 마당에 지었다. 화장실이 바깥에 있는 집은 어떻게 해도
'스위트홈'이 될 수 없으니, 집주인이라는 자부심 하나로 살아야 했다.

    규칙적으로 들려오는 비닐 절단 기계의 소음도 '스위트홈'을
방해하는 큰 요소였지만, 워낙 어릴 적부터 들어온 소리라 익숙했다.

기계 소음을 배경음악 삼아 몇 년을 더 살았고, 중학교에 들어가고
나서야 비로소 주인집이 응당 거주해 마땅한 3층 집에 가서 살 수
있었다. 그곳에서 처음으로 내 방을 갖게 되었는데, 방이 생겼다는
사실보다 더 놀란 것은 창이라는 것이 아래에서 위를 올려보는
것이 아니라 위에서 아래를 내려다보기 위한 것이라는 사실이었다.
건축업자는 집을 지으면서 도면에 있던 베란다를 깜박한 것을 비롯해 몇
가지 큰 실수를 저질렀는데, 거실에서 아버지가 도면 뭉치를 쌓아놓고
심각한 표정으로 담배만 태우던 것이 기억난다.

  타지의 외국어 고등학교에 입학하게 되면서 창이 있는 내 방과의
짧은 시간도 끝났다. 기숙사가 없는 학교여서 고교 1학년 나이에 혼자
나와 살아야 했는데, 급하게 학교 근처에 구한 집은 보증금 2,000만 원에
월세 20만 원인 다가구주택이었다. 물론 이 비용은 부모님이 지불했다.
갑갑한 학교생활에 대한 불만과 대학에 일찍 가고 싶은 욕심에 나는
결국 고등학교를 다 마치지 않고 검정고시를 보기로 결심했다.

  부모님이 있는 지방으로 도로 내려가기보다는 내친김에 서울로 옮겨
수험 준비에 들어갔다. 세가 저렴한 동네를 찾아 얻은 집은 영등포구
ㅅ동의 3층짜리 다가구주택 2층이었다. 전세 2,000만 원에 주방과 방이
분리되어 있었고 제법 햇살도 잘 들었지만, 동네 분위기가 험악했다.
어느 날, 밤늦게 비디오 대여점에 다녀오는 길에 대로변에서부터
따라오던 거동이 수상하던 남자가 집 앞 골목길에서 나를 덮쳤다.
다행히 집 바로 앞이라 소리를 지르고 주인집 문을 두드려 사고를
면했지만, 그로 인해 생긴 골목길 트라우마는 오랫동안 극복하기
힘들었다.

  부모로부터 생활비를 받아다 쓰면서 넉넉하지도 모자라지도 않은
수험생활을 했다. 2년 후에 동대문구에 위치한 대학에 입학했는데,
영등포구에서 동대문구까지 장거리 통학에 지쳐 학교 근처로 이사를

했다. ㄷ동에 위치한 3층 다가구주택의 반지하였다. 반지하 생활에 학을
뗀 어머니는 반지하만은 피하라고 했지만, 골목길 트라우마가 있던 나는
도로에 바로 접해 있고 버스 정류장까지 30초도 걸리지 않는다는 점이
맘에 들어 이 집을 전세 2,000만 원에 계약했다. 반지하에 2가구, 2층에
1가구, 3층에 주인집이 사는 익숙하고도 흔한 다가구주택이었다. 나는
졸업할 때까지 이 집에서 지냈다.

"네 똥이 굵은 탓이 아니다"

이 집엔 치명적인 단점이 있었다. 화장실 변기 물이 잘 내려가지 않았다.
주인에게 호소해도 듣는 둥 마는 둥이었다. 2년 넘게 이런저런 방식으로
물을 내렸으면 요령이 생길 법하건만 이 변기에는 통하지 않았다.
감당하기 힘든 스트레스였다. 한 친구가 우리 집에 왔다가 화장실
변기가 막힌 게 자기 일생에서 가장 당황스러웠던 일이라고 뒤늦게
털어놨을 때, 나는 "그런 일이 있었느냐."며 웃었을 뿐 "원래 그렇다.
결코 네 똥이 굵은 탓이 아니다."라고 하지 않았다. 그런 일을 내가 매일
겪고 있다고 말할 수는 없었으니까. 애를 써서 우아하고자 노력하지
않으면 구차해지는 것이 자취방에 거주하는 스무 살들의 삶이었다.

　　이 집에서 나는 도둑을 두 번 맞았다. 한 번은 도둑님과 현관문을
사이에 두고 대치까지 했다. 건물 뒷골목에 면한 반지하 창문으로
들어온 것이다. 반지하 방에 드리워진 감옥 같은 창살은 있으나
마나였다. 원래 가진 것이 없어 훔쳐간 것은 귀고리 두어 개가
전부였지만, 도둑이 헤집어놓은 방에선 도통 잠을 잘 수 없었다.
이사를 해야만 했다. 계약 기간은 진작에 만료되어 나가려면 나갈 수
있는 상태였다. 방을 빼겠다고 하자 집주인은 다음 세입자가 나타나야
보증금을 줄 수 있다며 버텼다. 3개월이 지나도록 집을 보러 오는
사람조차 없었다. 아무래도 장기전이 될 것 같아 '나가겠다'는 의사를
표시한 내용증명을 보냈다.

내용증명을 받고 찾아온 사람은 내 또래의 주인집 아들이었다.
"한 달 전에 어머니가 갑자기 암으로 돌아가셔서 아버지가 많이
심약해지셨는데, 지금 집 문제로 많이 괴로워하세요. 말씀하실 것이
있으면 아버지한테 하시지 말고 저한테 하세요."

집주인과의 싸움을 준비하며 전의를 가다듬었건만, 건강해 보이던
아주머니가 갑자기 암으로 돌아가셨단다. 황망할 가족에게 근심거리를
안겨주는 것 같아 영 뒷맛이 씁쓸했지만, 나는 더 이상 변기와 사투하며
살고 싶지 않았다. 그리고 밤손님이 마음만 먹으면 창을 뚫을 수 있는
곳에서 어떻게 잠을 잔단 말인가. 마음은 아프지만 남의 사정이었다.
눈 딱 감고 '보증금을 돌려주지 않을 경우 경매에 넘기겠으며, 연
20퍼센트의 지연 이자를 물게 될 것'이라는 위협적인 표현을 골라 재차
내용증명을 보냈다.

집주인들은 전월세 거래를 하면서 결코 먼저 손해를 보려 하지
않는다. 보증금 반환을 차일피일 미루면서 돈이 없다고만 한다. 다음
사람이 들어올 때까지 기다리는 게 인정이고 예의라고 한다. 주고
싶어도 돈이 없는데, 사람 일이 어떻게 계약서에 적힌 대로만 되느냐고
한다. 집주인도 돈이 없고 나도 돈이 없는데 대출 창구를 기웃거리며
하루치 이자라도 더 내게 되는 것은 언제나 세입자이다.

몇 주가 흘렀다. 이 와중에 이번에는 어머니가 뇌출혈로 갑자기
돌아가셨다. 집주인 가정에 벌어진 일과 내게 벌어진 일 사이에 아무런
상관관계는 없지만, 내용증명을 받고는 나를 찾아온 주인집 아들의
정중하지만 세상 모든 일에 화난 것 같은 표정을 이해하게 됐다. 이
집과 우리 집의 닮은꼴에 대해서도 생각하게 됐다. 자영업자의 빤한
수입에 가진 거라고는 다가구주택 하나. 별다른 수입이 없어 집을 지을
때 세입자들에게 빌린 돈을 몇 년이 지나도 갚을 길이 없는 '집주인'들.
모르긴 몰라도 우리 부모님도 세입자들에게 제 날짜에 보증금을

반환하지는 않았으리라. 얼마 전, 세입자에게 돌려줘야 할 2,500만 원이
급히 필요하다며 연락해온 아버지에게 적금을 깨서 돈을 보내고 나니,
그 닮은 모양이 더욱 사무쳤다.

집주인은 결국 자신이 살던 3층을 세주고, 내가 살던 반지하로
내려오면서 보증금을 반환했다. 치사하게도 미납한 기억이 없는
공과금 조로 '5만 원'을 공제한 금액이었다. 기가 막혔지만 이렇게라도
받은 것이 어디냐며 따지는 것을 포기했다. 이제 이들은 가구도 모두
들어가지 않는 반지하 방에서 세 식구가 죽어라고 변기에 '뚫어뻥'을
꽂아대며 살아가겠지. 얄궂긴 하지만 내가 동정할 일은 아니었다.
사람이 못 살 집을 세를 줬었다는 걸 이제는 느끼겠지? 통쾌한 기분마저
들었다. 시원찮은 벌이의 소사장들은 공간을 쪼개고 쪼개 푼돈을 벌고,
그들이 겨우 대학에 보낸 자녀들은 다시 그런 셋집에 들어가 서로를
겨누는 정글 같은 공간, 그것이 다가구주택의 반지하였다.

대학을 졸업하고 얼마 지나지 않아 나는 운 좋게도 그 어렵다는
취직을 했다. 수도권의 가장 바깥 자락에 위치해 있지만 탄탄하고
복지가 좋은 회사였다. 먼 통근거리와 다가구주택의 열악한 치안 상황에
질릴 대로 질린 나는 입사한 지 2주 만에 회사 근처에 덜컥 오피스텔을
얻었다. 중견 건설사가 이름을 붙여 지은, 실로 아름다운 방이었다.
깨끗한 화장실과 큼지막한 창이 있는 10층이었다. 전세 2,400만 원을
주었다. 놀라운 가격이었다.

인테리어 예쁘면 뭐해, 환기가 안 되는데

저렴한 데는 이유가 있었다. 서울 시내에서 집으로 들어가는 버스가 밤
9시면 끊겼다. 새벽에 이 지역으로 들어오는 버스가 한 대 더 있었지만,
그걸 타려면 새벽까지 거리에서 좀 더 시간을 보내야 했다. 깨끗한 집을
보고 이 정도면 교통이 불편해도 살겠다고 장담한 것도 잠시, 점점

생활이 회사와 집만을 오가는 것으로 단조로워져 갔고, 어쩌다 서울
가는 날이면 심야버스를 기다리며 24시간 하는 정류장 근처 맥도날드에
앉아 하염없이 감자튀김을 먹어야 했다.

　취직도 했겠다, 불량주택에 질릴 대로 질린 나는 무기들아
잘 있으라는 심정으로 월세를 다소 내더라도 이제는 사람답게
살아야겠다고 결심했다. 2007년, 서울 마포구 합정역에 바로 붙어
있는 13평형의 오피스텔로 이사했다. 지금은 더욱 그렇지만 당시에도
젊은이들에게 인기가 있는 지역이었다. 보증금 2,000만 원에 월세 35만
원이었다. 직장이 있었기에 가능한 일이었다.

　집주인은 건설회사에 다니는 직장인이었는데, 같은 건물에만 세 채를
가지고 임대사업을 했다. 세입자들의 생활에 이런 저런 간섭을 하는
다가구주택 주인들과는 달리 계약할 때 한 번 부동산에서 얼굴을 보는
것으로 족한 '직업적인' 임대사업자였지만, 세금을 회피할 요량으로
전입신고를 못 하게 했다. 직장이 확실한 분이고, 이 보증금 규모면
안심하셔도 된다고 했지만 집주인이라는 존재들에게 질릴 대로 질린
나는 20여만 원을 따로 들여 전세권 설정을 했다. 관리비가 15만 원 정도
나왔다. 월세를 포함하면 '사람답게' 사는 데 월 50만 원이 들어갔다.
다음해 월세가 5만 원 더 올랐다. 월세는 매년 이사 비용에 중개
수수료를 더한 금액에 약간 못 미치는 금액을 12개월로 나눈 수준만큼
오른다. 이듬해 집주인은 다시 5만 원을 올려달라고 했다. 아마 매년
5만 원씩 오를 것이고 7년 후에는 꼭 두 배가 될 것이다. 회사는 임금을
동결했고 생활비는 오르고 있었다. 언젠가는 이사해야 했다. 2년을
살다가 나왔다.

　이번엔 통근이 쉬우면서 고립되지 않고, 다가구주택이 아니면서
서울보다 집값이 싼 지역을 골라서 경기도 고양시 일산으로 갔다. 살기
좋다는 신도시지만 그래도 외곽인지라 같은 값이면 서울보다는 방이

하나는 더 나오는 지역이다. 이번에는 대학생이 된 동생과 둘이 살 것이라 집이 더 커야 했다. 모아놓은 돈에 대출을 약간 받아 지하철역 근처 20평대 복층 오피스텔에 보증금 8,000만 원에, 월세 20만 원의 반전세로 들어갔다. 보증금 비중이 높긴 하지만 대출이자와 월세를 합하고 보니 생활비가 만만치 않게 들어갔다. 역시 직장이 있어서 가능한 일이었다.

　고작 오피스텔 따위에 제국의 이름이 떡하니 붙어 있어 낯부끄럽다는 점을 제외하면, 전입신고도 가능한 '아파트형' 오피스텔은 널찍하고 깨끗해서 마음에 들었다. 하지만 여름에 진가가 드러났다. 서로 마주 보게 배치한 구조로 두 동이 붙어 있었는데, 구조상 바람 한 줄기 들지 않았다. 꼭대기 층이라 더 그런지는 몰라도 초여름부터 콘크리트벽이 뜨겁게 달아올랐고, 실내 온도계는 40도를 가리켰다. 나는 살기 위해서 에어컨을 사고 말았다. 설상가상으로 환기 불량으로 인해 담배 냄새가 수시로 집으로 들어왔다.

　이 집의 복층은 허리를 펼 수 없는 높이여서, 복층 벽면에 붙은 통유리창이 집을 더욱 더 뜨겁게 달궈준다는 것 말고는 역할이 거의 없었다. 허리 한 번 펴지 못하고 걸레질을 할 때면 더욱 불만스러웠지만, 친구들은 집에 놀러올 때면 꼭 복층에서 자면서 즐거워하곤 했다. 복층에 대한 로망은 대체 어디로부터 생겨난 걸까? 복층은 대강 지어진 다가구주택이나 표준적인 층고의 아파트에서밖에 살 수 없는 사람들이 언제나 상상만 해보는 '2층집'에 대한 싸구려 대용품이다. 이 집에서 가장 예쁜 부분이 '계단'인 것도 그런 이유일지 모른다.

　인터넷에는 '인테리어가 예쁜 집'이라고만 나와 있었는데, 살아보기 전에는 집의 단점을 알 길이 없다. 집주인은 집값이 떨어지기 때문에 쉬쉬하고, 세입자는 다음 사람에게 넘겨야 하기 때문에 쉬쉬한다. 2년간의 계약기간이 만료될 무렵, 자가 거주용으로 집을 매입하겠다는 사람이 나타났다. 자기 사업을 한다는 30대 중반의 여성이었는데, 이사 오기도 전에 이곳저곳의 치수를 재며 인테리어를 구상하느라 여념이 없었다. 주문제작한 블라인드를 남기고 가는 조건으로 5만 원을 받아 나왔지만, 나 역시 집의 단점에 대해서는 한 마디도 하지 않았다. 이 집은 아직도 지역 부동산 사이트에 신혼부부가 살기 좋은, 인테리어가 예쁜 집으로 소개되어 있다.

　이번에는 인근에 위치한 19평짜리 아파트를 구했다. 전세가가 더 저렴하기야 할 테지만 다가구주택에 들어가는 것은 처음부터 논외였다. 2년마다 이사를 다녀야 하는 것은 여전했지만 그래도 옮길 때마다 주거 수준이 조금씩 나아지고 있던 시기였다. 그렇게 내 인생 처음으로 아파트에 살게 되었다. 1기 신도시 초기에 지어진 아파트의 낡은 외관과 삐걱거리는 엘리베이터는 걱정스러웠지만, 복도식 아파트로 들이치는 시원한 맞바람을 맞고 나니 이것이야말로 사람 살라고 지은 집이라는 생각이 들었다. 전세 1억 원이었다. 모자라는 돈은 약간의 대출을 받아 해결했다. 역시 직장이 있어서 가능한 일이었다. 오래된 아파트라 천장은 내려앉고 보일러 조절기는 망가진 상태였지만 그래도 난생 처음 살아보는 아파트는 전에 없이 쾌적했다. 오래 전에 식재한 나무들이 4층 높이까지 우거져 여름에는 싱그럽기까지 했다.

'깡통 아파트'를 어떻게 피할 것인가

2년 뒤 재계약할 무렵이 되자, 집주인이 집을 팔려고 내놓는다고 통보해왔다. 내놓은 가격이 1억 8,500만 원이란다. 국토부 실거래가를 확인해보니 최근에 1억 6,000만 원에 매매된 기록이 있었다. '팔리지는 않겠구나.' 하고 생각했다. 매매하려고 내놓았다는 말은 묵시적 갱신을 하지 않겠다는 말인지, 하겠다는 말인지 알 수 없는 묘한 말이었다. 계약일까지 매매가 되지 않는다고 해서 묵시적 연장으로 보고

2년을 추가로 거주할 수 있는 것도 아니고, 매매와 관계없이 계약이
종료되었으니 이제 보증금을 반환하겠다는 말도 아니었다. 집주인들은
참 편한 언어를 골라 쓴다. 그렇게 계약서는 또 쓸모없는 것이 되었다.

집이 팔리지 않자, 집주인은 이제 전세금을 '시세대로' 올려달라는
이야기를 꺼냈다. 시장에서는 아파트 투자에 대한 기대감이 꺼져가고
있었다. 2년 사이에 3,000만 원이 올랐다. 3,000만 원에 대한 대출
이자는 이사 비용을 고려하면 어쩌면 감당할 수 있을지도 모른다.
하지만 매매가가 1억 6,000만 원인 아파트에 보증금을 1억 3,000만 원
걸 수는 없었다. '깡통 아파트'가 두려워 이사하기로 결심했다. 집주인은
이사하겠다는 의향을 밝혔음에도 한 달 남짓 시간을 더 끌다가, 결국
2,000만 원만 올려 새로운 세입자를 구했다. 그동안 20여 팀이 집을 보러
들락거렸다. 카드 대금이 하루만 연체되어도 온갖 전화에 시달려야
하는데, 집주인이라는 이름의 채무자들에게는 손해 보지 않는 다양한
기술이 있었다.

월세는 최대한 피하고 싶고, 지금은 집을 살 생각이 없는 나 같은
사람이 늘어나서 전세가가 치솟고 있다고 한다. 월세가 아까워
대출받아서 전세 보증금을 만들고, 그걸 갚아온 내게 전세 보증금은 전
재산이다. 울며 겨자 먹기로 깡통 아파트에 전세 계약을 연장하는 일은
절대 할 수 없으니, 적당한 전셋집을 찾는 것은 그만큼 더 어려워진다.

'사람답게 살 수 있는 집'의 기준은 제각각일 터. 지금까지 내게는
그것이 깨끗한 화장실이 있는 집이거나, 침입자가 땅 위에서 내려다보며
관찰할 수 없는 창이 달려 있는 집이거나, 최소한 대중교통은 다니는
곳에 위치해 있는 집이거나, 40도의 열통지옥이 아닌 집이었다.
잠시나마 아파트라는 '사람답게 살 수 있는 집'에 살아봤지만, 이제는
더 좋은 주거환경보다는 재산을 지키는 것을 최우선으로 고려해서 열
번째 이사를 준비해야 했다. 보증금을 은행이자로 환산해 주거에 기꺼이

사용할 수 있는 금액인지 따져보고, 선순위 대출금이 있는 집은 무조건
제외하고, 전세가 유리한지 월세가 유리한지 계산하면서. 세입자와
집주인의 차이란 재산에 대한 입장 차이 정도밖에 없는 상황이었다.
그렇게 나는 2012년, "수도권 전세 난민" 중 한 사람이 됐다.

　전세 난민이 되었지만, 다가구주택으로의 이사는 염두에도
두지 않았다. 주택은 가뜩이나 환금성도 낮은데 거액의 보증금을
집주인들에게 맡기는 것이 불안하게 느껴진다는 것이 일차적인
이유였지만, 한 번 아파트를 경험하고 나니 다시는 다가구주택으로
돌아가고 싶지 않은 것이 사실이었다. 소시민-자영업자들이 제멋대로
지은 다가구주택에서 거의 평생을 보낸 내게 아파트는 전문가들이
안락하고 쾌적한 생활을 상상하고 지은 '집 같은 집'이었다. 간혹
아파트는 성냥갑 같다느니, 획일적인 주거문화가 이러느니 저러느니
하는 글을 보면 코웃음이 났다. 경험으로 보건대, 아파트가 아닌 집은
소수의 고급주택을 제외하면 그저 불량주택인 경우가 더 많았기
때문이다. 요컨대, 아파트는 그동안 내가 살아야 했던 공간들에 비해서
너무나 압도적으로 좋았다.

　나가겠다고는 했지만, 막상 갈 수 있는 곳이 없었다. 주택 가격
상승에 대한 기대감이 꺾이면서 수도권의 전세 가격은 하루가 멀다
하고 폭등하고 있었다. 부디 내 계약 기간 중에 버블이 터지지 않기를
바라면서 깡통아파트에 전세를 드느냐, 아파트 생활을 포기하느냐의
갈림길이었다.

　수도권 전세 난민의 마지막 보루가 되어준 것은 2기 신도시였다.
2000년대 초 아파트값 폭등을 잡는다는 명분으로 노무현 정부가
야심차게 추진한 2기 신도시와, 이후 지방 곳곳에서 질세라 기획된 각종
혁신도시, 산업도시 등의 신도시들은 각종 장밋빛 개발 프로젝트가
무산되면서 미분양과 공실률로 인해 비명을 지르고 있는 상황이었다.

아무런 인프라가 갖춰져 있지 않은 지역에 어느 날 갑자기 1만 가구
이상이 동시에 입주할 수 있는 대단지 아파트가 생겨났다. 전세가도
저렴하겠다, 새 건물이니 등기부만 깨끗하면 괜찮다는 생각이었다.
교통은 불편했지만 입사 초기와는 달리 내게는 이제 차도 있었다. 나는
실내 자동 제어 시스템과 무인택배함, '커뮤니티 시설'을 갖춘 초고층
아파트로 열 번째 이사를 했다.

처음 아파트를 봤을 때는 적잖이 당황했다. 허허벌판에 초고층
아파트들만 솟아 있었다. 이런 곳을 평당 1,000만 원을 넘게 주고
구입하는 사람들은 대체 누구일까. 분양은 다 돼서 건물은 지어졌는데
입주는 못 하겠단다. 등기부가 깨끗한 집을 고른 결과로 만난 집주인은
이런 아파트를 3억을 넘게 주고 구입하면서도 빚을 전혀 지지 않았을
정도로 여유 있는 장년 부부였는데, 아들에게 주려고 샀다고 한다. 새
집인데 인프라가 갖춰지지 않아 아들 내외가 들어와서 살지 못하는
것을 매우 아쉬워했다. 입주 초기, 슈퍼조차 없는 동네는 쥐죽은 듯
고요했지만 프리미엄은커녕 분양가 이하로 가격이 떨어져 잠 못 이루는
분양권 보유자들과 건설사가 벌이는 소송전으로 아파트에는 늘 전운이
감돌았다. 주말에 거실에 누워 있노라면 창밖에서 어렴풋이 투쟁가가
들려왔는데, 마치 소싯적 적이었던 자본과 독재라는 거대 악이 세월이
흘러 건설회사라는 모습으로 돌아오기라도 한 듯한 기세였다.

건설사와의 싸움이 소송을 거듭하며 일단락되고 나니 이제는
입주민들이 입주자 대표를 불신하며 자기들끼리 싸우기 시작했다. 비싼
돈을 주고 구입한 아파트에 거저 살다시피 하는 세입자들을 '주민'으로
간주하지 않는 분위기인데다, 이해관계가 불일치하는 2등 주민임에도
불구하고, 알지도 못하는 사람들과 알지도 못하는 내용에 대해서 투표를
해야 했다. 아파트라는 공동주택에서 살며 동네를 가꾸고 이웃에 관심을
가진다는 것이 실제로 의미하는 바는 끔찍한 것이었다. 인근지역에 난민

센터가 들어온다는 소식에 이 선량한 이웃들은 '아이들이 안심하고
다닐 수 있는 좋은 동네'를 만들기 위해서 난민들을 잠재적 범죄자로
묘사하는 것을 서슴지 않았다.

관리사무소에서 스피커로 각 가정에다가 수시로 공동생활에 대한
계도 방송을 하는 것도 이해할 수 없는 부분 중 하나였다. 휴대폰마저도
무음으로 설정할 수 있는 마당에, 가장 개인적이고 내밀한 공간이어야
할 집에서 그런 방송을 계속 들어야 한다니…. 층간 소음에는 예민한
사람들이 관리사무소의 중앙방송에는 조금도 개의치 않는 것 같았다.
아니, 오히려 '명품 아파트 만들기'의 일환으로 환영하는 것 같았다.
세심하게 관리받고 있는 것 같아 오히려 좋다는 어떤 주민의 의견을
목도했을 때, 나는 비로소 아파트의 편리함에 대한 내 감동과는
상관없이, 아파트란 일종의 '중산층-되기'를 가르치는 학교에 딸린
기숙사에 가깝다는 것을 깨달았다. 분리수거 룰이나 주차 매너를 지키지
않는 사람들은 아파트의 수준을 낮추는 부진아로 취급됐다. 이렇게나
깨끗하고 편리하고 안전한 공간이, 특정한 종류의 사람들의 생활 패턴과
가치관을 모델 삼아 만들어진 것이란 걸 깨달았다. 당장 떼어내고
싶지만 남의 것이라 손댈 수 없는 스피커는, 아파트-문화와 나 사이의
간극을 새삼 느끼게 했다.

어느덧 1년이 지났다. 입주 초기에 건설사가 입주 유인책으로
제시했던 혜택들의 기한이 서서히 끝나가고 있었다. 당장 지원금이
끊기니 수영장과 헬스장이 문을 닫았다. 단지의 조명은 꺼졌고 분수대는
말랐다. 분양가가 3억이 넘는 아파트였지만, 커뮤니티 시설의 수영장과
헬스장에 꾸준히 관리비를 지불할 의향이 있는 입주민들은 별로 없는
모양이었다. '명품 아파트'의 프리미엄을 누리기 위해서는 스폰서가
필요했다. 주민들은 수익자 부담 원칙과 아파트 가치 향상을 통한 가격
향상 사이에서 끊임없이 동요하고 있었다.

올해 10월이면 또 2년간의 전세 계약이 만료된다. 요즘 이 지역은 대규모 관광단지 개발 소식으로 들썩이고 있다. 연말이면 지하철역 개통도 예정되어 있다. 내가 사는 곳이 살기 좋아진다는데, 좋기는커녕 얼마나 오를까 벌써 걱정부터 든다. 어딘가에서 읽기로는 배우자 사별이나 부모의 죽음 다음으로 인간에게 스트레스를 주는 것이 이사라고 한다. 나는 그것을 대학교 입학 이후에만 일곱 번을 한 셈이다. 살면서 짐이 늘어나고 직장 생활이 안정될수록 다가올 이사를 준비하는 마음이 더 무거워지는 것을 느낀다.

다가올 이사를 걱정하고 있노라면, 그럴 바에는 집을 사라는 이야기를 하는 사람이 많다. 그럴 돈이 어디 있냐고 손사래를 치면, 거진 10년을 일했으면 2억 정도는 모아야 하는 것 아니냐고 하기도 한다. 그럴 때마다 기가 막힌다. 부모 집에서 회사를 다니는 것은 그 자체가 재테크다. 소사장의 딸로 크면서 주위에서 자녀에게 도움을 주기는커녕 엄청난 빚을 남기는 경우도 종종 봐왔기에 최소한 빚은 남겨주지 않은 부모님에게 감사한 마음이지만, 서울에 부모님 집이 있는 동기들과는 시작부터 차이가 나는 것은 사실이다.

그럼에도 나는 상당히 운이 좋은 편이라고 생각한다. '장기하와 얼굴들'의 '싸구려 커피' 가사가 그려내는 눅눅한 비닐 장판을 잘 아는 곳에서 출발해서, 그 세대-계층의 우수를 뒤로 하고 더 나은 주거환경을 얻게 되었으니까. 어느덧 안정적인 직장을 가지고 수도권의 아파트에서 살고 있는 30대 직장인이 된 나는, 지방 소도시 자영업자의 딸인 내 배경과 계급에 작용하게 마련인 어떤 법칙성이나 숙명 같은 것에서 용케 벗어났다고 느낄 때가 있다. 살아온 각각의 집들은 특이할 것이 없지만, 이를 통과해온 방식은 특수했다고 느낀다. 이 모든 것이 직장이 있어서 가능했다는 것을 잘 안다. 그래서 안정적인 직장이 좀처럼 허용되지 않는 우리 세대의 절망을 물끄러미 바라볼 뿐이다.

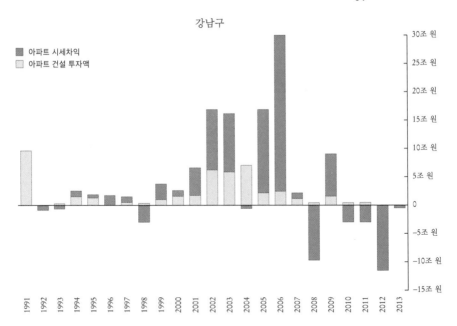

강남구

■ 아파트 시세차익
□ 아파트 건설 투자액

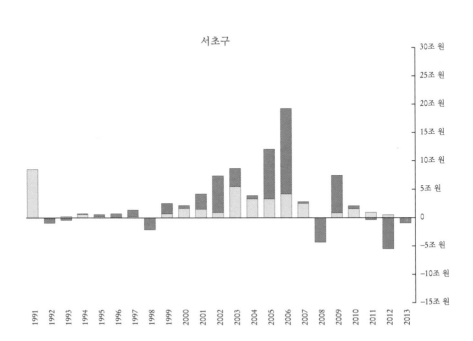

서초구

송파구

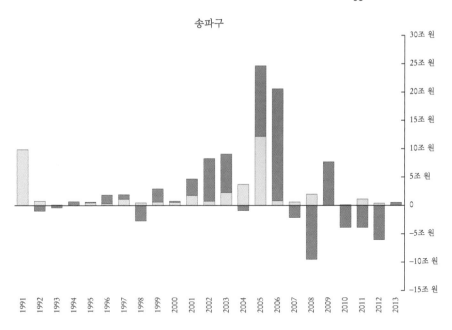

강동구

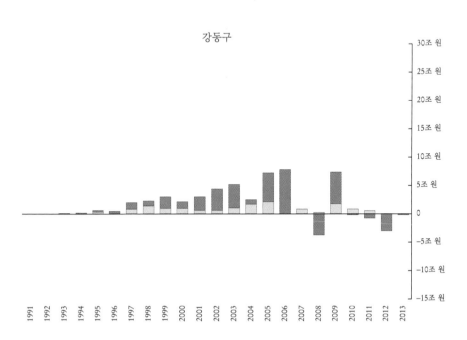

성장판 멈춘 반포 키드의 20년

아버지
1946년생

어머니
1950년생

본인
1982년생
여자, 기혼,
소설가

이진

서울 강남에서 태어나 인문계 고등학교를 졸업하고 재수를 거쳐 비실기 전형으로 미대에 입학했다. 졸업한 뒤에는 몇 군데의 중소기업에서 정규직과 비정규직으로 일했다. 마지막 회사에서 권고사직 처리를 받고 쓴 청소년 장편 소설로 등단한 뒤 계속 소설을 쓰고 있다.

태어나서 쭉 아파트에서만 살았다. 결혼 전까지 공인중개사 출입을 해 본 경험이 없다. 앞마당이 딸린 주택 살이에 환상을 품고 있다.

반포본동 1118번지

아버지의 특기는 공부였다. 해방둥이를 한 달 차이로 빗겨간
1946년생, 호남 중소 도시의 청상과부 집 맏이였던 아버지는 중학교에
들어가자마자 과외 일을 하며 가장으로서의 업무 분담을 시작했다.
지역의 명문중을 졸업하고 서울의 명문고에 합격한 아버지는 유학 온
서울에서도 입주 과외를 해서 굶어 죽지 않고 공부할 수 있었다고 한다.
그렇게 명문대까지 무사히 졸업한 아버지는 당대 대기업의 전자기기
개발 부서에 입사하여 70년대 중공업 호황을 만끽했고, 세월이 흘러
어느 정도의 직급을 획득하고서 구매할 집을 알아보기 시작했다.
10대 시절부터의 하숙 생활에 진력이 나기도 했고, 결혼하면 생길
가족들과 함께 서울에 정착해 살기 위한 집이 필요했다. 말 그대로 내 집
마련이었다.
    당시 아버지가 눈여겨보던 집은 영동지구에 계획 단지로 조성된
주공아파트의 22평형이었다. 아버지와 같은 지방 출신 고학력
샐러리맨들 사이에서 인기가 좋은 아파트였다. 당시 아버지의 전
재산은 현금 500만 원으로 당장 아파트를 사들이기에는 역부족이었다.
일단 월세 형태로 집에 들어간 아버지는 집주인의 친아들과 일정 기간
더부살이를 한다는 모종의 변칙 대출 형태로 거주하며 월급을 모아 집을
매입할 계획을 세웠고, 동시에 늦은 혼처를 찾기 시작했다. 그러던 와중
매파의 눈에 띄어 어머니와 맞선을 보게 되었다. 그리하여 아버지의
첫 부동산이 된 아파트의 주소는 서울 강남구(88년도에 서초구로
분리되었다.) 반포본동 1118번지, 78년 당시 매매가 3,000만 원, 22평형.
몇 년 뒤 내가 태어나고 약 20년 동안 살게 되는 아파트였다.

월세집과 놀이터

두부처럼 반듯하게 생긴 구반포 주공아파트는 5층 구조로 지어졌다.

저층인 탓에 한 동에 40가구 이상은 들어서지 않았다. 부모님과 내가
살던 집은 4층 3호였다. 복도와 계단, 옥상 출입구를 공유하는 3-4호
열은 자연스럽게 마을 공동체와 빼닮은 소그룹으로 묶였다. 가장들의
월수입이나 아이들의 중간고사 점수 같은 사소한 일들까지 공동체
구성원들 사이에 속속들이 공유되었다. 공유된 정보를 통해 각 집의
안주인들은 가정의 미래를 구상하고 대책을 마련할 수 있었다.

　각 집들은 안주인들끼리의 친밀도에 따라 호칭이 달랐다. 친하게
지내는 집들끼리는 '민영이네 집', '순지네 집'처럼 자녀들의 이름을
따서 불렀고, 안면이 있기는 하지만 같은 열에는 살지 않아 약간의
거리감을 두고 있는 집들은 주로 가장의 직업을 따서 '차관 집', '오리온
집', '치과의사 집' 등으로 부르고는 했다. 여기에 '민영이네 집'에도,
'차관 집'에도 속하지 않는 제3의 분류가 있었다. 각 열마다 평균 한 집씩
끼어 있던 '월세집'이었다.

　적어도 아이들끼리는 월세집과 차별을 두지 않고 어울렸다. 월세집의
언니 오빠들은 대체로 미남미녀 비율이 높았으며 동네 코흘리개들에게
최신 미국 영화 비디오와 같은 선진 문화를 전수해주는 멋쟁이들이었다.
그러나 어른들끼리는 면 대 면으로 어울리는 일이 거의 없었다.
부모들은 집을 비울 때마다 아이를 옆집이나 아랫집에 흔쾌히 맡거나
맡아주고는 했지만 월세집인 윗집에는 어지간하면 아이를 맡기는
법이 없는, 그런 식이었다. 우리 집의 바로 윗집인 5층 3호는 3-4호 라인
공동체의 유일한 월세집이었다. 나는 나보다 한 살 위였던 5층 막내딸과
친했는데, 그녀로부터 『드래곤볼』과 『오렌지로드』 등 권당 500원짜리
해적판 만화책을 전수받았다. 어느 날은 그녀가 조용히 옥상으로 나를
불러다 담배를 한 대 권하기도 했다.

　구반포 주공아파트의 가장 큰 특징은 녹지 비율이었다. 빈 땅을
가만두고 보는 법이 없는 요즘의 기준으로 보면 비정상적으로

녹지의 비율이 높았다. 100여 채의 아파트들로 채워진 초대형 단지 내에는 상당히 넓은 공원과 놀이터들이 규칙적으로 조성되어 있었고 아파트 앞뒤로 있는 화단도 제법 넓은 편이었다. 안주인들은 화단에 암묵적인 금을 긋고 각자의 텃밭을 꾸미는 데 열중했다. 길 건너의 넓은 평형대에는 도자기나 조각 작품을 설치하고 희귀한 꽃을 심는 등 본격적인 '가드닝'을 하는 안주인들도 제법 있었지만 22평형대의 화단에는 정원보다는 텃밭이 차지하는 비율이 압도적이었다. 아이들은 공원과 화단과 대피소를 쏘다니며 시골 아이들 못지않게 흙 속을 뒹굴며 뛰어놀다가 똥이 마려우면 제 집 화장실을 이용하는 대신 어머니들이 쑥 캐고 꽃 키우는 화단 풀숲에 대충 기어 들어가 변을 보고서 부리나케 뛰쳐나오고는 했다. 여자 아이들도 아무렇지 않게 엉덩이를 까고 흙바닥에 오줌을 눴다. 초등학교 5, 6학년이 되도록 기초적인 성지식과 위생관념을 제대로 익히지 못한 아이들이 부지기수였다. 서울하고도 강남의 한복판이었다. 당시 아파트의 일상 풍경은 전근대와 근대의 경계, 도시와 농촌의 경계에 애매모호하게 걸쳐 있었다.

　구반포 주공아파트의 모호한 근대성은 놀이터에서 두드러졌다. 놀이터는 마포나 동부이촌 등 다른 주공아파트 놀이터들과 똑 닮았다. 묵직하고 날카로운 화강암과 콘크리트 석재로 만들어진 거대한 미끄럼틀이 넓은 모래밭 한가운데서 판옵티콘 역할을 하고 몇 개 안 되는 철제 놀이기구들이 미끄럼틀을 에워싸고 있는, 놀이터보다는 일종의 요새에 가까운 아름다운 구성이었다. 다만 놀이기구들의 소재가 문제였다. 아이들이 놀이기구에서 크게 다치는 사고가 비일비재했다. 90년대에 들어 놀이기구들은 하나둘씩 철거되고 사고 위험이 낮은 목재 놀이기구들로 교체되었다. 목재 놀이기구들은 복잡하고 창의적인 설계로 아이들의 인기를 독차지했지만 콘크리트 판옵티콘 미끄럼틀만큼 아름답지는 않았다.

방배동 빌라

90년대 중반, 중학생이 된 나는 본격 계급 체험을 하게 되었다.
주거공간의 형태, 보다 정확히 말하면 아파트의 평수가 신분과 계급을
결정한다는 자각은 초등학생 시절에는 거의 없었다. 아직 어렸던
탓도 있지만 어쨌거나 매일 어울려 놀았던 친구들은 대부분 같은
구반포 22평형대에 사는 아이들이었기 때문이다. 물론 간간이 길 건너
30평형대에 사는 아이도 있었고 2층 상가 건물이나 구반포 단지 내부에
있던 초기 주상복합형 상가 '한신 종합 상가'에 사는 아이도 있었지만
그것이 결정적인 신분의 증표가 되지는 못했던 듯하다. 아이들의
신분 상승에는 닌텐도 패미콤이나 16비트 컴퓨터의 보유 여부가 집의
평수보다 더 중요했으며, 22평형의 아이들도 패미콤이나 컴퓨터는 곧잘
갖고 있었다. 다만 하나의 예외는 있었다. 다름 아닌 '복층' 계급이었다.
100여 채에 달하는 구반포 주공아파트 건물들 중 단 몇 채만이 집안에
계단이 설치되어 있는 62평형 복층 설계로 지어졌다. 아파트 내부에 2층
양옥집을 그대로 구현해놓으려 한 복층 세대는 전체 가구에서 차지하는
비율이 너무 낮았던 탓에 일종의 소수자로 분류되었다. 말수가 적고
조용히 지내는 성격들이 대부분이었고 그나마도 어울려 노는 일이
잘 없었다. 대부분의 아이들은 '구반포'라는 거대한 카테고리-겉보기
똑같은 5층 구조와 회색 외장과 주공 마크를 공유한 초대형 단지 아래
하나로 묶여 지내고 있었다.
　　하지만 중학교에서는 사정이 달랐다. 드높은 이화여대 합격률을
자랑하던 여고와 한 재단 소속이었던 중학교는 소위 8학군에서도
제법 잘나가는 학교 축에 속했는데, 인근 구반포, 신반포를 비롯하여
반포 3, 4동과 방배동에서 온 아이들이 한곳에 모여 새로운 계급의
패러다임을 만들어냈다. 중학교에서 만난 방배동 아이들 덕분에 나는
처음으로 현대, 신한, 우성, 삼호 등의 건설사 이름이 붙은 80~90년대식

고층 아파트를 체험할 수 있었다. 물론 이전에도 친척들이 사는 신식
아파트에 방문할 기회가 아예 없던 것은 아니지만 완전한 타인이 아닌
친척집을 계급적 시선으로 살펴보는 것은 늦된 아이였던 나에게는 쉽지
않은 일이었다.

중학교에서 아버지들의 직업은 어머니들의 입이 아닌 아이들 본인의
입을 통하여 구체적으로 파악되었다. 패미콤과 16비트 컴퓨터보다는
신발과 가방, 옷의 브랜드가 무엇보다 중요한 신분의 지표가 되었다.
갓 2차 성징을 마친 여자아이들의 계급을 파악하는 레이더는 기민하게
움직였고, 레이더 탐지 대상에 사는 집도 빠질 수 없었다. 우선 아이들은
서로에 대한 호감을 제 집에 초대하는 것으로 표시하기 마련인데, 예를
들어 나를 초대한 친구의 집이 구반포에 있다면 한결 마음이 놓이는
면이 있었다. 구반포 아파트의 내부 공간은 안주인이 아무리 공들여
쓸고 닦고 치장해놓아도 미처 감출 수 없는 낡고 퀴퀴한 기운이 항상
맴돌고 있었다. 한마디로 시대에 뒤떨어지는 분위기였다.

중학교 2학년 때 즈음 시험 노이로제 증후군에 시달리던 외톨이
친구의 집에 방문한 일이 있다. 서래마을 언덕길에 있던 그 친구네
집에는 아파트가 아닌 '빌라'라는 이름이 붙어 있었다. 나를 압도한
것은 빌라의 지극히 현대적인 분위기였다. 어디를 둘러보아도 전혀
낡고 퀴퀴한 구석이 없었던 것이다. 바퀴벌레는커녕 작은 날벌레 한
마리도 용납하지 않을 것만 같은 청결함, 눈부시게 밝은 최신 도배지,
광활한 화장실, 나무가 아닌 금속이나 플라스틱으로 만들어진 현대적인
가구들이 있고 심지어 '빨래방'이라는 다용도실에 해당하는 공간이
따로 있었다. '다용도실'이 아닌 '빨래방'이었다. '옷방'도 따로 있었다.

당시 구반포에 살던 고만고만한 또래들 중 30평형대에 사는 아이들은
대부분 작은 방 두 개의 벽을 터서 큰 방 하나로 만들어 형제자매들과
공용으로 쓰고 있었다. (왜 방 벽을 트는 리모델링이 유행했는지는

모르겠다. 구반포의 40~50년대생 부모들은 어린 형제들이 한 방을 쓰는
것을 당연시하는 농촌적 감수성을 갖고 있던 것일까. 혹은 단순히 좁은
공간을 넓게 보이게끔 디자인하고 싶었는지도.) 그 빌라는 각 방마다
완벽한 프라이버시가 보장되어 있었다. 방들은 충분히 넓었고 각 방마다
벽걸이 에어컨과 출입이 가능한 작은 발코니가 별도로 붙어 있었다.
그 방들은 아파트보다는 고급 호텔방처럼 보였다. 완성형 개인 공간이
보장하는 프라이버시는 사춘기 여자아이에게 부러움의 대상이었다.
최신 빌라의 위용에 압도당한 나는 다음날 학교에 나가자마자 그 친구에
대한 정보를 수집했는데, 과연 대번에 "너도 걔네 집 가봤어? (장난
아니지?)"라는 말이 돌아왔다. 서래마을 고급 빌라의 위대한 현대성은
한동안 내 머릿속에서 지워지지 않았다.

IMF

90년대 초중반, 부모님은 당시 한창 떠오르던 경기도 남부의 신도시에
신축 아파트를 분양받았다. 이것이 부모님 인생 최초로 감행한 순수
투기를 위한 부동산 구매였다. 부모님은 부동산 투자 방면의 생
초보들이었지만 다른 집 부모들처럼 매일 아침 배달되는 『조선일보』의
경제면에 연필로 꼼꼼히 줄을 그으며 공부하면 배우지 못할 것도
없었다.

신도시에 구입한 아파트 값은 시원하게 상승하지는 않았지만
그래도 나름 꾸준히 올라갔다. 집값이 꾸역꾸역 오르던 와중 대망의
1997년이 밝아왔고 그해 연말에 IMF로 불리는 외환 위기가 닥쳤다.
기업들이 줄줄이 무너지는 가운데 당시 아버지가 몸을 담았던
회사도 부도를 면치 못했다. 한편 아버지는 그 회사가 망하기 수 년
전 임직원 신분으로 적잖은 퇴직금을 받으며 퇴사한 상태였는데,
선견지명 덕분은 아니고 그저 운이 좋았을 뿐이라고 한다. 여하간

퇴사한 아버지는 오랜 꿈이었던 자신만의 작업실을 차렸다. 어린 시절 아버지는 게르마늄 라디오 분해에 몰두했고 총각 시절에는 카메라 수집에 열정을 쏟았다는데, 예술적 취미가 있었던 것은 아니고 오로지 카메라의 구조적인 면에만 관심이 있었다. 회사원이 된 아버지는 월급과 보너스를 아낌없이 투척하여 핫셀블라드의 필름 카메라를 사들여 설계도면 없이 카메라를 완전히 분해한 뒤 완전히 재조립해서 스웨덴에 있는 핫셀블라드 본사로 '인증'을 보내고, 본사에서 극동의 기괴한 취미가에게 감동의 표시로 보내오는 소소한 선물을 받으며 즐거워하는 취미가 있었다. 위키피디아에 의하면 이러한 분해-재조립 기술을 '리버스 엔지니어링(reverse engineering)'이라고 부른다는데, 과연 '산업의 역군'으로 찬양받는 세대에게 걸맞은 재능이라 할 수 있겠다.

    부모님이 야심차게 사들인 신도시 아파트는 최적기에 최적가로 팔지는 못했지만 그래도 사들였을 때에 비하면 좋은 가격으로 아버지의 자아실현을 위하여(덧붙여 물론, 가족들의 미래와 생계도 위하여) 되팔려 나갔다. 신도시 아파트를 처분한 차익을 사업의 종잣돈으로 삼은 아버지는 강남대로 언덕배기에 갓 지어진 대형 오피스텔의 사무실 한 칸을 구매했다. 얼마 지나지 않아 IMF가 도래하고 부동산 가격이 순식간에 폭락했으니, 도시 아파트를 팔아버린 것은 그나마 운 좋은 선택이었다. 아버지가 개인 사업을 시작한 지 3년이 채 안 되어 IMF가 닥쳤다. 'IMF'와 '사업'이 주요 키워드로 들어가는 서사에서 사람들이 기대하는 비극적 결말의 클리셰와는 달리, 아버지는 상술한 리버스 엔지니어링 기술로 설계 특허를 제조 공장을 보유한 중소기업에 팔아 IMF에 아주 박살나지는 않을 만큼의 수익을 올리는 데 성공했다.

    물론 아버지가 IMF를 상대로 완승을 거둔 것은 아니었다. 직원 달랑 두 명과 함께 벌어들인 수익은 대기업 시절에 비하면 극도로 적었고, 휴가철마다 팔도 관광지를 돌아다니는 가족 여행이나 패밀리

레스토랑이나 피자집에서 하는 외식과 같은 당대 중산층의 특권은
과거의 추억이 되었다. 사업하다 큰 손해를 입은 아버지는 '뒷목을 잡는'
충격을 입어 건강에 영구적인 손상을 입었지만, 같은 시기 날벼락을
맞은 다른 집들처럼 직업과 가정과 살던 집을 잃지는 않았으니, 실로
하느님이 보우하셨다고 할 수 있겠다.

　그렇게 IMF의 환란이 지나가고 21세기가 밝았다. 중공업 호황
속에서 대기업의 기술자로 20년 동안 일했던 가장의, 강남과 신도시에
각각 아파트 두 채와 최신 유행의 중형차 두 대와 소형차 한 대를
보유하며 필요한 때는 파출부도 고용할 수 있던 중산층 가정에 남은
자산은, 한때는 잘나가는 샐러리맨 마이카의 상징이었으나 이제는
고물차로 전락한 1991년식 대우 후륜구동차 한 대와 낡은 22평형
아파트 한 채로 대폭 축소되었지만, 물론 그나마 하느님이 보우하신
일이었다. 결과론적으로 보자면 IMF 직전에 팔았던 경기도 신도시
아파트 한 채가 하느님이 되어 아버지와 우리 집을 구원한 셈이다.

　동네 한 집 건너 한 아버지를 신체적 혹은 사회적 불구로 만들었던
IMF를 부모님이 상대적으로 무난히 넘긴 비결이라면 일단 운이 좋았던
덕분이겠고, 두 번째로는 부동산 투자 분야에 다른 사람들만큼의 요령과
선견지명이 없었던 덕분이었을지도 모른다. 애초에 갈아 넣은 것이 많지
않았으니 잃는 것도 크지 않았던 것이리라. 부모님들은 당신들의 재능이
부의 확대와 재생산이라는 경제·경영의 영역에는 미치지 못한다는
사실을 쓰게 인정했고, 아버지의 사업 밑거름으로 장렬히 산화한 신도시
아파트를 마지막으로 실질 주거용도 외 목적의 부동산 구매를 영원히
멈추었다. 정확히는 더 이상 쓸 수 있는 현금 자산이 없어서 멈출 수밖에
없었겠지만.

길 건너로, 신분 상승

21세기를 맞이하여 부모님은 22평형에서 바로 길 건너에 있는
30평형대로 이사를 갔다. 자식들도 커가고 슬슬 큰 평형대로 거처를
옮겨야 할 때였다. 이사할 집을 사기 위해 부모님은 그동안 살던 22평
아파트를 매각했다. 물론 20여 년 전 아버지가 3,000만 원에 사들였을
때에 비하면 어마어마하게 값이 올라 있었지만, 그럼에도 불구하고
어머니는 20년이 지난 지금까지도 그 선택을 후회하고 있다. 구반포
주공아파트의 가격은 그 뒤로도 한참 동안 떨어질 줄 모르고 올라갔기
때문이다. 다름 아닌 재건축 때문이었다.

 구반포 주공아파트의 재건축 이슈는 대략 1989년 즈음부터
떠올랐는데, 거주민들이 재개발에 적극적인 반응을 보이지 않아
지지부진하게 진행되다가 무려 20년이 지난 2010년이 다 되어서야
간신히 시공사를 결정하고 본격 재건축 설계에 들어갔다. 그동안 신반포
지역의 아파트 단지가 먼저 재건축에 들어갔고, 무시무시하게 낡고
쇠락한 생김새 때문에 아이들 사이에서 놀림과 차별의 대상이었던
세화여중 뒤편 서래아파트 부지에는 '래미안 퍼스티지'라는 희한한
이름의 초고층 고급 아파트 대단지가 들어섰다. 래미안 퍼스티지
아파트는 전도유망한 고학력 전문직 부부들이 살림을 차린다는, 70년대
구반포 주공아파트의 유산을 이어받은 단지가 되었다. 70년대와
달라진 점이라면 래미안 퍼스티지의 입주자들은 대부분 서울 출신이며,
제아무리 고학력의 고액 연봉자라 해도 부모의 원조나 증여 없이는
입주가 불가능할 정도로 값비싼 아파트가 되었다는 것이었다.

 살던 22평 집을 전세 놓고 다른 동네로 이사 갈 생각은 없었느냐고
어머니께 물어보았더니, '뭐 하러 여기처럼 살기 좋은 동네를
떠나느냐.'라는 대답이 돌아왔다. 이 대답은 과거 구반포 거주민들이
재건축에 미적지근했던 이유 중 하나를 설명해주기도 한다. (설마

진짜로 재건축이 될 줄은 몰랐지.) 여하간 걸어서 겨우 5분 남짓한 길
건너편으로 이사를 갔더니 22평형대 구역에 비해 '장/차관 집'과 '교수
집', '모 연예인 집', '국회의원 집'의 비율이 비약적으로 높아졌다.
22평 시절만큼 동네 사람들이 서로 허물없이 교류하는 일은 잘 없었다.
집은 훨씬 넓어졌고 전철역과 한강도 한층 가까워진 덕에 전철을
타기 위해 성 범죄자와 각종 거동수상자들이 횡행하던 둑길(지금은
바닥에 고무패드가 깔린 안전한 산책로 '허밍웨이'로 재개발되었다.)을
교복치마 차림으로 걸어가는 위험을 감수할 일도 없어졌으나, 가옥
자체는 22평형대와 비슷한 수준으로 낡고 고수부지를 면하고 있는 탓에
모기가 들끓었다. 아직 고등학생이었던 나는 방에 만화책을 숨겨놓을
공간이 조금 늘어났다는 것 외에는 생활이 크게 개선되었다고는 여기지
않았다.

　　30평형대에서 겨우 1년 정도를 살고 부모님은 마침내 신혼 이래 쭉
살아온 반포본동을 떠날 결심을 굳혔다. 부모님은 22평을 떠났을 때와
똑같이 건너편 30평형 아파트를 미련 없이(정확히는 '뭘 모르고'였다고
한다.) 매각하고 얻은 돈으로 아슬아슬하게 방배동 끝자락에다 꿈에
그리던 새로 지은 집을 분양받기 이르렀다. 새로 지은 집이란 당시 한창
유행을 타던 대기업 브랜드 아파트로서 현재 나의 친정집이 된다.

헌 집 줄게 새집 다오

2001년에서 2002년은 도곡동에 한창 지어지던 '타워팰리스'라는
거대한 주상복합 아파트가 한창 입소문에 오르내리던 시점이었다.
(타워팰리스의 바로 맞은편에 있는 삼성의 또다른 브랜드 아파트에
살던 친구의 어머니는 눈앞에서 한 층 한 층 지어져 올라가던 아파트를
사들이지 않은 것을 지금껏 후회하고 있다.) 새집으로 이사하기 전, 나는
아직 입주를 시작하지 않은 텅 빈 아파트에 구경삼아 들어가 보고는

했다. 새로 지은 최신형 아파트의 바닥은 모노륨 장판이 아닌 진짜
목재였다. 새시 창에도 따스한 원목 무늬 시트지가 꼼꼼히 붙어 있었다.
화장실은 두 개였고, 틈새마다 시커먼 물때가 끼는 엄지손톱만 한
소형 타일이 아닌 널찍하고 모던한 디자인의 새 타일이 가지런히 깔려
있었다.

　땅값과 학군으로 치면 한 끗 뒤처지는 동네로 '유배'를 내려왔음에도
불구하고, 아이러니하게도 내가 그 텅 빈 아파트에서 난생 처음 느낀
것은 피부에 직접 와 닿는 신분 상승의 감각이었다. 그 감각은 중학생
때 서래마을의 고급 빌라를 처음 방문했던 때의 감각과도 비슷했다.
전근대에서 현대로의 신분 상승. 지은 지 30년이 다 되는 낡은 집에서 막
새로 지은 집으로 이사를 왔으니 당연한 일이었다.

　새집으로의 이사에 가장 들뜬 사람은 어머니였다. 원효로 대로변
전차 역 바로 앞 노른자위 땅에 있었다는, '타이루(타일) 바른' 2층
양옥집 둘째딸로 반평생을 살았던 어머니는 부엌 바닥에 설치한
바퀴오라 끈끈이 키트를 일주일 만에 새까맣게 채우는 바퀴벌레들과
복도를 퍼덕이며 활공하는 나방과 화장실에 출현하는 달팽이와
밤새도록 천장 위를 내달리는 쥐 떼와 습기와 그 외 애로 사항들이
횡행하는 22평 아파트에서 4인 가족이 비비대고 사는 삶에 한시도 치를
떨지 않은 적이 없었던 듯하다. 전근대 주거 양식인 주택에서만 인생의
절반을 살다온 어머니는 어째서 첨단 현대 주거 형태인 아파트에서
진정한 전근대를 체험해야만 했는지, 아이러니한 일이다.

　학생 시절부터 타향에서 하숙집을 전전하며 살아온 아버지와는
달리, 어머니는 시집 간 이모들이 가끔 묵으러 올 때마다 경악과 동정의
시선을 숨기지 못하게 만드는 추레한 집살이에 진저리가 났던 모양이다.
어쩌면 어머니의 그 진저리야말로 부동산 투자에 대한 무지나 세상
물정에 어두운 천성보다도 훨씬 더 결정적으로 부동산 재테크의 기회를

멀리 날려버리게 만든 이유였을지도 모른다. 이러한 연유로 어머니는
벼르던 새 아파트 입주와 동시에 발코니 확장 공사를 감행했다. (이
확장 공사 덕분에 우리 집 식구들은 사는 내내 지독한 웃풍과 건조함에
시달렸고, 확장해놓은 공간은 본래의 발코니 용도와 다를 바 없이
화분과 빨래 건조대를 늘어놓는 용도로 쓰였다.) 그리하여 태어나고
반평생을 살아왔던 구반포 주공아파트의 거의 두 배에 달하는 전용
면적에서 나의 생애 세 번째 아파트 살이가 시작되었다.

　새 아파트는 무엇보다도 현대적이었다. 새 아파트에서는 바퀴벌레를
비롯한 해충들이 전혀 보이지 않았다. 강변에서 멀어진 덕에 모기
등쌀에서도 해방이었다. 각 방마다 견고한 붙박이장과 화장대 등이 기본
옵션으로 놓여 있었으며, 취사 구역과 밥 먹는 구역이 제법 명확하게
구분지어진 넓은 부엌에는 빌트인 식기세척기라는 신비로운 기계가
설치되어 있었다. (평생 식기세척기라는 물건을 써본 적 없는 어머니는
이 식기세척기를 종량제 봉투와 안 쓰는 고무장갑 등속을 넣어두는
찬장으로 썼다.) 또한 거의 전적으로 주민들의 공동 감시 체제에 보안을
맡겼던 구반포와 달리 카드 키와 비밀번호 입력 방식의 첨단 이중
현관으로 보안이 철저하였고, 엘리베이터는 널찍했으며 복도 곳곳에
발린 대리석과 하이글로시 내장재가 현란했다.

　집 안이 월등하게 현대화된 대신 집밖의 녹지는 대폭 줄어들었다.
낡은 주택들이 다닥다닥 붙어 있던 산기슭을 깎아 만든 좁은 부지에
억지로 밀어 넣은 소형 단지에 공원은 당연히 없었고, 놀이터는
애처로울 만큼 작았으며, 텃밭을 가꿀 만한 넓은 화단도 없었고
봄여름마다 거주민 전용 무료 위락 시설 역할을 하던 옥상도 없었다.
시대는 바뀌어 좋은 아파트란 전철역과 좋은 학군이 근거리에 있고
청결한 주거 공간만 제공하면 그만이었다. 여가는 아파트 단지
밖에서 돈을 지불하고 즐기는 것이 되었고, 전월세 이사를 반복하는

주민들에게는 서로 얼굴을 익히고 이웃을 맺을 여유가 없어졌으며, 아이들에게는 뛰어놀 시간이 없어졌다. 21세기의 아파트, 진정한 근대가 우리 가족의 삶에 비로소 자리를 잡았다.

그리고 다시 아파트

2000년대, 대학에 들어간 인생 낭비에 여념이 없던 나는 육군 기무사 소속 장교였던 아버지를 따라 서울 곳곳의 군인 아파트들을 전전하며 유년기를 보낸 후유증으로 심각한 수면 장애를 얻은(상암동 난지도 바로 앞에 있던 군인 아파트에서는 방충망을 뚫고 들어오는 거대한 똥파리들 때문에 잠을 설쳤고, 김포공항 근처에 있던 군인 아파트에서는 새벽부터 이착륙하는 비행기 굉음으로 잠을 설쳤다고 한다.) 남자와 연애를 시작해 2010년대 초 결혼했다. 우리가 살 신혼집은 서울 북동부에 있는 지은 지 20년 된 아파트로 정해졌다. '디자인감(design感)'을 지향하는 흉측한 포인트 색상이나 꽃무늬 부조 없이 건설사 이름만 달랑 쓰여 있는 밋밋한 외장, 잘 여닫히지 않는 낡은 갈색 새시와 화장실 천장 위를 질주하는 쥐의 발소리, 좁고 어두운 골목길, 외벽을 타고 잠입하는 빈집털이들, 제법 오래 묵은 나무들, 들끓는 모기와 날벌레. 어느 정도 옛 구반포 주공아파트를 떠올리게 하는 신혼집에서 네 번째 아파트 인생을 시작하는 중이다. 그러고 보면 대한민국 아파트 서사의 골자라고 할 수 있는 내 집 마련과 부동산 재테크의 신화-개발 독재 시대와 산업의 역군 세대의 합작으로 일구어낸 전설은, 일개 '아파트키드'로 자라난 나에게는 순수한 주거 경험 외에는 도무지 남긴 것이 없는 듯하다. 요즈음 같은 시대에 이 역시 하느님, 즉 부모님께서 보우하신 일이겠지만.

아파트 '키드'는 과연 이번 생에 진짜 어른으로 발돋움할 수 있을까? 이 글을 쓰기 시작했을 때부터 그러한 발전적인 전제는 존재하지도 않았음을, 마지막 단락에 도착해서야 비로소 자각한다.

양천구

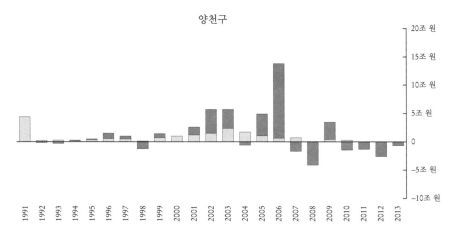

■ 아파트 시세차익
□ 아파트 건설 투자액

영등포구

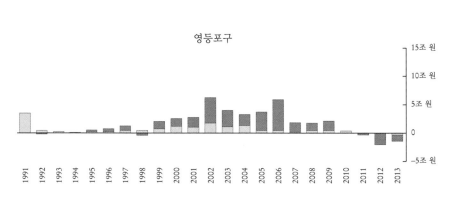

동작구

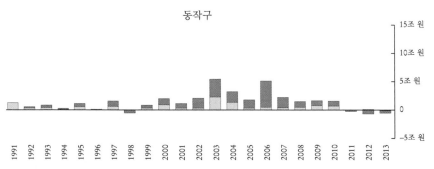

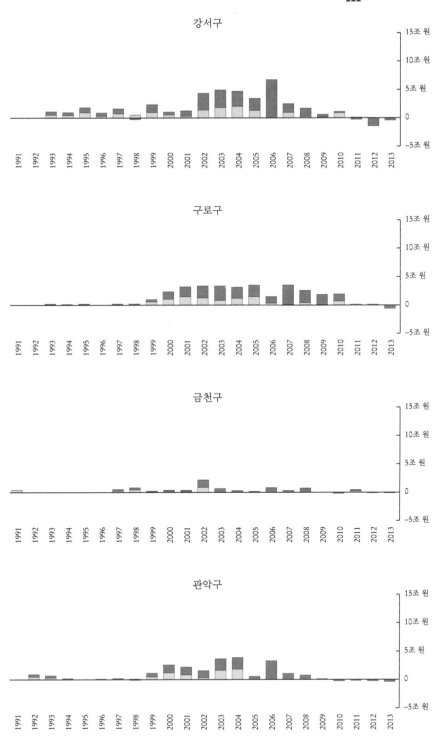

'콘크리트'기(期)의 끝

아버지　　**어머니**
1947년생　　1955년생

본인
1978년생
남자

이정환

한강의 남쪽, 그리고 영등포의
동쪽에서 태어났다. 태어날 당시만
해도 소위 '강남'과는 거리가 먼
동네였기 때문에 평생을 살아
온 반포, 그중에서도 반포 1동의
위상 변화가 신기할 따름이었다.
고속버스터미널 '던전'에 워낙
관심이 많았던 탓에 지나온 세월의
쓸데없는 기억을 차곡차곡 쌓아왔고
그 덕분에 지금은 주변 사람들의
회상 도우미 역할을 하고 있다.

이제 막 걸음마를 시작하던 시절에 찍힌 사진을 보면, 주변 상황을
파악하지 못한 채 어색한 표정을 지으며 서 있는 아기의 뒤로 자로 잰
듯이 반듯하고 깨끗한 회색의(사실 너무 깨끗해서 흰색에 더 가까운)
아파트가 보인다. 아파트 주변의 보도 역시 깔끔하다. 보도 중간 중간에
심은 가로수마저 깨끗해 보인다. 가로수의 뿌리를 덮은 흙에도 잡초 한
포기 돋아 있지 않고, 가로수의 가지에는 겨울나무처럼 잎사귀 하나
달려 있지 않다. 이 사진을 조금 '줌-아웃'시키면 가끔 책이나 잡지에서
볼 수 있는 70년대 말의 반포 지역 주공아파트의 사진과 같은 모습이
나올 것이고('국가기록원 제공'과 같은 캡션이 달려 있는), 더 많이
'줌-아웃'시키면 영동(영등포의 동쪽이긴 한데 아무것도 없는 곳이라
대강 뭉뚱그려 부르겠다는 의도가 느껴지는)의 개발 계획을 담은
조감도와 같은 그림이 나올 것이다.

　초등학교 1학년 때 처음 갔던 소풍을 기억한다. 소풍 장소는 아파트
단지 바로 길 건너편의 야산이었다. 사실 그 당시에는 소풍 장소가
그렇게 가까운 곳이라고는 생각하지 못했다. 시간이 꽤 흘러 중학교에
입학한 뒤, 갑자기 떠오른 옛 추억을 가족들과 이야기하다가 대수롭지
않다는 듯 던진 어머니의 말을 듣고 알게 되었다. "거기? 둥근 마을?
바로 길 건너편이잖아! 미도아파트 있는 데." 둥근 마을은 바로
그 소풍 장소였던 야산 아래에 있었던 판자촌의 이름이었다. 반포
주공3단지(이하 "3단지") 내에 위치한 중학교와 초등학교의 이름인
원촌(圓村)은 말 그대로 둥근 마을에서 따온 것이었다. 원촌이라는
이름의 유래를 일찌감치 알았던 인근 아파트 단지에서 사는 아이들은
달동네 이름이라고 빈정대곤 했다.

　3단지는 5층짜리 저층 아파트 단지로 25평형과 16평형이 섞여
있었다. '섞여 있다'라는 표현을 썼지만, 엄밀히 따지면 섞여 있지
않았다. 일단 25평형은 소수였고 16평형이 절대 다수를 차지했다.

그리고 소수인 25평형은 몇 동씩 짝을 이루어 단지의 외곽에
배치되었다. 하늘에서 3단지를 내려다보면 16평형 아파트로 구성된
알맹이를 얇은 25평형 아파트의 껍데기가 둘러싸고 있는 모양이었다.
따라서 3단지를 둘러싸고 있는 일반 도로를 지나가는 자동차에서
보면 25평형만 보였다. (소음, 일조권, 조망권 등에 대한 개념이 없던
시절이었기 때문일까? 이러한 배치는 같은 자리에 새로 들어선 반포
자이와 정반대이다. 반포 자이의 경우 단지 외부 도로와 가장 가까운
쪽에 소형 임대 아파트가 자리 잡고 있다.) 단지를 '포장'하고 있는
25평형 사이에도 차이는 분명 존재했다. 25평형이 한 동씩 나란히
배치된 다른 부분과 달리, 사평로와 경부고속도로가 교차하는 지점과
가까운 방향에는 25평형이 그나마 여러 채 모여 있었다. 이곳은 3단지
내에서도, 심지어 같은 25평형 중에서도 일종의 고급스러운 느낌을
주었다. 그쪽에 거주하는 아이들은 뭔가 좀 더 세련된 느낌이었고,
학부모들 간에 일종의 유대의식도 강했던 것으로 기억한다.

　반면 '얇은 껍질'에 해당하는 부분에 배치된 25평형의 분위기는
조금 달랐다. 앞서 언급한 25평형 밀집 지역에서 느껴지는 우아함은
존재하지 않았다. 25평형 밀집 지역과 달리 이곳의 25평형은 16평형과
건물의 입구를 마주하고 있었고, 그곳에 사는 아이들은 같은 앞마당을
공유하고 함께 어울렸기 때문일 것이다.

ID: 340-504

내가 태어나고 대학교 1학년 때까지 살던 곳은 지금까지 설명한 3단지의
25평형 중에서도 '얇은 껍질' 부분에 속한 동(340동 504호)이었다.
그리고 같은 동에서도 가장 형편이 좋지 않은 집이었다. 아버지는
조실부모하고 어려운 환경에서 성장했지만 성실하고 공부를 잘했던
사람이었으며, 부잣집 막내딸인 어머니는 부모가 반대하는 결혼을

하기 위해 집에서 도망 나온 성깔 있는 사람이었다. 성실하지만 무일푼
가난뱅이인 남자 그리고 부잣집에서 도망 나와 스스로 무일푼이 되길
선택한 여자가 어떻게 해서 25평형 아파트에서 살림을 시작하게 되었던
것일까. 그 연유는 다음과 같다.

아버지는 고모와 단 둘이서 어려운 세월을 헤쳐왔다. 머리가 좋고
성실해서 지역의 명문고를 졸업하고 서울의 명문대에 입학했다.
대학원에 진학해서 공부를 계속하고 싶었지만 가난이 발목을 잡았다.
한계를 느낀 인문계 대학생의 당연한 코스로 사법고시를 준비했지만
뜻대로 일이 풀리지는 않았다. 그러던 중 정동 근처의 테니스장에서
우연히 알게 된 어머니와 눈이 맞아서 연애를 하게 되었고, 연애를 하다
보니 아이가 생기게 되었고, 그래서 살림을 차릴 수밖에 없었다. 가족을
부양해야 하는 상황에서 아버지는 모든 것을 포기하고 취직을 선택했다.
당시 아버지는 모 재벌가에서 가정교사 노릇을 하고 있었는데, 그
집에서 아버지의 사정을 딱히 여기고 계열사 중 한 곳에 일자리를
마련해주었다.

한편, 아버지의 유일한 혈육인 고모는 나름대로의 꿈을 갖고
있었다. 개천에서 용이 나오려다 말긴 했지만 그래도 동생을 명문대에
보낸 고모는 당신의 자녀 셋 중 큰아들과 큰딸을 서울에서 자리 잡게
하려는 계획을 세웠다. 당시 고모의 형편을 생각해보면 정말로 어렵게
모았을 비자금을 동원해서 3단지의 25평형 아파트를 아버지의 명의로
구입했다. 25평형을 구입한 것은 전적으로 당신의 자녀들을 위한
선택이었다. 명목상으로는 아버지에게 집을 사준 것이었지만 실상은
당신의 큰아들과 큰딸을 먹이고 재우고 입히고 취직까지(!) 시키기 위한
베이스캠프를 구축한 것이었다. 결국 어머니는 나와 동생 그리고 고모의
과년한 두 자녀까지 키워야 했다.

주공3단지: 중원(中原)

다시 3단지의 이야기를 해보자. 3단지는 비탈에 자리 잡고 있었다.
비탈의 길이가 상당히 길고 경사가 완만하기 때문에 차이가 두드러져
보이지는 않지만 실제로 3단지의 가장 낮은 곳과 가장 높은 곳의 고도
차이는 상당히 큰 편이다. 비탈의 경사가 완만하다고는 하지만 일부
지점의 경사는 상당히 가파른 편이었다. 3단지로 자동차가 들어오는
진입로는 모두 네 군데가 있었으나, 차도는 평지와 완만한 경사
지역으로만 나 있었고, 경사가 급한 지역은 소로와 계단으로 거미줄처럼
연결되었다. 이렇게 경사가 급한 곳에는 건물이 들어서지 않은 채
가파른 잔디밭(잡초밭이 더 정확한 표현이겠지만)으로 남았다. 덕분에
3단지에 사는 아이들은 겨울이면 가파른 비탈에서 눈썰매를 탔다.

단지가 워낙 넓은 데다가(구반포와 잠실의 주공아파트 역시 대규모
단지였으나 평지에 건설되어 3단지와 같은 느낌이 들지 않았다.) 고저
차도 확연한 지대에 자리 잡고 있었기 때문에, 3단지는 적어도 내게는
하나의 작은 세계로 느껴졌다. 그리고 이러한 3단지의 4면을 서로 다른
특징을 가진 공간이 차지하고 있었다. 인근 사람들이 흔히 쓰는 표현을
그대로 옮기자면, '굴다리', '삼호가든', '한신'(잠원동의 한신아파트를
말한다. 강남고속버스터미널 건너편에 위치한 한신아파트는
행정상 반포3동에 속한다), 그리고 강남고속버스터미널(이하
"고속버스터미널")과 뉴코아 백화점이었다.

당시 3단지 아이들이 '굴다리 너머'라고 부르던 지역은
행정구역상으로는 엄연히 반포동이었으나 경부고속도로가 길게
가로막고 있는 바람에 논현동으로 인식되었다. 실제로 그곳에
거주하던, 또는 현재 거주하고 있는 분들에게는 다소 기분 나쁠 수
있는 표현이지만, 3단지에서 '굴다리 너머'를 연결하는 인도의 초입은
말 그대로 '던전' 입구였다. 경부고속도로의 방음벽을 가리는 역할과

추가적인 방음 역할을 동시에 수행하는 키 큰 나무의 장벽 사이로
어두운 (경부고속도로 밑을 지나는) '굴다리' 입구가 크게 입을 벌리고
있었다. 3단지도 그리 아름답거나 현대적으로 느껴지는 건물은
아니었지만, 그래도 엄연히 아파트는 아파트였다. 어두운 굴다리를
건너면 완전히 다른 풍경이 펼쳐졌다. 그곳은 단독주택이 밀집한
곳이었고 단독주택이 아니면 연립주택, 다세대주택, 다가구주택이었다.
'굴다리 너머'의 문방구에서는 당시 주변 아파트 단지 상가에서 이미
자취를 감춘 아폴로, 쫀득이 등 소위 불량식품을 구입할 수 있었다.

　　3단지의 남쪽을 지나는 사평로 건너편에는 '삼호가든'이 있다.
삼호가든은 일단 지대부터 3단지보다 높았다. 3단지에서 바라보면
자연스럽게 '높은 성'이 연상되었다. 도로 하나를 사이에 두었지만,
도로가 넓은 만큼이나 3단지와 삼호가든의 분위기는 달랐다.
삼호가든에 오래 살았던 어떤 형이 해맑게 웃으며 했던 말이 기억난다.
"3단지? 거기 원래 컴컴했던 곳이잖아." 그가 정든 삼호가든을 떠나
3단지의 재개발로 들어선 반포자이로 이사 온 지 얼마 되지 않았던
때였다. 그의 입장에서는 3단지가 있던 자리가 이제야 좀 발 디딜
만한 곳으로 느껴졌던 모양이다. '컴컴했던 곳'이라는 말을 들었을
때 이상하게도 기분이 나쁘지 않았다. 오히려 모호했던 어떤 개념이
정리되는 기분이었다. 이후 '컴컴했던 곳'은 반포를 표현할 때마다 쓰는
말이 되었다.

　　'한신'은 3단지의 북쪽을 지나는 신반포로 건너편에서부터 한강까지
펼쳐진 대규모 아파트 단지이다. 분명 3단지보다는 고급 아파트였으나
한강의 배후습지였던 지역에 세워졌다는 점, 강에 가까운 지리적 위치가
장점으로 여겨지지 않았던 당시의 인식 때문에 3단지의 아이에게는
삼호가든보다는 친숙한 이미지였다. 특히 80년대 말에 등장한
강변한신아파트에 대해 어르신들이 걱정스러운 반응을 보였던 기억이

난다. '똥물 냄새나는 한강 옆에 아파트라니!' 한강 조망권이 지금과
달리 일종의 페널티였던 시대의 일이다.

던전 마스터

주공 3단지의 북쪽과 남쪽, 그리고 동쪽은 앞에서 언급했듯이 서로
다른 성격을 띠긴 했지만 주거지라는 점에서 동일했다. 하지만 서쪽은
확연히 이질적인 공간이었다. 주공 3단지의 서쪽에 자리 잡고 있는
것은 바로 고속버스터미널이다. 고속버스터미널은 주변의 아파트와
마찬가지로 콘크리트로 지어졌지만 그 외관은 이질적이었다. 쐐기형
외관을 지닌 거대한 건물인 고속버스터미널은 3층과 5층에 위치한
승차장과 지상으로 연결된 긴 진입로 때문에 SF물에 등장하는 연구소
또는 우주항(港)이 현실에서 구현된 모습이었다.

고속버스터미널은 외관만 독특한 것이 아니라 지하 공간도
별천지였다. 고속버스터미널 자체의 지하 공간도 넓고 복잡했지만
개인적으로 가장 선호했던 곳은 고속버스터미널의 지하와 그 옆을
지나가는 기나 긴 지하상가를 잇는 연결 통로였다. 연결 통로는 수많은
계단과 구불구불한 복도, 그리고 고속버스터미널의 주변에 배치된
다수의 입구로 구성되었다. 그런데 이러한 연결 통로는 처음 지하상가나
고속버스터미널에 온 사람이 의도적으로 발견하고 다가갈 수 있는
장소가 아니었다. 길을 잘못 들어서거나 아무런 생각 없이 통로를
따라가다 보면 갑자기 연결 통로의 입구와 마주치게 된다. 방향을
제대로 알려주는 표지판도 없기 때문에 정처 없이 걷다 보면 어느새
사람들이 인산인해를 이루고 있는 지하상가의 입구나 고속버스터미널
근처의 황량한 지상 풍경과 마주치게 된다. 「미래소년 코난」이나
「THX-1138」에 홀딱 빠져 있던 내게 집 근처에 이러한 공간이 있다는
것은 거의 축복과도 같은 일이었다. 특히, 「미래소년 코난」에 등장하는

인더스트리아의 삼각탑과 지하도시는 고속버스터미널과 너무도
흡사했다(적어도 그 시절의 내게는). 거대한 건물과 그 내부의 으슥하고
어두컴컴한 복도, 셔터로 굳게 닫혀 있어 내부를 알 수 없는 공간들
그리고 작동하지 않는 에스컬레이터를 보며 묘한 흥분을 느끼곤 했다.
　　이미 고속버스터미널의 지하와 상층부의 구석구석을 돌아다니며
온갖 만화영화와 영화, 전자오락의 상황을 재현하며 즐거운 시간을
보냈던 내게 남은 목표는 단 하나였다. 3단지로 이어지는 입구를
기점으로 하여 지하상가의 끝에 도달하는 것. 지하상가의 끝에 과연
무엇이 있기에?

그 끝에는 부산이 있어야 마땅했다

언제부터인가 고속버스터미널 지하상가의 끝은 부산이라고 굳게 믿고
있었다. 지하상가의 끝에 부산이 있을 것이라는 믿음에는 어떠한 논리적
근거도 없었다. 하지만 그 당시 내게 그것은 움직일 수 없는 사실이었다.
오로지 문제는 내가 그곳에 도착할 수 있을 것인지, 그리고 도착에
성공한다면 과연 집으로 돌아올 수 있는지에 관한 것이었다. 그래서
출발 전에 나름대로 주도면밀한 계획을 세웠다. 단독으로 '던전'에
진입하는 것이 그 당시에도 너무 무모하게 느껴졌기 때문에 친구 Y군과
'파티'를 구성했다. 어둡고 음침한 고속버스터미널의 내부에 비해
지하상가는 상대적으로 밝고 항상 사람들로 가득했지만, 끝이 보이지
않는 지하상가에 대한 두려움이 너무 컸기 때문이다.
　　Y군이 동행에 응할지 걱정이었지만, 걸어서 부산에 가보자는
제안에 Y군은 상당히 흥분하며 오히려 더 적극적인 태도를 취했다.
비상식량으로 가락엿과 깨엿을 준비하고 언급했던 3단지 쪽으로 열려
있는 지하상가 입구로 진입했다.
　　뉴코아 백화점과 3단지 사이에 놓인 교차로를 지하상가의

초입이라고 볼 때, 지하상가의 초입과 가까운 지점에 장터국수가
있었다. 어릴 적부터 비빔냉면과 열무냉면이라면 정신을 차리지
못했지만, 당시 학원에서 수학을 가르쳤던 어머니는 주말이 아니면 나를
그곳에 데리고 갈 여력이 없었다. 그래서 어머니는 내가 혼자서 냉면을
먹으러 가면 장부에 기록해두었다가 나중에 모아서 계산을 할 수 있도록
가게 주인에게 미리 부탁을 해두었다. 그 장터국수가 있는 곳이 일종의
서식 한계선인 셈이었다.

모험 초반, 즉 이러한 서식 한계선에 도달할 때까지만 해도 분위기는
아주 좋았다. 그 의미는 알 수 없었으나 어찌된 일인지 다들 잘 납득하고
이해하던 이름의 분식집인 '자동의 집' 앞을 지날 때만해도 기분은 아주
상쾌했다. 하지만 체크 포인트(여기서 체크 포인트란 병렬로 배치된
지하상가의 양쪽 통로를 가로로 연결시켜주는 통로가 위치한 곳을
말한다)를 하나둘씩 지나치며 미지의 영역에 들어서자 우리의 표정은
점점 어두워졌다. 힘이 들면 쉬기도 하고 준비한 간식을 먹기도 했지만,
불안함과 두려움으로 인해 발걸음은 더욱 더 무거워졌다.

결국 Y군이 먼저 무너져내렸다. 그는 갑자기 복도에 주저앉더니
눈물을 흘리며 더 이상은 앞으로 갈 수 없다고 선언했다. 좀 더 힘을
내보자고 한참 동안 설득했지만 그는 요지부동이었다. 지친 그는 돈을
한 푼도 갖고 있지 않았고(그의 주장에 따르면), 마침 내게는 100원짜리
동전이 하나 있었다. 50원짜리 '쭈쭈바'를 두 개 구입해서 그중 한 개를
그의 손에 쥐어주고, 홀로 '부산'을 향해 길을 나섰다. 한참을 더 걷자
지하상가의 복도가 끝나고 지상으로 올라가는 계단이 나타났다. 마침내
부산에 도착했다는 기쁨과 낯선 곳에 대한 두려움이 뒤섞인 마음으로
계단을 올라갔다. 허망하게도 눈앞에 펼쳐진 광경은 자동차들이 바쁘게
오고 가는 반포대교 남단 사거리와 고가도로였다. 망상은 거창했던 만큼
사라지는 속도도 빨랐다.

그러나 얼마를 더 간 뒤에 소년도 마침내 인제 한 걸음도 더 걸을
수가 없게 되었다. 그리고 그는 거기서 무지개는 도저히 잡지 못할
것임을 처음으로 깨달았다.

그는 몸을 커다랗게 땅에 내어 던졌다. 그리고 드높은 하늘을
쳐다보았다.

"아아, 무지개란 기어이 사람의 손으로 잡지 못할 것인가?"

아직껏 그와 같은 길을 걸은 수많은 소년들의 부르짖는 그
부르짖음을 이 소년은 여기서 또한 부르짖지 않을 수 없었다.

그리고 그는 여기서 그 야망을 마침내 단념하기로 결심한
것이었다.

그때에는 이상하다. 아직껏 검었던 머리는 갑자기 하얗게 되고,
그의 얼굴에는 전면에 수없이 주름살이 잡혔다.

— 김동인, 『무지개』중에서

물론,『무지개』의 주인공 소년과 달리 내게 일어났던 변화는 웅장했던
한 시대의 '던전'이 너무나 초라한 '지하상가'로 보이게 되었다는
것뿐이었다. 지하상가로서는 아무래도 억울할 일이다. '던전'임을
자처한 적도 없음에도, 홀로 경외심을 품고 있던 내가 현실을 깨닫고
자신에 대한 부끄러움을 경멸의 눈초리로 바꾸었으니 말이다. 아무튼
그 시작은 창대했으나 끝은 미약했던 모험을 마치고 돌아오는 길에
잠시 잊고 있었던 Y군이 전자오락실에서 신나게 게임을 즐기는 모습을
목격했다. 나는 무표정하게 그곳을 지나쳐 집으로 향하는 발걸음을
재촉했다.

전자오락실: 나의 그림 선생님
부모님이 보유한 재산은 25평 아파트 한 채가 전부였다. 그 정도면

괜찮아 보이지만, 실제로 명의만 아버지 앞으로 되어 있었을 뿐이고
아파트 구입 자금을 댄 것은 고모였다. 따라서 아파트의 실제 주인은
고모였고 처분 권한 역시 고모 손에 놓여 있었다. 아버지가 직장을
다니면서 받는 급여는 네 식구의 생활을 충당하면 그걸로 끝이었다.
당연히 아낄 수 있는 사항에 대해서는 철저한 절약이 시행되었다.
남자아이라는 이유로 옷, 학용품, 장난감, 책, 책상 등 모든 것을 남이
쓰던 것을 물려받아 썼다. 용돈은 언감생심이었다. 급우의 300원짜리
공룡 모양 연필깎이를 망가뜨렸을 때, 이를 물어내라는 급우의 매서운
추궁에 감히 어머니에게 돈을 달라는 말도 꺼내지도 못한 채 10원짜리
동전을 두 달 동안 모아서 간신히 갚았던 기억이 난다. 그런 형편에 내가
부담 없이 시간을 보낼 수 있는 장소는 전자오락실과 서점이었다.

　물론 돈이 없었기 때문에 전자오락실에서도 구경이 고작이었다.
'전자오락을 즐기지도 못하고 구경만 하는 어린아이'라고 하면 무척
서글퍼 보이지만, 정작 나 자신은 그 상황이 만족스러웠다. 나를
매혹시켰던 것은 전자오락을 즐기는 것이 아니라, 전자오락을 구성하고
있던 그래픽이었기 때문이다. 내가 직접 오락을 하면 좋아하는 장면을
충분히 즐길 수 없었다. 탄막이 기체를 뒤덮는 판에 멋진 배경화면을
찬찬히 감상할 수 있겠는가? 그보다는 뒤에서 구경하는 편이 훨씬
나았다. 어느 정도로 구경에 집착했냐면, 단 한 번도 본 적이 없는
스테이지까지 게임을 진행시킨 어떤 아저씨가 모든 크레딧을 사용하고
미련 없이 자리에서 일어났을 때 어렵게 얻은 50원을 내밀며 "아저씨
얼른 이어서 해주세요."라고 말했을 정도였다. 물론 그 아저씨는 별
이상한 놈 다 본다는 표정을 짓고 그 자리를 떠났다. 각종 문화적 상징,
서브컬처의 키워드를 처음으로 접한 곳이 전자오락실이었다. 하루 종일
전자오락실에서 보고 싶은 그래픽을 실컷 보고 집에 와서 따라 그리는
것이 가장 큰 낙이었다. 그 시절, 전자오락실은 내 그림 선생님이었다.

전자오락실에 들어가서 구경만 하고 나온다는 점에서 무척 쉬운
일처럼 보이지만, 그 나름대로의 장애물은 존재했다. 서점의 경우
책을 사는 사람과 책을 읽는 사람이 거의 동등한 대접을 받지만,
전자오락실에서는 그렇지 않았다. 전자오락실에 출입하는 아이의
부모로부터 항의를 듣는 일이 비일비재했기 때문에 전자오락실
업주는 매상에 전혀 도움이 되지 않으면서 하염없이 실내에서 시간을
보내고 있는 특이한 손님(사실 돈을 전혀 쓰지 않으니 손님이라는 말은
어폐가 있고 뜨내기가 더 정확한 표현일 것이다)이 전혀 달가울 리가
없었다. 게다가 한 번 입장하면 상당히 오랫동안 전자오락을 '감상'했기
때문에 업주들에게 쉽게 기억되는 존재였다. 어느 순간부터 업주들은
나를 귀찮은 존재로 규정하고 자기 업소에서 나를 발견하는 즉시
으름장을 놓으며 내쫓았으나 그 정도의 핍박에 순례를 그만두기에는
전자오락에 대한 '사랑'이 너무나 컸다. 결국 포기한 쪽은 내가 아니고
업주들이었다.

    당시 여느 부모들과 마찬가지로 어머니도 나의 오락실 출입을
달가워하지 않았다. 전자오락실에 상주하는 동네 불량배들이 행여
당신의 아들을 괴롭히고 돈을 빼앗을까 봐 두려웠을지도 모른다.
하지만 그런 측면에서 볼 때 역설적으로 난 좀 더 안전한 상황이었다.
주로 출입하던 오락실 중 가장 으슥한 곳에 위치한 업소 근처에서 몇 번
위협을 받은 적이 있지만 돈을 한 푼도 가지고 있지 않았기 때문에 별
다른 일을 겪지 않았다. 어쨌든, 어머니는 집 근처 오락실인 경우 인근
점포 주인과 감시망을 짜고 나의 출입을 봉쇄하려 했다. 나는 좀 더 멀리
떨어진 오락실로 활동 반경을 넓혔고, 급기야 도보와 자전거로 닿을
수 있는 오락실 여섯 개소를 하루 종일 휘젓고 다니는 지경에 이르게
되었다. 어머니는 결국 항복을 선언한 뒤 집 근처 오락실 두 개소만
출입하기로 약속한다면 더 이상 잔소리를 하지 않겠다고 제안했다.

그러나 다투고 싸울 시간에 하고 싶은 일을 하는 편이 훨씬 낫다는 신조를 갖고 있던 나는 아무런 거리낌 없이 "예."라고 대답한 뒤 여섯 개소를 고루 드나드는 순례를 중단하지 않았다. 업주 성향에 따라 오락실마다 보유 기기와 새로 들여오는 기기가 달랐기 때문에 반드시 여섯 개소 순례를 해야 원하는 그림을 볼 수 있었다. 도저히 타협할 수 있는 문제가 아니었다. 물론 이는 「스트리트 파이터 2」와 「파이널 파이트」기 등장하기 전의 이야기이다. 이 두 개의 게임이 대표하는 대전 격투 게임과 벨트 스크롤 방식 액션 게임이 전자오락실을 휩쓸면서 개별 아케이드 게임에 담겨 있던 개성이 사라졌고, 자연히 전자오락 그래픽에 대한 열의도 줄어들기 시작했다. 그 시점에는 더 이상 전자오락실이 즐거움을 얻으며 시간도 보낼 수 있는 유일한 공간이 아니었다. 가정의 경제 사정이 점차 나아지면서 선택의 폭이 넓어졌던 것이다.

유토피아의 붕괴

90년대 초부터 3단지의 이미지는 서서히 달라지기 시작했다. 중학교 3학년 때의 일이었다. 학생회에서 새로 알게 된 친구와 이런저런 이야기를 하다가 사는 곳이 어디냐는 질문에 3단지라고 답하자, 그는 이렇게 반응했다. "3단지? 거기 요즘 알부자들 사는 곳이잖아." 삼호가든에 살고 있었던 그의 반응은 내게 조금 충격을 주었다. 삼호가든 거주자의 입에서 3단지 거주자가 알부자라는 말을 직접 듣게 될 것이라고는 상상조차 해본 적이 없기 때문이었다.

내가 받은 작은 충격과 별개로, 우리 집의 경제 사정은 과거에 비해 많이 나아진 상태였다. 사실 '알부자'라고 해도 크게 틀리지 않았을 것이다. 아버지의 사업은 안정적이었고 어머니는 집에서 고등학생들에게 수학을 가르치며 동년배 여성들이 엄두도 내지 못할 정도의 수입을 올리고 있었다. 중계동이 개발되자 어머니는 축적된

여유 자금으로 아파트를 구입하고 전세를 놓았다. 나와 내 동생은
엘리베이터가 있는 새로 지은 아파트로 왜 이사를 가지 않는지 불만을
표시했지만 어머니는 들은 척도 하지 않았다. 3단지에 살며 여유
자금을 갖고 있던 사람들은 기존에 살던 집을 팔고 근처의 한신아파트,
삼호가든 또는 중계동 등으로 떠났지만 어머니는 끝까지 3단지의 집을
팔지 않았다.

　그 시절에 어려움을 겪었던 사람들에게는 조금 미안한 이야기지만,
IMF 외환위기는 적어도 우리 가족에게는 달리는 말에 날개를 달아주는
사건이었다. 알부자였거나 알부자에 거의 도달하기 직전에 있었던
3단지의 이웃들이 쓰러지는 동안, 수출에만 주력하던 아버지의 사업은
황금기를 누렸다. 아버지는 달러 폭등으로 얻은 수익에 중계동 아파트를
매각한 돈을 합쳐서 잠원동 한신아파트를 구입했다. 그리고 마침내
우리 가족은 3단지를 떠났다. 물론 이 시점에서도 아버지와 어머니는
3단지의 집을 매각하지 않았다.

　3단지의 재건축이 결정되고 이주가 시작될 무렵, 수시로 방문하여
3단지가 어떻게 변하는지 지켜보았다. 아이들의 수가 급격히 줄어든
아파트 단지에서 가장 먼저 변화가 찾아오는 곳은 놀이터였다. 여름이
되고 큰비가 몇 번 오니 놀이터에는 어느새 풀이 사람 허리까지 높게,
그리고 발을 들여놓기가 망설여질 정도로 빽빽하게 자랐다. 방음 효과를
위해서인지 단지 주변에 주로 심어진 측백나무 역시 5층 아파트를
뒤덮을 정도로 자랐다. 나무 바로 옆의 아파트 주민들은 여름에 아예
창문을 열지 않는다고 했다. 측백나무의 무성한 잎 사이에 숨어 있는
엄청난 수의 모기와 각종 벌레가 밤이 되면 아파트를 덮쳤기 때문이다.

　모든 주민이 떠나고 철거가 시작되기 직전에 마지막으로 3단지에
들렀다. 철거를 위해 3단지에 있는 모든 세대의 문이 개방된 상태였다.
마치 의식을 치르듯이 모든 동에 들러서 각 동에 위치한 101호의

내부를 둘러본 뒤, 내가 살던 집을 마지막으로 방문했다. 나의 콘크리트 유토피아는 이것으로 마지막이라는 사실이 그제야 실감이 났다. 이후 철거가 진행되는 모습을 보러 몇 번 더 3단지였던 곳을 들르긴 했지만, 이미 그 시선은 재개발의 결과물을 기다리는 사람의 것이었을 뿐이다. 여담이지만, 내 본적은 원래 '주공3단지 340동 504호'였다. 3단지가 더 이상 존재하지 않는 지금, 본적은 '반포동 340-504'라는 아무런 의미 없는 표시로 바뀌었다. 얼마 전, 관련 서류를 발급받다가 우연히 본적의 표기가 바뀐 사실을 알고 나도 모르게 웃음이 나왔다. '실향민이 따로 없군.'

3단지의 재개발로 들어선 반포자이는 재건축의 혜택을 최대로 그리고 마지막으로 누린 곳이었다. 당시 입주권은 1가구 2주택으로 간주되지 않았다. 그리고 25평형과 16평형을 갖고 있던 사람은 아무런 부담금 없이 각각 두 배의 평형에 입주할 수 있었다. 여기에 만족하지 않는다면 추가 부담금을 내고 평수를 넓힐 수 있었다. 빚을 내서 여러 채를 구입하거나 90평이 넘는 펜트하우스를 신청했다는 사람들의 이야기가 심심치 않게 들려왔다. 그리고 2008년에 소위 '서브프라임' 사태가 터졌다. 빚을 갚지 못해 헐값에 아파트를 내놓은 사람들이 있는 한편, 조용히 이삭을 줍는 사람들도 있었다. 신중했을 뿐 아니라 여유 자금이 충분했던 아버지와 어머니에게는 아쉽게도 이야깃거리가 될 만한 일이 일어나지 않았다. 두 사람은 전혀 급할 일이 없었다. 분양받은 반포자이에는 양도세 부과 유예 기간이 끝나기 직전에 계약 만기가 되는 전세를 놓았다. 그리고 느긋하게 기다렸다가 적절한 시점에 기존에 살던 한신아파트를 만족스러운 수준으로 매각한 뒤, 오랜 숙제를 마친 듯한 홀가분한 기분으로 반포자이에 입주했다. 그날 아버지는 이렇게 말했다. "허허, 그러고 보니 우리는 새집에서 살아본 적이 없네."

'아파트는 전통적인 마을의 모습을 해체하고… 핵가족을

만들어내고…'라는 표현을 외울 정도로 보고 들으며 자랐지만, 과연
실제로 그러했는지는 의문이다. 아파트는 옛 마을을 밀어내고 그
자리에 들어섰지만, 콘크리트는 마을의 모습을 완벽하게 덮어버리지
못했다. 콘크리트로 이루어진 아파트 단지의 겉모습은 과거 촌락의
모습에 비하면야 상전벽해 그 자체였겠지만, 그곳에 사는 사람들의
삶의 모습은 옛 마을의 그것과 크게 다르지 않다. 단지 세대의 분포가
수평이 아닌 수직이었을 뿐이다. 하지만 아파트 외벽에 대리석이 붙고
단지 내 차도가 지하로 사라진 지금은 이야기가 다르다. 아파트는 더욱
견고해져서 그 안에 사는 사람들의 삶을 드러내지 않는다. 예전의
아파트에서 주차장은 주차 기능 외에 인접하는 아파트의 주민들이 서로
교류하는 로비의 역할을 하는 장소였다. 하지만 이제는 주차장과 차도가
지하로 숨겨진 덕분에 같은 동에 사는 사람들조차 얼굴을 마주치기
힘들다. 그래서 반포자이 단지 내의 밤길은 적막하기 그지없다. 예전의
유토피아를 기억하고 그리워하는 사람에게 이러한 풍경은 어색할
뿐이다. 하지만 텔레비전에서 아파트 광고를 하던 시기에 어린 시절을
보낸 사람들에게는 이것이 새로운 유토피아의 모습일 것이다. 어쩌면
지금은 유토피아라는 말 자체가 어울리지 않는 시대일지도 모른다.

당신이 사는 곳이 곧, 당신을 말한다?

아버지
1946년생

어머니
1960년생

본인
1984년생
여자, 미혼

미오

강남에서 태어나고 학창시절을 보냈으나 '우리 집'을 가져본 적은 없었다. 대학 생활을 하며 강북 정서와 지방 출신의 애환을 조금은 이해하게 되었고 그제야 더 이상 '없이 자랐다'는 말을 할 필요가 없다는 것을 알았다.

서울을 벗어나본 적이 없는 '서울 촌년'으로 20대 초반은 다양한 아르바이트를 통해, 20대 후반은 문화 쪽 일을 하며 도시의 다양한 모습을 봐왔다. 앞으로의 주거 가능성을 생각하면 아파트를 멀리 하는 것이 현명하지 않을까 하는 생각을 하며 산다.

"집이 어디야?" 눈앞에서 작업을 걸던 남자가 말한다. 머리를 굴린다. 솔직히 말해? 아니면, 왜 그런 걸 묻느냐고 타박할까? 이 남자, 좌파는 아니겠지? "아, 응. 강남 쪽." 말끝을 흐린다. 술을 몇 잔 더 먹는다. 다행히도 질문이 없다. 고등학교는 어디냐거나 아는 가게가 있다는 말은 다행히도 나오지 않는다. OK! 퇴갤하자. 만약 더 물었다면 강남에 살게 된 계기와 지금 살고 있는 아파트에 들어가게 된 사연(변명)에 대해 한 시간은 썰을 풀었으리라. 고속도로에서 시내로 진입하는 길에 세워진 아파트라 웬만한 '서울 사람'들은 내가 사는 아파트를 잘 안다. 특히나 운전하는 남자들이라면 더더욱. 누구나 아는 아파트에 산다는 것은 언제든 나에 대한 평가가 한 단어로 끝나버릴 수 있다는 것을 의미한다. 이것은 내가 사는 그 아파트와 나의 관계이기도 하다.

　술자리가 파할 시간. 집에 데려다준다는 남자 차에 얻어탄다. 부담스럽지 않은 것은 아니지만, 차비가 굳는다. 안전벨트를 매며 추억이 새록새록. 자동차 조수석에 앉으면 안전벨트를 매야 한다는 것을 나는 첫 직장에서 영업부장님의 차를 타고서야 배웠다. 이전까지는 자가용을 타고 움직여본 적이 없었으므로. 내 삶의 많은 것들이 이렇게 기묘하다. 강남에 살았는데 자가 주택을 소유해본 적이 없는 부모님, 브랜드 아파트에 살지만 가져본 적 없는 자가용, 알 만한 삶을 살 것 같지만 실상을 보면 또 그렇지도 않은 삶. 하지만 나는 내가 사는 아파트로 그것을 꾸며낼 수 있다.

　차창 밖으로 지나가는 풍경을 바라본다. 강변북로를 타고 다리를 건너서 대형병원을 지나 조금만 더 달리면 단지 앞이다. 행정구역상 서초구, 강남의 초입이다. 어느 날인가는 우연히 어느 모임에서 같은 단지에 사는 또래를 만난 적이 있다. 재건축이 되기 이전부터 살았던 것으로 보아 조합원 가구였을지도 모른다. 반쯤 반가운 마음에 "헬스장은 자주 가냐?"고 묻자, "한 번도 가본 적 없다."는 대답이 돌아왔다. 그때쯤 이 단지 주민들은 단지 헬스장 대신, 근처 호텔 피트니스 센터를 회원권을 끊고 다닌다는 기사를 어디선가 본 기억이 났다.

 "저기 내려줘." "어? 여기 사는구나." 남자의 시선이 호기심으로 바뀐다. 차 문을 힘껏 닫고 떠나가는 차에 시선 한 번 던지지 않고 횡단보도를 기다린다. 횡단보도를 건너 단지 안으로만 들어가면 경비실이 있고, 어둑한 길이긴 하지만 정비가 잘되어 있어서 전혀 위험하지 않다. 얼마 전부터 단지 모든 출입구에 경비 아저씨들이 배치되었다. 추운 겨울에도 전화 부스처럼 생긴 박스에 들어가 야광봉을 들고 있다. 인사를 해야 할지 말아야 할지도 모르겠는 어색한 진입로.

 이 단지로 이사를 오고 나의 주말 풍경은 지극히 '단지스러워졌다'. 아침에 일어나면 수영복 가방을 챙겨들고 단지 주민센터 안에 있는 수영장에서 수영을 한다. 헬스장을 이용하기도 한다. 사우나를 마친 뒤에는 단지 안에 활짝 핀 꽃들을 보며 집에 돌아온다. 누군가 근처에 오면 멀리 있는 카페에 가기보다 1층에 있는 '커뮤니티 센터'라는 이름의 카페로 부른다. 계산은 출입구 키로만 할 수 있다. 단지 설립 초기에는 카페에 메뉴도 훨씬 많았고, 일하는 언니들의 외모도 무척이나 인상적이었다. 커뮤니티 센터 앞으로는 광고에 자주 등장하는 대리석 기둥의 분수가 봄부터 가을까지 뿜어져 나온다. 키가 큰 유모차를 끌고 나온 엄마들과 옆에 어정쩡하게 서 있는 아빠들이 분수대 근처에 모여서 테이크아웃한 음료를 마신다.

 주민센터 지하 2층에는 골프연습장이 있다. 한 바퀴를 도는 데 30분이 걸리는 단지 산책로를 따라가면 여름에만 개장하는 어린이 카약장이 있다. 작년부터 이용객이 몰린다는 이유로 입장료를 받고 있다. 수영복을 입은 꼬마들이 튜브를 끌고 달려가는 그곳에는 "외부인 출입 금지"라는 푯말이 걸려 있다. 평화로운 이 단지의 광고 카피는 "당신이 사는 곳이 곧, 당신을 말해줍니다."였다.

나의 살던 고향은 강남

태어나 줄곧 강남에 살았지만, 소위 강남의 버블을 경험해본 적이 없다. 더 정확히 말하면 강남 아파트를 중심으로 한 대한민국의 경제 성장과 계층 이동의 마지막 광란의 파티를 옆에서 지켜보는 초라한 강남구민 중 하나였다. 나는 어린 시절 내내, 늘 궁금했다. 왜 사람들은 내가 사는, 그리고 내 눈에는 별것 아닌 '강남'을 외치는지, 그런데 나는 왜 '강남' 뒷골목에서 월세와 전세를 전전하며 살아야 하는지, 어째서 내 친구들은 늘 개포동이나 대치동으로 이사를 가거나, 강북에서 이사를 왔거나, 나보다 다들 잘살았거나, 왜 그들의 부모는 양옥주택을 허물고 다세대주택을 짓는지. 나는 내가 왜 강남에서 태어나 이렇게 살고 있는지를 설명할 방법을 찾지 못했다. 사람들의 말대로라면 당연히 한 번쯤은 우리 부모님에게 기회가 있었어야 했다.

　1984년생인 나는 태어난 곳마저 강남으로, 말하자면 내추럴 본 강남키드다. 46년생인 아버지에게 아직 개발의 손길이 닿지 않은 70년대 서울 변두리 강남구 삼성동은 상경한 가난한 청년에게 허락될 수 있는 '어쩌면 유일한 선택지'였다. 땅을 확보한 것도 아니었다. 얹혀살 집과 해야 할 일을 구한 것이 그나마 다행이었다. 가난한 살림이었기 때문에 나는 태어난 지 100일이 지나자마자, 할머니의 품에 안겨 경상남도 하동으로 내려갔다. 시골집은 아버지가 베트남전 참전의 대가로 받은 돈으로 마련한 것이었다. 할머니 손에 이끌려 다시 서울에 올라온 것은 89년, 내 나이 여섯 살 때였다. 당시 부모님과 친척들은 공장 부지를 겸하던 공터의 가건물에 함께 살고 있었다. 구청 공무원들은 망치를 들고 무허가 건물을 부수러 다니곤 했고 우리 집은 만만했다. 상수도 시설이 없어서 녹물을 받아 녹을 가라앉혀 사용했고, 주변 이웃들은 천막집, 소파 천갈이집, 낡은 화원 등이었다. 동네에서 가장 큰 건물은 교회와 유치원, 그리고 전 대통령 딸이 산다는 담이 높은 주택이었다. 그 집으로 공이 넘어가면 아이들은 공을 찾지 않았다.

집 근처에 크고 작은 건물들이 세워졌고, 우리 가족은 통보에 따라
대책 없이 쫓겨나야 했다고 한다. 살림을 들고 찾아간 곳은 목욕탕
건물 3층 여관, 보증금이 없는 대신 월세는 선불이었다. 낮에는 공장을
겸하던 공터에 세워둔 컨테이너 박스 안에서 컵라면을 끓여먹으며
동생과 놀았는데 방문판매 일을 하던 친척에게 반강제로 구입해야 했던
프뢰벨 유아 전집과 세계명작동화 시리즈와 성경이 유일한 놀거리였다.
목욕탕이 딸린 여관방은 이후 20년 동안 우리 식구가 살아본 집 중
유일하게 '욕조가 있는 집'이기도 했다. 욕조에서 철없이 놀던 시절
사진이 지금도 엄마의 보물 1호다. 사진을 찍을 수 있었던 건 당시
중동에서 일하고 돌아온 '포크레인 기사'로 일한 외삼촌이 귀국 선물로
자동카메라를 주었기 때문이었다. 카메라는 내 대학 입학 시절까지 우리
집 보물 1호였다.

여관방과 뒷골목

1990년 내가 초등학교 입학 직전, 우리 가족은 몇 개월의 여관 생활을
마치고 담쟁이가 자란 양옥주택의 지하로 이사를 갔다. 월세는 27만 원,
여관 월세와 비슷했지만 보증금 300만 원이 필요했다. 당시에는 부금의
3분의 1을 저축하면, 나머지 금액은 보증인을 내세워 주택대출을 받을
수 있었기 때문에 어머니는 여관방에서 벗어나기 위해 외삼촌을 보증인
삼아 셋방살이를 시작했다. 시멘트 바닥인 복도를 따라서 방, 부엌, 방,
부엌이 순서대로 나란히 있었기 때문에 부엌에 가려면 신발을 신어야
했다. 따라서 모든 생활은 단칸방에서 이루어졌다. 방 건너편 연탄
흔적이 벽에 새겨진 보일러실을 통과해 올라가면 시멘트 바닥이 나오고
여기 다시 담벼락에 붙은 낡은 화장실이 있었다. 씻는 것은 부엌 대야에
받아놓은 물을 사용했다.

그렇게 살아도 딸은 예쁘게 입히고 싶은 것이 부모 마음이다.

원피스에 레이스 양말을 신기고, 머리를 양쪽으로 따서 올린 입학날
사진의 나는 주인집 몰래 양옥 계단에 올라 서 포즈를 취했다. 집 근처
초등학교 바로 뒤에는 도서관이 있었고 입학식 날 어머니는 도서관
대출카드를 만들어주었다. 햇볕이 잘 드는 1층에 있던 어린이 열람실은
깨끗한 책상과 의자가 있었고 도서관에서 책을 읽을 때만큼은 근처
아파트에 사는 아이들이 부럽지 않았다.

1993년, 담쟁이 넝쿨이 있는 검은 벽돌의 집은 꽤 예뻤지만, 정원이
있는 양옥집을 가진 주인들 사이에서는 다세대주택으로 집을 새로 짓고
세를 받는 것이 유행이었다. 내가 사는 집도 예외는 아니었다. 집주인이
건물을 새로 짓기로 결심했고 우리는 바로 옆집으로 이사를 했다. 골목
초입이었던 그 자리에 새로 생긴 어색한 원룸 건물은 꼭 몬드리안의
추상화를 조잡하게 베껴놓은 것 같은 외관을 하고 있었다.

우리 가족이 이사한 집은 여전히 반지하였지만, 지상으로 노출된
창이 조금 더 커져 햇볕이 잘 들었고 뒷골목으로 나 있는 쪽문으로
드나들 수 있었으며 무려 공용으로 사용하는 거실이 있었다. 네 개의
방에 세 가구의 세입자들이 나누어 거주했으며 거실의 양쪽 모서리에는
각 가구의 싱크대가 있었다. 하수도 시설은 형편없어서 세탁기를
돌리고 나면 종종 역류하는 물이 거실 바닥을 가득 채우곤 했다. 안방과
작은방에 보증금 500에 월세 50을 지불했다. 이번에도 늘어난 보증금은
주택부금과 외삼촌 보증으로 대출을 받아 해결했다. 덕분에 초등학교
3학년이었던 나는 생전 처음으로 내 방을 가질 수 있었다.

삼성동에서 자영업을 하던 사람들 중에는 개포동 아파트로 이사를
가는 사람들이 있었다. 누군가는 집을 사고팔고를 반복하며 이사를
다닌다고 했다. 목사님은 교회를 지어야 한다며 자기 집을 싸게
내놓는다는 소리가 들렸다. 내가 스스로 학교에 갈 수 있는 나이가 되자
어머니는 식당 파출부 일을 다니기 시작했다. 드디어 보증금을 모아

'집다운 집'으로 이사를 갈 때, 우리가 살던 방에 들어온 세입자들은
동남아 계열의 외국인 노동자들이었다. 스스럼없이 사람들과 말을 하는
성격이라 어쩌다 한국에 왔냐고 물었던 적이 있는데 그들의 대답은
"우리는 고향에서 대학까지 나온 엘리트다."였다.

IMF 외환위기 직전, 전세로 갈아타다

1998년, 우리 가족은 우리가 살던 골목 안쪽에 지어진 신축
다세대주택으로 이사를 했다. 처음으로 '현관을 열고 들어가면 우리
식구만 쓰는 집이 나오는 구조'에 살 수 있게 되었다. 골목 안에서 이사를
다닌 이유는 복비 때문이었다. 이사 비용도 안 들었다. 한 개의 적금이
만기를 찍고 또다시 주택부금 통장의 납입액이 3분의 1을 채웠을 때
이사를 했고, 외삼촌들은 또 서울로 올라와 보증인 서류를 건네주었다.
당초 계약은 월세였으나 IMF 직후 세입자들이 들고나면서 목돈이
필요했던 집주인은 7,000만 원의 전세로 계약을 바꾸어주었다. '전세
전환'이 가능하다는 주인집의 대답이 온 날, 부모님은 서둘러 발걸음을
하셨다. 다달이 나가는 월세를 너무 아까워했던 어머니는 전세는
월세와 다르게 나중에 이사할 때 그대로 돌려받는 돈이라고 나에게
가르쳐주었다. 나는 친구들에게 "니들은 전세가 뭔지 모르지~?"라고
자랑을 했었다.

   집은 302호였다. 전세로 바뀌었을 뿐 아니라 지상 생활의 시작이기도
했다. 방은 두 개였지만 거실 한쪽에 미닫이로 닫혀 있어 이 공간을 동생
방으로 썼다. 깨끗한 새집으로 이사를 했기 때문에 내 방에는 색깔을
맞춘 침대와 옷장, 책상이 들어갔다. 옆집에는 같은 반 남자아이가
살고 있었다. 한번은 우리 집에 청소기를 빌리러 왔길래 없다고 말하자
그 아이는 크게 당황스러워 했다. 아버지의 월급이 크지 않았기
때문에 어머니는 식당 파출부 일을 그만두시고 당시 일을 소개받던

직업소개소가 싸게 나오자 인수를 했다. 파출부에서 소장이 된,
입지적인 커리어의 어머니는, 지금도 식당 호출에 사람을 맞추지 못하면
본인이 작업복을 챙겨나가 일하고 오는 분이다. 부모님은 부지런히
적금을 부었고, 만기가 되면 곧바로 대출금을 갚은 뒤 다시 새로운
적금을 드는 식으로 통장을 돌렸다.

　　2002년, 집 근처에 있던 큰 상가 건물의 건물주가 죽었다. 다른 집
열 개는 합칠 땅이었다. 아들들이 재산 싸움을 벌였고, 큰 주상복합이
들어선다는 소문이 들렸다. 뒷골목 풍경이 많이 바뀌었고 어머니의 일은
안정권에 접어들었으며 나는 대학에 붙었다. 그러나 전세금에 그동안
모아온 가계저축을 더해도 이 동네에서 새로 이사를 갈 집을 찾기가
쉽지 않았다. 결국 우리 가족은 출석 교회 인근 상가 건물 5층으로
이사를 했다. 엘레베이터가 없었는데 그 때문인지 어머니는 이곳에 살며
무릎이 많이 망가졌다고 지금도 말씀하신다. 방은 다시 두 개가 되었다.

　　나는 대학생이 되면 나가 살기로 했기 때문에 부모님이 주신 2,000만
원으로 조금도 망설이지 않고 학교 근처에 반지하 전세방을 구했다.
벼룩시장을 뒤져 찾아간 곳들은 하나같이 허름했다. 금액을 맞추다
보니 어쩔 수 없었다. 그나마 고른 집은 반지하였지만, 현관을 같이
쓰는 것 외에는 독립적인 형태로 방 안에 화장실과 부엌이 있었다. 살던
분이 결혼을 하며 나간 것이라 몇 가지 낡은 가전제품을 쓸 수 있기까지
했다. 모든 가구는 낡은 나무였고, 화장실도 세면대 없이 변기 하나 꽉
차 있었고, 부엌에 있는 세탁기와 싱크대 사이에는 한 명이 서기에도
비좁았지만 나는 그저 좋았던 것 같다. 집을 계약한 날, 내가 가족들
집에서 들고 나온 건 이불 하나와 전기 난로였다. 나는 살림도 없는 휑한
집을 청소하고 가운데 난로를 켜놓고 이불을 덮고 천장을 바라보며 잠이
들었다. 드디어 내 집이 생겼다. 내 한 몸 둘 곳이, 부모님과 다른 공간에.

공동 주거라는 실험

연희동에서도 무척 싼 편이었던 6평짜리 자취방은 허름했다.
바퀴벌레나 심지어 쥐가 나오기도 했지만 버스 정류장이 가까웠고
빨래를 옥상에 널 수도 있었고 관리비도 따로 없었으며 주인이 방세를
올리지 않았다. 자취 조건 중 하나는 서울에 있는 본가에 주말마다 들를
것이었다. 토요일 느즈막하게 집에 들러 저녁을 먹고 일요일 예배를
드리고 오후에 자취집으로 돌아올 때면 시집간 딸처럼 이것저것 가득
챙겨오고는 했다. 그래도 열심히 산다고 생각해서인지 부모님은
하나라도 더 챙겨주었고, 가끔은 아쉬운 구박을 당하기도 했다. 그렇게
3년을 살았다. 계속 그렇게 살 수는 없었다. 자취 생활로는 삶의 질이
보장되지 않아 '계속 이렇게 살아야 하나.'라는 생각만 들었다. 자취를
하는 이들끼리 저녁을 챙겨먹던 어느 날, 여럿이 살면 비용을 줄일 수
있겠다는 결론에 이르렀다.

　내 보증금에 나머지 친구들의 월세를 합쳐서 보증금 2,000만 원에
월세 50만 원 이상의 집들을 알아보기 시작했다. 방 세 개인 그럴싸한
빌라도 월세를 나눠낸다면 괜찮을 것 같았다. 우리의 선택은 학교
후문에서 가까운 큰 단독주택의 방 세 개짜리 반지하였다. 주인에게
사촌 사이라고 간단히 설명을 한 뒤에 계약을 맺었다. 공과금은
나눠냈고, 한 달에 한 번 정도 모래내 시장에 가서 장을 봤으며, 함께
음식을 해먹었고, 서로의 서가에서 필요한 책을 빌리기도 했다. 각자의
방이라는 개인 공간은 프라이버시도 보장해주었다. 하우스메이트라는
생활은 생각 이상이었다. 살던 비용으로 똑같이 살면서 좀 더 넓은
집과 깨끗한 생활을 할 수 있었고, 가사노동은 나눠서 이루어졌으며,
가전제품도 한 개만 구입하면 되었고, 외롭지도 않았다. 다만 이 경우
상호 신뢰가 있는 관계여야만 하는데, 실제로 공동생활은 서로를
친하게 만들어주기보다는, 일종의 집단생활을 훈련하며 '남과 산다는

것'의 진짜 의미를 깨닫게 해주는 점이 분명 있기 때문이다. 실제로 이 주거 공동체는 1년의 동거 이후 각자의 사정으로 뿔뿔이 흩어졌으나 모두 혼자 살기보다는 또 다른 하우스메이트를 택해 2인 주거 형태를 만들었다. 물론 대학 주변이라는 특수한 환경이었기에 허락될 수 있었던 것이기도 했다.

다세대주택과 아파트

우리 가족이 전세금 4,000만 원을 더해 어머니 사무실 근처의 다세대주택으로 이사를 한 것은 2006년, 내 나이 스물세 살 때 일이었다. 나는 여전히 주말에만 집에 가는 생활을 하고 있었다. 자취집에서 가족들 집까지 가는 버스가 있었는데, 내가 입학하기 전에는 이 버스가 강남과 신촌을 잇는 노선으로 '꽃마차'라고 불렸다고 한다. 개포동, 삼성동, 압구정동, 신사동을 거쳐 한남동, 중앙극장, 시청, 아현, 이대, 신촌을 지난다. 명동과 신촌이 유명한 가운데 로데오 거리가 떴고, 가로수길이 유명해졌으며, 한남동이 요샌 '힙'하다. 나는 이 버스의 거의 종점에서 종점까지를 타고 다닌 셈이다. 서울 시내 대중교통 요금 체계가 바뀌기 전이라 나는 기본요금으로 뽕을 뽑는 승객이었다. 이동 중에는 주로 버스 제일 뒤칸 구석에 앉아 책을 읽었다. 그 덕분에 대학 때 읽은 책의 양이 적지는 않은 편이다.

　전세금이 또 올라가자, 매학기 신청했던 가계곤란장학금을 더는 신청할 수 없었다. 이사 간 집은 좁지만 베란다가 있어서 여태 살았던 집 중에 가장 집다운 모양새를 하고 있었다. 하지만 소파와 식탁을 둘 공간은 없어서 텔레비전은 안방에 두고, 식사는 상을 차려 방으로 들고 들어가야 했다. 이사 간 집 근처 아파트 단지들은 모두 재건축을 통해 새로운 브랜드 아파트로 변신하고 있었다. 부모님은 청약 통장을 만들어놓았지만 어디에 써야 할지 몰랐다. 그나마도 청약 부금이어서 아예 임대주택에 사용 가능한 청약 저축에 비해 쓸 데가 없었다.
어머니는 아파트들을 올려다보며 한숨을 쉬었다. 영원히 우리는 저런
집에 살 수 없을 거라는 생각이 들었다. 어머니는 가벼운 우울증을
앓았고 더 이상 적금을 들지 않았다. 만기가 되어도 대출금을 갚을
필요도, 이사 갈 집도 없었기 때문이다.

    당시 부동산을 알아보다가 4인 가족이 살 만한 어엿한 방 세 칸짜리
전셋집이 이제는 너무나 희귀한 물건이라는 걸 깨달았다. 어머니는
이때 우울증을 앓았다. 대형마트에 들러 장을 보다가 바로 옆에 지어진
재건축 브랜드 아파트들을 올려다보며 한숨을 쉬었던 기억이 난다.
"우리는 저런 곳에 영원히 살 수 없나 봐." 이건 내가 마치 백수 시절,
지나다니는 사람들을 보며 했던 생각과 똑같았다 '이렇게 많은 사람들이
일을 하는데, 나를 위한 일자리가 하나 없는 걸까?' 누군가 계층 상승을
한다는 것, 누군가 무엇을 가진다는 것은 다른 이의 상대적 박탈을
의미한다. 그렇기에 한국 사회에서 누군가가 중산층에 진입했다면
누군가는 박탈당하고 있고 소외당하고 있는 것이 아닐까. 가장 집다운
집에 가까워진 시점, 우리 가족이 깨달은 것은, 여기서는 '꽤나 많은
금액을 증액하지 않으면' 남들처럼 살 수 없다는 것이다. 그 좌절의
문턱에서 우리 가족은 중산층이 될 수 없음을 받아들이기로 했던 것이
아니었을까, 돌아보면 문득 그런 생각이 든다.

시프트에 당첨되다

노무현 전 대통령이 자살한 2009년 여름, 나도 내 인생의 격변기를 맞고
있었다. 전 대통령의 노제 행렬 사이에 멍하니 서 있던 나는 면접을 본
회사로부터 취업 확정 소식을 들었다. 삼수를 하던 동생은 내가 다녔던
대학교에 붙어 부모님에게 기쁨이 되었고. 연초 아버지가 알아보라
해서 서류를 넣었던 '강남 재건축 아파트 시프트'에 당첨되기까지 했다.

모두 그해 상반기에 일어난 일들이다. 아버지는 "다 이루었다."며 60대
중반인 자신의 인생에 대해 회한에 젖기도 하셨다.

　시프트는 서울시와 SH공사가 주도하는 사업으로 주변 시세보다
저렴한 장기 전세 임대주택을 말한다. 그해에는 강남 재건축으로는
엄청난 물량을 가진 서초구의 반포 자이와 반포 래미안 단지 등이
공고로 올라왔는데 대단지의 가장 작은 평수에 청약을 넣었다.
예정되었던 시프트 입주자를 위한 모델하우스 공개는 교통대란을
이유로 전날 취소되었다. 홈페이지에 나와 있는 '입체 평면도'를 몇 번
돌려보았으나, 아파트에 살아본 적이 없어서 딱히 상상을 하는 것의
의미는 없었다. '공급 수량'이 적힌 표를 보고 결정했다. 본능적으로
A보다 B모델, 연세 드신 분들이 넣는다면 B모델이 경쟁률이 더
낮으리라 따위.

　평수와 타입에 따라 정확히 수량이 배정되었는데, 자세히 공고를
들여다보니 제법 가능성이 있어 보였다. 몇 가지 추가 가점 항목이
있는데 20년 이상 서울 거주(5점), 무주택 20년 이상(5점), 세대주 나이
50세 이상(5점), 부양 가족 수 4인(5점) 등 우리 가족이 만점에 해당하는
항목이 많았기 때문이다. 공급 형태는 일반공급과 특별공급으로
나뉘는데 특별공급은 △신혼부부 △전년도 도시근로자 가구당
월평균소득 70퍼센트 (2009년 기준 가구원 월소득 299만 3,640원) 이하
(전용 59제곱미터에만 해당) △3자녀 이상 가구로 나뉘었다. 당시 나는
월급이 턱없이 적었고 어머니의 수입은 소득으로 분류되지 않았다.
그해 해당 단지의 청약 경쟁률은 최고 150대 1이었고 우리는 특별공급
전형의 도시근로자 월평균소득 70퍼센트 이하로 청약을 넣었다. 저소득
도시근로자 특별공급 전형은 59제곱미터 세대만 청약이 가능했기
때문에 평수를 고민할 필요는 없었다.

　결과적으로 내가 대학에 합격한 이후 집안의 가장 큰 경사였다.

친척들로부터는 딸내미 똑똑해서 집도 잘 들어갔다는 말도 들었다.
전세금의 10퍼센트에 해당하는 계약금은 한 달 안에 마련해야 했고 계약
장소에는 전세금의 90퍼센트까지 대출이 가능하다는 장기 전세 전용
대출 상품을 안내하는 은행 부스들이 있었다. 당첨과 동시에 부모님은
살던 집을 내놓았고 대출을 받았으며 나는 자취방을 정리했다. 아무리
시프트라지만 살던 집 전세보증금의 두 배에 달하는 돈이었기 때문에,
내 전세방 보증금도 빼서 맞춰야 했고, 슬슬 직장 생활 등을 이유로 집에
들어가 살아보는 것도 나쁘지 않겠다는 '판단'이 섰던 때였다. 운이
좋았다. 주변 사람들은 로또에 당첨된 것이나 다름없다며 축하해주었다.

　　낯선 동네로의 이사를 준비했고, 배정된 동은 역에서 가까웠다.
입주 전 혼자 몇 번을 아파트 단지에 찾아왔던 어머니, 동네 목욕탕
아저씨들과 더 이상 인사를 주고받을 수 없게 된 아버지, 9호선 개통
전까지 출근길이 애매해 계산이 안 나온다고 생각하며 출근길 동선을
짜던 나, 고등학교 친구들 일하는 곳과 가깝다며 좋아했던 동생. 모두
그렇게 새로운 동네에서의 새출발을 상상했다. 나이 스물여섯에 처음
살게 된 아파트, 놀러라도 가면 그토록 신기했던 아파트, 한 번도 나의
서사였던 적이 없는 아파트. 그렇게 '멀쩡한' 아파트가 내게로, 우리
집으로 왔다. 이렇게 우리도 드디어 아파트에 살 수 있게 되는구나!

모든 것은 그대로인데

2억 3,000만 원의 전세금을 마련할 수 있으나 월 소득이 300만 원 이하인
무주택 가구, 그러면서도 시프트 공고를 확인하고 특별공급 물량을
파악해 타입을 정해 청약을 넣을 수 있는 가구는 많지 않다. 이것이
바로 당첨의 비결이었다. '20년 이상 서울에 거주한 50대 넘은 무주택
세대주'라는 만점 기준은 사실 경제적 무능력의 증거일지도 모른다.
하지만 강남에 20년 넘게 살면서 땅 한 평 소유하지 못했던 아버지의
평생 무주택 전략은 결과적으로 옳았다.

　　우리 가족이 단지의 새로운 생활에 적응하며 '삶이 급속도로 안정화되던 시절', 친구들의 아버지는 조기 퇴직을 했거나 이혼을 했으며, 선후배들은 학자금 대출을 받아야만 했다. 명절은 기본적으로 우리 집에서 치르는 것으로 공식화되어 있고, 성향상 그런 분들이라 어떤 의미에서 이건 부모님의 기쁨이기도 했다. 아파트에 거주하면서 부모님의 일상은 꽤 즐거워 보였다. 특히 어머니는 혼자 수영 강습을 다니고 매일 단지를 산책하며 설교 영상과 간증을 들으러 다니셨다. 그래도 여전히 장을 볼 때는 근처 재래시장을 이용한다. 매일 사우나에 가는 습관이 있는 아버지는 이제 관리비에 기본 포함된 사우나 시설을 가장 잘 본전을 뽑는 입주민의 반열에 올라 있을 것이다.

　　시프트 계약은 2년마다, 최장 20년까지 갱신 가능하다. 아버지의 나이가 70을 바라보다 보니, 어쩔 수 없이 입주 이후 내가 살펴본 이슈는 크게 두 가지다. 첫 번째는 당첨자인 아버지의 사망 시 퇴거 조치되느냐의 여부다. 관련 법 조항에 따르면, 상속이 되며 최장 20년 거주가 가능하다. 두 번째는 재계약 시점마다 '도시근로자 평균 소득 70퍼센트'를 유지해야 한다는 것이다. 동생이 월급쟁이 생활을 시작하거나, 내 월급이 오르는 순간 방을 얻어 나갈 준비를 늘 하고 있다. 그건 그 나름 '괜찮은 일'이다. 매해 '도시근로자 평균 소득'을 국가가 정하는 것도 아니고, 네이버를 통해 확인해서 맞춰보라는 시프트 담당자의 말이 야속하긴 하지만, 내 월급이 '도시근로자 평균 소득의 70퍼센트를 넘는다'는 것은 내가 그토록 원하던 중산층으로 진입 가능한 삶을 향한 최소한의 물적 기반을 갖췄음을 의미하는 것이리라. 그래서 괜찮다.

　　주변 시세보다 저렴하다지만 재계약 때마다 한계 인상률인 10퍼센트가 인상되었다. 아직 10년 넘게 남았다. 그때쯤엔 이 아파트도 그렇게 '힙한'곳은 아니리라. 하지만 이따금 여러 생각이 들곤 한다.

그때 우리 집은 돈을 얼마나 쥐고 있을까? 그때까지는 또 얼마나 저축을
해야 할까? 그런 생각을 할 때마다, 20여 년 전 친척들과 통화하면서
언제나 "영동입니다."라며 말문을 열던 아버지의 젊은 시절 모습이
떠오른다. 영등포의 동쪽이라는 뜻. 허허벌판이라며, 누가 그곳에 가서
사냐는 말을 들었던 이들이 이주한 곳. 강남에서 30년을 살았다고 하면,
그 시기 반포, 잠실로 대거 이주한 성장기의 경험을 가진 어른들을
만나곤 한다. 그러면 나는 생각한다. '아, 이들은 그런 이들이구나. 같은
강남에 살았어도 나는 그들과 다르다. 그리고 달라야만 했다.'

2000년대 후반 글로벌 금융위기로 진짜 저성장 시대에 들어가던 때,
내 친구들의 부모가 몰락했을 그때, 유감스럽게도 그 자녀들은 취업
시장에 데뷔해야 했다. 특별히 높은 안정성을 가지고 있지 않았다면 이
시기에 사람들은 빠르게 암초에 부딪쳤다. 그렇게 많은 이들이 아파트의
'흥망사'를 쓰는 동안, 우리 가족은 늘 그랬듯 누군가가 보면 답답할
속도로 조금씩 앞으로 나아갔다. 그리고 마침내 '아파트'라는 여건이
허락되는 순간, 그것이 비록 기묘한 구조였을지 몰라도 우리 가족은
'중산층의 모양'을 갖게 되었다.

소비수준은 물론 삶의 양식까지 여전히 삶의 많은 영역에서
중산층처럼 살고 있진 않다. 심지어 그런 것을 흉내 내고 싶은 마음도
별로 없다. 타고난 근면과 성실, 보수적인 나름의 기준을 지켜나가시는
부모님과 사는 것은 그래서 쉬운 일은 아니지만, 어떤 일상성과 내 삶의
기준을 만드는 데 분명히 도움이 되는 점이 있다.

아파트 흥망사와 우리 부모

사회 계층을 올리기 위해 어떤 이들은 기꺼이 자신의 인생을 내걸어야
했다. 베트남전 참전이 그랬고, 중동 파병이 그랬다. 그리고 그
대가가 서울의 아파트였고, 그 시기 붐을 잘 타면 아파트는 보상이

되어 돌아왔다. 그러나 우리 집에 한정하면, 베트남전에 참전했던
아버지와 중동 파병을 다녀온 외삼촌은 모두 중산층이 되지 못했다. 늘
상대적으로 가난하다고 생각했지만 아파트에 입주하고서야 아버지가
가부장으로 무능력하지 않았다는 사실을 깨달았다.

    엄마 한탄의 한 버전은 "나 어릴 때 베트남전 다녀온 사람들은
어마어마하게 금의환향했어."였다. 두 번째 기회가 엄마에게 있었으나
역시 별반 다르지 않았다. 미용실을 들락거리던 아줌마들이 빠르게
개포동 아파트로 이사를 다니며 집을 넓혀가는 것을 보면서도 엄마는
선택하지 못했다. 가출해 가발공장 기숙사에 살며 대학까지 독학으로
공부한 엄마도 그건 넘어서지 못했다. 세 번째 기회는 강남 그 자체였다.
재건축 붐이 일었을 때 나는 매일 같이 뉴스 헤드라인에 나오는
아파트들 사이에서 통학을 하고, 학원을 다니고, 떡볶이를 먹으러
다녔다. 거주지는 강남의 행정 중심지였고, 학교는 강남 8학군이었다.

    20년을 내리 강남에 살며 우리 집이 얻은 것은 '가계 소득 하위 가구',
즉 하류 계급이라는 딱지였고, 덕분에 그 딱지를 이용해 강남의 재건축
아파트에 당첨되어 살고 있는 셈이다. 의도하지 않았겠으나 부모님의
무주택 전략은 훌륭했다. 애매하게 저축한 돈으로 자신들의 노후와
자식들의 등록금을 위해 자영업을 시작하거나, 뒤늦게 부동산 거품의
막차를 타지 않았다는 것에 나는 이제 주저 없이 부모를 존경한다
말할 수 있다. '배운 것 없어도 시대의 파도에 흔들리지 않고 스스로를
지키고자 했던 소시민의 현명한 지혜 또는 필연적 전략'이었다.

    우리 부모는 강남이 개발되며 쫓겨났다가, 견뎠고, 모른 척했으며,
발버둥쳐야 할 때쯤 그냥 나이가 들어버렸다. 그리고 다른 방식으로
그것은 돌아왔다. 내 세대에게 전가된 시대는 바꿔놓을 기회조차 없는
몰락한 사회일 것이다. 나는 그런 점에서 이른바 386세대보다는 우리
부모의 삶에 대한 태도를 일상 면에서는 신뢰하는지도 모른다. 강남에

살며 언제나 허락되지 않았다고 생각한 그토록 갖고 싶던 '문화자본'이 이제는 그렇게 의미 있는 것이 아님을 안다. 쉽지 않았지만 우리 부모가 나에게 삶으로 증명해준 것이 바로 그것임을. 그 결과가 우리 가족에게는 아파트임을. 적어도 나는 이 아파트에 사는 동안 이 사실을 잊지 않을 것 같다.

어떤 사교육 키드의 생애

아버지	**어머니**
1949년생	1951년생
	본인
	1979년생
	여자, 비혼,
	다큐멘터리
	제작자

강유가람

여성주의 문화기획집단
'영희야놀자'에서 다큐멘터리를
제작하고 있다. 은마아파트를
배경으로 한 사적이지만, 사적이지
않은 가족 다큐 〈모래〉를 제작했다.
다큐멘터리 제작만으로는 생계
유지가 어려워 각종 촬영, 영상
제작 아르바이트를 병행 중이다.
지속가능한 독립영화 제작 환경과
네트워킹에 관심이 많아서 '신나는
다큐모임'에서도 활동 중이다.

가족의 탄생

아버지는 내가 어머니의 뱃속에 있을 때, 1979년 첫 중동행을
선택했다. 사우디아라비아라는 낯선 나라였다. 그 시절 중동행을
선택한 '아버지'들은 대부분 내 집을 마련하겠다거나 혹은 가족을
건사하겠다는 목표를 가지고 있었다. 아버지는 첫 출국 후 1년
동안 한국에 오지 못했고, 그 이후 어머니는 아버지가 중동에서
일하시는 동안 혼자서 나를 낳은 설움에 대해 종종 토로하곤 했다.
그때부터였는지 모른다. 혼자서라도 이 아이를 잘 키워내겠다는 강렬한
의지가 어머니에게 생겼던 것은. 서울 공릉동 시집에서 계속 부대끼느니
이혼을 불사하겠다는 편지를 보낸 후, 결국 분가를 하여 어린 두 딸을
혼자 키웠던 어머니는 알뜰한 '부인' 역할과 현명한 자녀 양육자로서의
'어머니' 역할을 얼마나 자신이 잘 수행하고 있는지, 아버지에게
주기적으로 편지를 써서 알렸다. '여보 이번 달 월급 얼마 적금통장에
넣었고, 얼마는 이렇게 처리했어요. 그리고 아이가 벌써 말을 해요.
주변에서 칭찬이 자자해요.' 어머니는 그 시절 내게 끊임없이 책을
읽어주었다고 꽤 여러 번 강조해서 말씀하셨다.

　　한편 낯선 타지에서 군대식이나 다름없는 근무 생활을 했던 원조
'기러기 아빠'들을 염려해서인지, 아버지의 회사에서는 가정문제의
고충을 상담해주거나 가족을 방문해주기도 했다고 한다. 그 가정문제란,
말하자면 남편이 피땀 흘려 번 돈을 춤바람으로 날려버리는 부인들에
대한 것이었다. 이런 일들이 꽤나 종종 일어났는지, 언론에 가끔 기사가
실리기도 했다. 하지만 우리 가족은 2년 동안 아버지의 월급을 알뜰히
모은 어머니 덕에 신혼이었음에도 약간의 융자를 끼고 1,800만 원에
성북구 장위동의 한 빌라를 장만할 수 있었다. 아주 좁은 마당과 방 두
칸이 있던 25평 정도의 그 집에서 방 하나를 우리 가족이 쓰고 작은
방 하나는 전세를 내주었다. 당시 전세를 살던 부부 역시 모녀만이

살고 있었고, 아버지는 부재했다. 아마도 우리 집과 비슷한 사정의
가족이었을 것이다. 아버지는 2년간의 중동 생활을 마치고 한국에
돌아왔지만, 1년 만에 다시 중동행을 선택했다. 그 사이 동생이
태어나고, 어머니와 나와 내 동생 세 명이 사는 생활이 이어졌다.

　아버지가 없었기 때문에 더더욱 자식을 잘 키우고 싶었던 어머니의
교육열은 각별했다. 없는 살림에 피아노에 미술, 수영까지 가르쳤다.
가끔 나는 어머니가 오늘은 잘 했냐고 물어보면 어머니에게 잘 보이고
싶어서, 무서워하던 수영 실습을 잘한 척하며 거짓말을 하기도 했다. 곧
그 거짓말은 다른 친구의 어머니 덕에 곧 들통 나버리긴 했지만 말이다.
내가 다섯 살 무렵 아버지는 중동에서 돌아왔고 경상도로 발령을
받았다. 어머니는 곧 서울 생활을 청산하고 아버지를 따라 경상도 행을
선택했다. 처음 경상북도 의령에 가서 살 곳을 구하면서 잠시 머무른
여인숙에서 어머니는 깊은 한숨을 쉬었다. 쉴내 나는 이불을 덮고 누런
벽지를 멀뚱히 쳐다보던 나는 오랜만에 만난 아버지가 낯설 뿐이었다.
이후 서울 장위동 빌라는 관리의 어려움도 있고 번거롭다는 이유로
팔아버렸는데, 나중엔 집값이 굉장히 올라 아버지가 안타까워했다.
하지만 언제나 한 발씩 뒤늦은 것이 부모님의 재테크 역사였다.

중심을 향한 욕망

1985년, 내가 다섯 살이 되던 해에 시작된 의령에서의 생활은 가족
모두에게 낯설고 거친 것이었다. 공사가 곧 끝나면 이사해야 하니 굳이
집을 살 필요가 없다고 생각했던 아버지와 어머니는 살 만한 셋집을
구했다. 그렇지만 지역의 셋집들은 다 열악했다. 첫 번째로 살게 된 집은
주인집과 함께 마당을 공유하는 단칸 셋집이었다. 화장실은 푸세식이고,
비만 오면 마당에 물이 넘쳐나서 실지렁이들이 꾸물댔다. 그 후 2층
옥탑방을 거쳐, 다시 1층의 두 칸짜리 셋방으로 이사를 갔지만 화장실이

100미터나 떨어져 있는 집이었다. 아버지는 다리나 댐, 도로를 놓는
건설 현장을 계속 돌아다녔고, 난 초등학교 4학년 때까지 경상도 내에서
전학을 세 번이나 하게 되었다. 그렇지만 봄에는 쑥을 캐고, 여름이 되면
개울에서 물놀이를 할 수 있어 내겐 그럭저럭 즐거운 유년시절이었다.
정신없이 놀던 나와는 다르게 어머니의 관심은 언제나 서울을 향해
있었다.

당시 서울에서는 소위 '8학군'이라는 것이 주목을 받으며 그 지역을
중심으로 사교육 열풍이 불고 있었다. 8학군의 역사는 정부가 강북의
명문 고등학교들을 이전하던 1970년대 중반 이후로 거슬러 올라간다.
교육 여건이 좋아지고 새로운 아파트 단지에 중산층이 유입되면서
강남의 역사는 그렇게 형성되고 있었다. 내가 산과 들을 뛰어노는 동안
압구정동에 사는 친척 언니들이 학원을 바삐 다니고 있다는 것을 알게
된 어머니는 내게도 그런 교육을 시키고 싶어 했다. 덕분에 나는 방학
동안만 서울 압구정동 친척집에 살면서 한 달씩 학원에 다녔다.

그것이 내가 처음으로 아파트라는 공간에서 머물렀던 시기였다. 아주
어렸을 때 어머니 친구 아파트 단지에서 길을 잃은 적이 있어 공포의
대상이었던 엘리베이터는 신기하고 편리한 기계로 느껴졌다. 10여
층 높이의 아파트는 꿈의 공간이었다. 집 안에 화장실이 두 개나 있을
수 있다는 사실이 놀라웠고, 창밖으로 보이는 한강 고수부지는 내가
놀던 개울에 비해 고급스러운 느낌을 주었다. 아파트 단지 내에는 상가
건물이 있어서 모든 것이 편리했다. 그 상가 건물에 다양한 학원, 스포츠
센터, 수영장도 있었다. 그 무렵 아주 어렸을 때 배웠던 수영을 다시
배우면서, 나도 이런 곳에서 살고 싶다고 친척언니에게 이야기했었던
것 같다. 하지만 한 달은 금세 지나갔고, 나는 어머니가 서울로 오면
함께 버스를 타고 의령으로 돌아와야만 했다. 그 무렵 어머니는 주산
학원과 피아노 학원만 있는 의령에선 뭔가 안 되겠다고 생각했던 것

같다. 어머니는 '서울'에서의 삶을 다시 꿈꾸고 있었다. 하지만 아버지의 월급은 지역에서 근무할 때가 더 높았고, 부모님은 고심 끝에 결국 주말부부 생활을 선택했다. 가장 큰 이유는 교육이었다. 나의 네 번째 전학지가 드디어 서울이 되었다.

강남 8학군 아파트 단지로 입성하다

서울 어디로 이사할 것인지를 결정하는 어머니의 기준은 첫째도 자식들 교육, 둘째도 교육이었다. 우선 송파구 쪽을 돌아보던 어머니는 결론적으로 개포동 주공아파트를 선택했다. 다행히 아버지의 예전 회사 동료와 친구 분이 그 근처에 살고 있다는 점 때문에 아버지도 안심할 수 있었고 내심 만족하셨던 것 같다. 사실 아버지는 집을 사고 계약하는 주체이자 결정권자였지만, 그 이면의 여러 가지는 어머니가 대부분 결정했던 것 같다. 처음으로 살게 된 그 주공아파트는 15평으로 1989년 당시 전세가가 2,000만 원이었는데 아파트에서 처음 살아보는 나에겐 궁궐이 따로 없었다. 당시 개포동 주공아파트에는 연탄보일러가 설치되어 있었다. 그래서 겨울엔 연탄을 갈아야만 했지만 5층 높이의 단층 아파트 단지는 깔끔하고 생활하기 편리했다.

　대략 7~8년 만에 서울로 돌아온 어머니는 발 빠르게 동네에서 가장 사교육통인 아주머니와 친구가 되었다. 영어 동화책 읽기부터 시작하여 초등학교 6학년 때까지 내가 받은 사교육은 무려 여섯 가지였다. 어머니는 노인정에서 새벽에 여는 한자교실에 다니라고 했고, 말주변이 없는 내가 좀 더 사교적이 되었으면 좋겠다는 바람으로 웅변학원에 등록시켜주었다. 그리고 과학교실, 피아노 교습과 미술과외를 받았다. 눈높이 영어와 수학은 기본이었다. 압구정동에도 있었던 상가 단지가 개포동의 거대한 주공 단지에도 있었다. 그 상가들에 학원들이 밀집되어 있었고, 학원에 가면 친구들이 있었다. 같이 놀던 친구들도 대부분 그런 사교육을 받았으니 운동장에서 뛰어놀던 시절은 다시 오지 않았다. 의령에선 틈만 나면 운동장에 선을 긋고 놀이를 했지만, 서울의 학교 운동장은 대부분 비어 있었다. 간간이 주차장에서 고무줄 놀이를 했지만 줄을 잡아줄 친구를 만나기는 어려웠다. 처음 한 달은 시골에서 전학 온 학생에게 눈길 한 번 주지 않던 선생님도 어느 정도 성적이 나오자 나를 그리 무시하지 않았다. 어머니는 내가 성적이 그럭저럭 나온 것에 대해서 당연하다는 듯이 이야기했다. 점점 학업에 대한 스트레스를 받아갈 무렵 『행복은 성적순이 아니잖아요』, 『있잖아요, 비밀이에요』 같은 소설들을 아파트 상가 만화방에서 빌려보게 되었다. 초등학생인 주제에 눈물을 찔끔거렸다. 그때야 난 8학군이 뭔지 처음 알게 되었다.

강남 생활에 적응해가다

자식 교육과 강남 생활에 조금씩 적응하던 어머니는 현금을 좀 확보하고 있어야겠다는 생각 때문인지 같은 단지 내에 있는 13평 주공아파트로 공간을 줄여서 그 이듬해 이사를 갔는데, 그 현금은 사정이 어려웠던 아버지 쪽 친척 손으로 넘어갔다. 이모는 집은 줄여서 가는 게 아니라며 훈수를 두었고, 어머니도 다시는 그러지 않겠다고 다짐했다. 그 후로는 다시 15평, 19평으로 조금씩 평수를 늘려가면서 주공아파트의 단지 내에서 이사를 했다. 평수가 작았던 주공아파트 1단지에서 좀 더 평수가 큰 19평 2단지로 이사하기까지 6년 정도의 세월이 걸렸다. 2년에 한 번씩 전세금을 올려 자산을 축적해가는 데에는 아버지가 혼자 지역에서 생활한 것이 큰 몫을 했다. 간간이 어머니는 재테크의 일환으로 땅을 사는 복부인 흉내를 내보는 듯 했지만 결과적으로는 사기를 당하는 것 같았다.

　아버지가 없는 3인 가족의 일상은 평온한 듯 했다. 하지만 주말에 아버지가 집에 오면 뭔가 긴장감이 감돌았다. 함께하는 시간이 적었던

서로가 서로를 어떻게 대해야 하는지 알 수 없었기에 텔레비전을 바라볼
뿐이었다. 내가 중학생이 되었을 무렵 아버지는 혼자인 타지 생활을
정리하고 서울의 본사로 올라오게 되었다. 초등학교 때까지 개포동
주공아파트 단지를 맴돌던 나의 일상에도 변화가 있었다. 인근의 현대,
우성아파트 출신 친구들과 만나게 되었던 것이다. 나는 그 친구들의
집과 우리 집의 평수를 비교하면서 계급 차이를 느끼기 시작했다.
중학교 때 처음 스키캠프를 갔는데, 당시 함께 갔던 친구들은 모두
스키복을 갖고 있었고, A자를 그리며 비틀거리던 나와는 달리 슬로프
아래로 거침없이 스피드를 즐겼다. 나와는 다른 세계에서 다른 여가를
즐기면서 살아왔던 친구들을 만나며, 어머니가 나와 동생의 교육에
열을 올리는 것을 어렴풋이 이해하기는 했지만 여전히 부담스럽긴
마찬가지였다. 담임선생에게 촌지를 주어가면서 내 교육에 신경 쓰던
어머니는 결국 과외비를 더 벌기 위해 남대문 새벽시장에서 고된 의류
판매 일을 시작했다. 아버지가 서울 생활을 다시 시작했지만, 어머니가
밤에 출근을 했기 때문에 부모님은 떨어져서 사는 것이나 마찬가지인
생활을 이어가게 되었다.

　강남에서 유명한 학원들을 오가고, 중요 과목들의 과외를 계속 받는
동안 나는 사교육 없이는 공부가 어려운 고등학생이 되어 있었다. 그건
동생도 마찬가지였다. 동생을 대학에 보내기 위해 어머니는 음악에서
미술까지 안 시킨 것이 없었다. 자식 교육과 집 문제에 대한 어머니의
입김은 대단했다. 내가 고등학교에 들어가자 아버지는 어머니 대신
도시락을 두 개씩 싸가며 나의 입시 뒷바라지에 동참했다. 어머니
역시 밤낮이 뒤바뀐 생활로 인해 건강이 별로 좋지 않은 상태였지만
일을 그만둘 수는 없었다. 그만큼 나와 내 동생의 사교육비가 들었기
때문이다. 그 무렵 부모님은 대방동의 25평 아파트를 분양받아 전세가
아닌 '자가'에서 살 수 있는 기회가 생겼지만, 강남을 벗어나면 안

된다는 어머니의 의지가 관철되어 대방동 아파트는 결국 전세를 주었다.
아버지는 그런 어머니가 못마땅했지만 자식의 출세를 위해 어쩔 수
없이 체념하곤 하였다. 1~2년 후 대방동 아파트는 아버지가 또 친가 쪽
친척의 보증을 서는 바람에 살아보지도 못하고 팔게 되었다. 어쨌든
우린 계속 강남에 살게 되었다.

역전 만루 홈런인 줄 알았을 때

1998년, 어머니가 고등학교 때 가고 싶어 했던 대학에 내가 무사히
입학하였을 때, IMF의 여파로 아버지는 퇴직을 해야 했다. 당시
아버지는 의연한 모습으로 매일 출근하는 척하며 다른 곳을 배회하곤
했다는 이야기를 나중에 듣게 되었다. 대부분의 명예퇴직자들이
퇴직금으로 자영업을 시작했지만 아버지는 곧바로 사업을 시작하지는
않았다. 그즈음 어머니는 19평형인 개포동 아파트를 떠나 '전세'가
아닌 '자가'에 살고 싶다고 했다. 아직 동생의 입시가 끝나지 않았고,
이모들도 강남에 그냥 사는 것이 좋겠다고 조언했다. 인근의 좀 더 큰
평형대의 우성, 선경, 현대 아파트로 들어가기엔 여력이 안 되었다. 결국
아버지의 퇴직금과 전세금을 털어 장만한 집이 대치동 은마아파트였다.
지어진 지 20여 년이 된 은마아파트는 장마 때마다 주변 도로가
침수되는 낡은 아파트였다. 하지만 30평 규모의 중형 아파트에서
처음으로 자기 방을 갖게 된 나와 동생은 마냥 좋기만 했다. 아버지와
어머니는 온 가족이 '자가'에 살게 된 것을 기념이라도 하듯 아파트
바닥을 다 뜯어내고 베란다를 확장하는 등의 내부 인테리어를 했다.
내부를 공사하고 나자 낡은 아파트도 그럴듯했다.
　곧이어 동생도 우여곡절 끝에 대학에 입학했고, 아버지가 어머니가
팔던 의류를 생산하는 사업을 하게 되면서 우리 집엔 어느 정도 안정이
찾아왔다. 2003년 즈음, 은마아파트 재건축 시공사 컨소시엄이 주민

설명회를 개최하였다. 그때부터 서서히 집값이 오르기 시작했다.
아버지도 은마아파트의 재건축에 큰 관심을 기울이기 시작했다.
그렇지만 노무현 대통령 시절 재건축 규제와 더불어 컨소시엄은
유야무야되었고, 종합부동산세의 시절이 찾아왔다. 하지만 이상하게도
규제가 계속되면 될수록 은마아파트의 집값은 끝을 모르고 상승하였다.
　　대치동 학원가 열풍도 집값 상승에 한몫을 하였다. 어린아이들을
둔 가족들이 끊임없이 이사를 왔다. 수도에서 녹물이 나와도 은마에는
활기가 넘쳤다. 아버지도 어머니도 사업이 잘되진 않았지만 행복해했다.
아버지는 IMF 이후였지만 여전히 자신감이 넘쳤고, 어머니 역시
자신의 선택 앞에서 당당했다. 친척들도 강남에 아파트를 가지고 있는
아버지와 어머니를 부러워했다. 이제 만루 홈런을 친 거나 다름없다고
이야기들 했다. 조금 일찍 재개발이 시작되었던 바로 옆 동네인 도곡동
주공아파트가 동부센트레빌 같은 최신형 아파트로 바뀌는 모습이
부모님 눈앞에서 계속 펼쳐졌다. 낡은 주공아파트를 팔건, 입주하지
않고 기다리다 아파트를 팔건 도곡동 아파트 소유자들이 몇 억의 시세
차익을 남겼다는 이야기가 심심치 않게 들려왔다. 과연 강남 아파트의
힘이란 대단했다. 은마도 곧 그런 일이 현실화될 것이라는 기대를
아버지와 어머니는 가지고 있었다.

삼진아웃의 끝에서

하지만 자영업자의 삶이 그리 녹록지 않았던 것을 서서히 깨닫게 된 건
대출이자 덕이었다. 사업이 생각보다 잘되지 않자 아버지는 집을 담보로
1억을 대출받았다. 그 대출금 1억이 7억이 되는 데는 그리 오랜 시간이
걸리지 않았다. 집값은 유동적인데, 담보로 받을 수 있는 대출금이 너무
커서 이상하다고 느낀 건 이미 아버지의 고뇌가 깊어졌을 무렵이었다.
대출이자는 점점 커졌고, 여전히 은마의 거품은 꺼지지 않았다. 2006년

거품이 정점일 무렵, 무려 12억에 우리 집을 사겠다는 사람이 나타났다.
이미 집 담보로 빚을 많이 지고 있었던 상태라 부모님이 집을 팔지
않을까 생각했던 내 판단은 오산이었다. 어머니의 친구까지 합세하여,
'도곡동 센트레빌을 좀 보라고, 14억, 15억은 금방.'이라며 주변에서
집을 팔지 않는 것이 좋겠다고 말했다. 아버지와 어머니는 하루에도
수십 번씩 마음이 바뀌는 듯 했지만 결국 집을 팔지 않기로 결정했다.

　당시 재개발 이익에 대한 기대감은 단지 은마아파트만의 것은
아니었다. 재개발에 돌입했거나 돌입하기 직전인 단지들이 우리 집
주변에 많았다. 가락 시영 아파트, 잠실 아파트 등 가깝게 우리가 살았던
개포동 주공아파트도 그런 단지들이었다. 단층 아파트이고, 대단지이기
때문에 사업성이 좋은 것으로 평가되던 주공 1단지 15평은 7억이
넘는다는 이야기도 들려왔다. 집값을 잡기 위한 정부의 부동산 대책이
효과 없이 끝나버리고, 재개발의 열풍으로 심장이 부풀어버린 강남
덕인지 이명박 대통령이 당선되었다.

　집값이 오르락내리락 할 때마다 롤러코스터를 탄 것 같은 어머니와
아버지의 감정 상태를 보면서 무엇이 부모님을 저토록 불안하게
만드는지에 대한 의문이 들었다. 어머니의 교육열과 재테크 열망 그리고
아버지의 재력이 합쳐져서 일궈냈던 은마아파트는 그렇게 조금씩
부스러지고 있었다. 은마의 거품이 빠지기 시작한 2008년 즈음부터는
불경기가 심화되었고, 아버지와 어머니의 당당했던 미소에 주름이 가기
시작했다. 아파트 값은 서서히 떨어지고 있었다.

　하지만 여전히 자식들은 제 몫을 못하고 있었다. 나는 대학을
졸업하고도 진로에 대한 계획을 세우지 못한 상태였다. 나는 공부를 더
하겠다면서 대학원을 선택했고, 동생은 미국 유학을 선택했다. 결국
부모님은 나와 동생의 추가적인 교육을 원조해야 했다. 자식의 세속적
성공까지는 아니더라도 안정적인 사회생활 진입을 위해 아버지와

어머니는 아파트를 계속 부여잡고 마지막 힘을 짜낼 수밖에 없었다.
은마를 떠나고 싶어도 떠날 수 없는 부모님과 낡은 아파트에 얹힌
욕망을 담보 삼아 돈놀이를 하는 은행을 보면서 나 역시 좌불안석이
되었다.

　나는 졸업 논문과 논문을 쓰기 전 얼마간만 직장을 다니겠다는
핑계로 은마를 잠시 떠나기로 했다. 친구 둘과 함께 공동으로 살게 된
합정동 단독주택 2층은 월세 45만 원이었고, 각자 15만 원씩 부담하면서
사용하기로 했다. 아파트와 달리 보안이며 시설이며 어느 것 하나
온전하지 않았지만, 부모님과 함께 사는 공간을 떠나 친구들과 새로운
집에서 살게 되자 나만의 공간이 주는 자유가 한없이 달게 느껴졌다.
그때부터 나만의 공간에 대한 꿈을 계속해서 키우게 되었다. 하지만
안정적인 직장과는 거리가 먼 학과에서 공부를 한 탓인지 졸업 이후
바로 독립을 하기는 어려웠다. 부모님에게 조금만 더 신세를 지며 독립
자금을 모아야겠다는 얄팍한 생각도 있었기에 나는 다시 은마아파트로
돌아왔다.

　내가 집을 떠나 집안 문제에 거의 눈을 감고 있었던 몇 년 사이
부모님은 점점 대출이자의 늪으로 빠져들고 있었다. 사양 산업이었던
의류 도매업에 아버지와 어머니는 매 계절마다 희망을 걸었다. "이번만
잘 팔리면 된다."며 투자를 계속하셨지만 외상과 반품을 견디는 것은
쉽지 않은 일이었다. 가끔 유니클로 같은 대형 SPA 매장을 보면서
어머니는 한숨을 쉬곤 했다. 나는 얼른 집을 팔아야 되는 것이 아니냐고,
아버지와 어머니에게 종종 이야기했지만 두 분은 어두운 얼굴로 쉽사리
결정을 내리지 못하셨다.

　나는 그 과정에서 카메라로 아버지와 어머니를 찍기로 결심했다.
갑자기 다큐멘터리 제작을 한다며 카메라를 든 나를 보면서 부모님의
한숨은 더 깊어지셨다. 그렇지만 카메라 덕분에 아버지, 어머니와

끊임없이 많은 대화를 하게 되고, 집에 대한 조금은 솔직한 속내들을
나눌 수 있게 되었다. 내가 카메라를 들었던 1년 동안 우리 가족은
복잡한 여러 가지 일을 겪었다. 다큐멘터리를 완성해야 할 시기가
다가올 무렵, 우리 가족은 대출이자를 더 이상 견딜 수 없어 결국
9억 5,000만 원에 집을 팔고 2010년 대치동을 떠났다. 나의 첫 번째
다큐멘터리「모래」는 은마아파트를 떠나는 이삿날의 모습으로 끝을
맺었다. 그 이후 우리 가족은 은마와 비슷한 평형대의 답십리 근처
아파트에 1억 9,000 전세로 들어갔고, 그 이후엔 삼성동의 친척 집에
전세로 들어가게 되었다.

　다큐멘터리를 제작하면서 이전에는 생각지 못했던 아버지와
어머니의 삶 그리고 나의 경제적 조건에 대해서 생각할 수 있는 시간을
가질 수 있었다. IMF 이후 많은 가족들이 뿔뿔이 흩어질 때 우리
가족이 다행히도 10여 년의 시간을 더 버틸 수 있었던 건 강남 아파트의
힘이었다. 그러나 사교육 키드로 자라며 무엇을 하면 좋을지 잘 몰라
오랜 시간 방황하다 결국 돈 안 되는 다큐멘터리 제작일을 하고 있는
현재 나의 모습을 반추해보건대, 우리 가족에게 강남에서의 삶을
유지했던 시간이 유익했다고만 보기엔 무리가 있다. 어머니, 아버지는
평생을 바친 자식 교육에서 소위 '성공'하지는 못했다는 생각으로
요즘도 나에게 답답하다는 이야기를 종종 하신다. 자식인 나 역시
여전히 자식노릇은 커녕 부모님에게 걱정을 끼치고 있다는 자괴감을
놓지는 못하고 있다.

이 사이클에서 벗어날 수 있을까

중학교 때, 어머니가 과외 선생에게 건네는 금액을 알게 되었을 때
그렇게 생각했던 것 같다. 나도 대학 가면 과외를 많이 해서 돈을
벌어야겠다고. 물론 내가 대학을 다니던 무렵에는 물가 상승 대비

확률가족: 아파트키드의 가족 이야기   157

과외비가 그렇게까지 상승되진 않았고 오히려 하락한 경향이 있어서 돈을 많이 벌진 못했다. 그럼에도 서초동, 일산의 아파트 단지에서 과외를 했던 경험으로 보면, 사교육 시장은 다른 단기 아르바이트에 비하여 시급이 높았다. 사교육 시장이 아니었으면, 내가 대학과 대학원 생활을 무슨 수로 버틸 수 있었을까. 사교육 덕분에 고학력자가 된 내가 사교육 열풍의 문제점을 지적하면서도 그 시장 덕분에 생활을 유지하고, 그 시장의 유지에 공모하게 된 아이러니. 고학력자인 지인들로부터 사교육 시장만큼 돈이 되는 시장이 없다는 이야기를 들으면, 무엇부터 바뀌어야 하는 것인지 난감해진다. 우리는 어떤 악순환에 빠진 것은 아닐까.

지금도 여전히 목동 같이 전통적으로 좋은 학군이라고 여겨지는 곳은 집값이 높다고 한다. 예전의 강남도 그러했고 아마 앞으로도 학군이 집값에 미치는 영향이 적지는 않을 것이다. 한 가족의 전 일생에 걸친 삶의 주기와 주거의 공간이 자식을 중심으로 개편되어 진행되는 것은 어제오늘 일이 아니지만, 그로 인한 삶의 균열에 대해선 제대로 이야기할 여유가 우리에게 허락되지 않고 있다.

여성학자 박혜경은 중산층 가족 내에서 자녀 교육 및 투기/ 투자가 가정을 꾸려나가는 중요한 전략이 되고, 그것이 여성의 책임 혹은 능력으로 여겨지는 상황이 여성들의 심리적 상태는 물론 사회 전반에까지 영향을 미친다고 지적한 바 있다. 또한 여성을 가족을 경영하는 주체로 호명하는 담론들이 여성과 가족이 신자유주의 시장 중심의 질서에 따르게 하는 효과를 일으킨다고 말한다. 여성의 고용 상황이 남성에 비해 불평등하고 불안정한 상황에서, 자식 교육 자체에만 열을 올리는 중산층 가족 내 '어머니'들을 단순하게 비판할 수 없다. 자식 교육을 위해 '기러기 아빠'를 자청하는 아버지들의 상황도 마찬가지이다. 점점 심해지는 한국 사회의 교육문제는 신자유주의하의 경쟁적 분위기 속에서 일어난 것이지만, 어머니와 아버지의 헌신적 삶이 만들어낸 것이자 동시에 어머니와 아버지의 헌신적 삶에 편승한 자식들이 공모한 것이다. 어머니와 아버지의 삶 자체를 부인하려는 것은 아니다. 하지만 서로가 너 때문에 혹은 너를 위해서 내가 그 시간을 살아왔다며 견디는 것 보다는 좀 더 다른 방식으로 그 시간들을 살아갈 수도 있었을 것 같다. 물론 지금도 늦은 것은 아니지만 말이다.

2차 가족계획   박재현

에코 세대(Echo Boomer)는 베이비붐 세대의 자녀들이다. 베이비붐 세대 여성을 모친으로 가진 비율이 가장 높은 연령대인 1979년부터 1992년 사이에 태어난 인구 집단이다. 베이비붐 세대가 평균 2.04명의 자녀를 낳았으므로 메아리라는 표현은 더욱 와닿는다. 에코 세대의 맏이인 1979년생이 국민학교를 졸업한 1992년에 에코 세대의 막내가 태어났고, 이들은 2005년에 초등학교를 졸업하고 본격적인 10대 시절을 시작했다. 그리고 그 사이, 1990년대를 마무리하는 외환위기가 있었다. 1998년을 한 달 앞둔 1997년 12월 3일에 일어난 일이다. 외환위기는 베이비붐 세대 가계의 미래를 송두리째 바꾸어 놓은 사건이 되었다. 부채위기로 인해 주택 가격이 폭락했으며 기업의 구조조정으로 베이비붐 세대 가장들이 회사에서 잘려 나갔다. 주택 가격은 곧 회복되었고 직장을 잃은 가장도 어떤 형태로든 다시 생업에 복귀했지만, 외환위기 이후 베이비붐 세대 가계의 재생산 전략은 새로운 국면을 맞이했다. 미래를 구성하던 믿음 역시 구조조정의 대상이었다.

외환위기의 극복 과정에서 1990년대의 과잉 투자를 구조조정하고 있던 기업의 투자를 메꾸는 역할을 담당한 것은 개별 가계였다. 주택 사업은 가계에 맡겨진 공공사업이나 다름없었다. 외환위기 직후 21.6퍼센트에 달하던 가계 저축률은 이후 급락하여 2010년 2.6퍼센트에 이르렀다. 같은 기간 예금 수신 금리는 13.30퍼센트에서 3.19퍼센트로 떨어졌다. 한국은행의 기준금리는 1999년 4.75퍼센트에서 2010년 2.50퍼센트까지 떨어졌다. 경제성장률은 2000년대 초반 부침을 겪은 이래 3~4퍼센트에서 안정되어갔다. 수출 호조와 위기 때마다 적극적인 부양책을 내는 정부의 관리에 힘입은 것이었다. 지속적인 투자를 통한 연평균 7퍼센트 이상의 고도성장이 더 이상 불가능한 새로운 국면을 반영하는 것이기도 했다.
모든 지표는 저성장과 저금리의 시대가 정상적 상황으로 계속될 것임을
가르키고 있었지만 가계의 요구 수익률은 이보다 높았다. 불행히도
그들의 삶의 전망은 서울의 중산층과 천정부지로 뛰어오른 서울의 집값에
맞춰져 있었기 때문이다. 가계의 전망은 저축 대신 투자에 있었다. 한
카드회사 광고의 "여러분, 부자되세요!"라는 외침과 함께 저축보다 높은
수익률을 자랑하는 부동산 투자, 주식 펀드, 변액 보험 등이 가계의 새로운
포트폴리오로 등장했다. 수익률을 확보하기 위해선 빚을 얻어 투자하는 일은
필수적이었다. 가계만이라도 연평균 7퍼센트 이상의 고도성장을 이룩해야
했다. 저축을 대신하여 1,000조 원의 가계 부채가 미래를 향한 새로운
지표가 되었다.

　　1998년 서울의 전세 가격은 22.6퍼센트 하락했다. 같은 해 주택가격이
13.2퍼센트 하락한 것에 비하면 그 폭이 더욱 컸다. 전세제도는 은행
시스템 외부의 사적인 채권-채무 관계로 형성된 것이었지만 금리와 주택
가격을 매개로 주택 시장과 긴밀한 관계를 맺고 있었다. 외환위기로
인한 부채위기는 주택 가격 폭락과 함께 전세 가격의 붕괴를 불러왔다.
집을 급히 처분해야 했지만 주택 가격이 폭락하자 전세 보증금을 내줄 수
없었던 다가구주택 소유자들과 전세 세입자들이 곤란을 겪게 되었다. 당시
건설교통부는 다가구주택을 가구별로 분할 등기하여 다세대주택으로
변경할 수 있도록 했다.[1] 이를 통해 다가구 주택 세입자가 집주인이 될 수
있도록 만들자는 취지였다. 하지만 이 제도가 시행된 것은 1999년, 이미
상황은 어떤 방식으로든 정리가 되고 전세 가격과 주택 가격이 상승 반전한
상태였다. 제도의 효과는 다른 곳에서 더욱 빛을 발했다. 다가구주택은
재개발 분양권 확보를 위한 지분쪼개기의 총아로 각광받았다. 그 배경에는
외환위기 이후 김대중 정부의 부동산 규제 완화와 경기 부양 정책이
자리하고 있었다.

1　　다가구주택은 단독주택으로 분류된다. 다가구주택 세입자는 단독주택
　　　일부에 세를 드는 것이다.

　분양가상한제, 주택청약제도, 주민등록법 등으로 대표되는 주택 공급 정책은 주택의 고른 분배를 목표로 무주택 가구를 우선하도록 설계된 것으로서 경기 부양을 위해 조정될 필요가 있었다. 특히 분양가 자율화가 도마에 올랐다. 정부는 1999년 전면적 분양가 자율화를 시행했다. 이를 통해 분양가상한제 덕에 청약 당첨자에게 돌아가는 프리미엄을 사업자가 시세에 맞추어 분양가를 정하는 방법으로 흡수할 수 있는 기반이 마련되었다. 게다가 택지 공급이 제한된 상황에서 사업자의 공급 가격이 주택 가격 상승을 주도하는 효과까지 있었다. 이와 함께 택지 개발에 민간이 참여할 수 있게 하고 개발부담금을 완화시켰으며, 주택재건축사업의 규제와 주상복합주택의 건축 규제도 완화했다. 주상복합이란 주요 기업이 차지해야 할 상업, 업무 지구를 주택으로 대신 채우려는 계획이었다.

　정부는 침체된 거래를 촉진할 수요 측 정책도 준비했다. 양도소득세가 면제되고 취·등록세가 감면되는 세제 혜택과 함께 수요를 뒷받침하기 위한 금융 지원안도 마련했다. 무주택 가구가 아니라 주택 구매 여력이 큰 계층이 더 많은 주택을 살 수 있어야 했다. 토지공개념 3법 중 택지소유상한제도는 1998년 9월 폐지되었다. 1999년 헌법재판소에 의한 위헌확인결정이 있기 전이었다. 수요 확대에 있어 무엇보다 큰 장벽은 청약제도였다. 청약 재당첨 금지가 폐지되었다. 청약 가입 조건도 대폭 완화되었다. 여기에 분양권 전매가 허용되었다. 여러 채의 주택을 쉽게 분양받아 이를 전매하여 차익을 거둘 수 있게 되었다. 여기에 은행이 가세했다. 외환위기 이후 구조조정을 마무리한 은행은 아파트를 매개로 가계에 돈을 부어 넣기 시작했다. 2002년 460조 원이던 가계 부채는 이제 1,000조 원을 넘어섰다.

　1999년부터 반등하기 시작한 주택 가격은 2001~2002년에 폭등했다. 적극적 부양 대책 이후 1999년부터 2002년까지 서울 강남 지역 주택가격은 평균 70.5퍼센트 올랐다. 같은 기간 29.5퍼센트가 오른 강북의 두 배가 넘는 상승률이었다. 2003년부터 2006까지 강남의 주택 가격은 46퍼센트가 올랐다. 가격 상승은 재건축 아파트가 주도했다. 2005년 6월, 반포 3단지 주공아파트 16평형이 평당 1억 원이 넘는 가격을 달고 매물로 나왔다. 안전 진단이 통과되어 재건축이 가시화된 2003년, 평당 4,000만 원이 넘게 거래된 지 2년 만에 두 배 이상 오른 것이다. 한 부동산 정보업체는 해당 아파트를 평당 9,375만 원으로 평가했다. 계산법은 이러했다. 재건축 후 89평형이나 91평형에 당첨된 조합원은 예상 평당 분양가 3,000만 원을 적용했을 경우 26억 7,000만 원에서 27억 3,000만 원의 아파트를 갖게 되었다. 여기서 조합원 분담금 10억 원가량을 빼면 16억 원에서 17억 원 상당의 개발이익 발생한다. 1978년에 완공되어 30년 가까이 지난 16평형 아파트로 평당 1억 원을 부를 수 있었던 이유는 여기에 있었다. 이것은 분양권의 가격이었다. 재건축 아파트 가격은 미래 가치를 반영하여 천정부지로 뛰고 있었으나 과세 기준은 기준시가였기 때문에 적은 증여세를 내고 자산을 증식할 좋은 수단이 되었다.

1997년 외환위기 이후 주택 경기 부양을 위한 금융 완화 정책이 있었던 것처럼, 2003년에는 카드사태가 기다리고 있었다. 정부는 재정을 확대하고 신용을 완화할 수밖에 없었다. 노무현 대통령이 집권하던 참여 정부는 수도권 집중과 국토 불균형 문제를 해소하고자 국토균형발전전략을 제시하고 국고를 풀어 지역에 대형 사업을 시행했으며 토지보상금의 형식으로 지역에 돈을 흘려보냈다. 참여정부 5년 동안 98조 5,743억 원, 2006년까지만 83조 7,522억 원의 토지 보상비가 시중에 풀렸다. 이전 김대중 정부 때의 37조 1,835억 원에 비해 두 배가 넘는 규모였다. 같은 기간 기준금리 역시 3퍼센트대의 저금리를 유지하다 2006년되어 4퍼센트대로 올렸다. 소비자물가 상승률은 줄곧 낮은 상태를 유지했으나 주택 가격, 특히 버블 세븐의 아파트 가격의 급격한 상승이 문제였다. 같은 기간 가계부채는 160조 원이 증가했다. 2006년 이한구 의원은 참여 정부의 첫 3년 동안 아파트 시가 총액은 390조 원, 신규 건설 물량을 제외하더라도 209조

원가량 증가한 것으로 추산되며, 이 기간 신고된 부동산 양도 차익만 64조 원이 넘는다고 밝혔다.

참여정부는 집권 초기부터 부동산 투기를 잡겠다 공언했다. 집권 시기 내내 부동산 가격이 올랐던 만큼 집권 시기 내내 부동산 정책이 나왔다. 가격 상승과 대책 사이의 선후 관계가 모호해지는 사정에는 저금리와 정부의 각종 개발 사업으로 시중에 풀린 유동성이 있었다. 지방에 뿌려진 돈은 경부고속도로를 타고 거슬러 올라와 버블 세븐 지역의 아파트 가격으로 알알이 맺혔다. 참여정부는 버블 세븐의 집값과의 전쟁을 선포했으나 다분히 감정적으로 들릴 뿐이었던 일갈은 전혀 의도치 않은 메시지를 담고 있었다. 강남, 분당, 용인, 과천 등 버블 세븐 지역의 주택 가격에 대한 탄압이 계속될수록 이들 지역의 희소성만 부각되었다. 규제로 투자의 문이 좁아질수록 일부 지역의 아파트 가격이 급등하며 주택 가격이 지역별로 양극화되었다. 주택 가격 안정의 도덕적 정당성은 분명해 보였지만 차별화된 입지의 매력 역시 갈수록 강화되었다. 임대주택 아파트를 차별하여 격리했다는 언론의 성토는 도리어 임대 아파트 주민과 섞이지 않아도 좋은 아파트 단지임을 부각시키는 메시지를 담는 것과 마찬가지로 의도와 효과는 달랐다.

다음은 서울 강북의 노후 주거 지역의 차례였다. 강남의 재건축이 주도하는 집값 상승의 흐름에서 다소 소외된 강북 낙후 지역의 재개발 요구가 정치적 동력을 갖게 되었다. 강북 지역에 집을 가진 주민들은 지분쪼개기를 하며 기다리고 있던 상태였다. 2006년 뉴타운 특별법이 초당적인 지지로 통과되자 정권이 교체된 후 치워진 2008년 총선에 이 결과가 반영되었다. 압승의 열매를 수확한 것은 여당이었다.

낡은 집을 새집으로 바꾸고 새로운 기반시설로 도시를 개량하며 공공임대주택을 늘리는 일 모두 재개발과 재건축 정비 사업의 성패에 달려 있었다. 그리고 사업의 성패는 주택 가격의 지속적인 상승에 달려 있었다.

개발 이익의 일부로 집주인은 새집을 얻고 도시는 공공 영역에 쓸 자금을
얻었다. 이것이 정비 사업이 대규모로 진행되는 이유 중 하나이기도 했다.
2008년에 사업을 마친 반포 3단지의 예를 들자면, 3,410세대의 조합원과
일반에 분양되는 아파트와 서울시가 관리하는 SH공사의 419세대의
임대주택으로 재건축되는 식이었다. 2008년 서브프라임 모기지 사태 이후
주택 가격이 하락하기 시작했다. 이제 떨어지는 주택 가격을 유지하는 것이
정부의 임무가 되자 모든 상황이 반대가 되었다. 강남의 성공을 재현하려던
서울시 전역의 사업장이 곤란에 빠졌고 서울시는 임대주택 확보가
어려워졌다. 2002년 이후 재개발 혹은 재건축 추진위원회가 결성되면서
본격적인 사업 추진이 된 사업장은 서울시 안에서만 590곳, 계획상 51만
6,000세대에 이른다. 이 중 2013년 초까지 착공을 시작했거나 준공을
완료한 사업장은 231곳, 16만 4,000세대 정도밖에 되지 않았다. 재개발의
프리미엄은 조합원 분담금이라는 형태의 부담으로 바뀌었다. 재개발의 결과
재정착한 주민도 빚더미에 깔린 상황이다. 사업이 진행 중인 지역도 향후
개발이익이 불투명해지면서 사업 추진의 동력을 상실했다. 다가구를 분할
등기하여 확보한 다수의 분양권이 모두 천덕꾸러기가 되었다. 2012년,
박원순 서울 시장은 뉴타운 출구전략을 발표했다.

그러나 가계가 투자에 관심을 기울이는 동안, 정작 투자의 밑천을 모을
기반이 되는 노동 소득의 전망은 더욱 불투명해졌다. 여기에는 외환위기
이후에야 완연히 드러난 일련의 흐름이 배경에 있었다. 1990년대는
2000년대의 흐름을 결정할 변화가 완연하게 드러난 시기였다. 한국의
산업은 경제 개발 초기 한미일 삼각무역을 통해 일본의 하청을 받아
생산하던 처지에서 벗어나 주요 수출품이 일본 제품과 경쟁하는 관계에
놓이게 되었다. 대표적으로 전자 제품, 철강, 석유화학제품 등의 산업
고도화의 과정에서 성장한 대표적인 제조업들이었다. 그러나 완성품을
만드는 주요 대기업과 대기업에 부품 등을 납품하는 중소기업 사이의

종속적인 관계와 임금 격차는 개선되지 못한 채로 제조업 저변을 지탱하던 중소기업의 저임금 노동을 외국의 더욱 저렴한 노동으로 대체되는 과정이 시작되었다. 이 과정은 80년대부터 시작되어 90년대에 더욱 속도가 붙은 탈공업화에 힘입었다. 산업 구조가 제조업 중심에서 서비스업으로 빠르게 재편되면서 기존 제조업은 3D업종으로 불리며 시야에서 멀어져 갔다. 더불어 국내에서는 외국인 노동자의 유입이 확대되고 파견직 등 비정규 노동을 자유롭게 사용할 수 있는 노동법 개정이 추진되었다. 1996년에는 정리 해고를 법제화하고 파업 중 대체 근로 및 임금을 주지 않을 수 있도록 한 노동법 개정안이 당시 신한국당(현재 새누리당)에 의해 날치기로 통과되었다가 저항에 부딪혀 주요 조항이 유예되거나 철회되기도 했다. 외환 위기를 사이에 두고 신한국당의 김영삼 정부에서 민주당의 김대중 정부로 정권이 교체되었으나 외환위기를 계기로 노동 유연화의 흐름은 돌이킬 수 없게 되었다. 1998년에 근로기준법에 정리해고제와 변형근로제가 신설되었고 파견법이 제정됨으로써 이 흐름은 일단락되었다.

　2000년대 실질임금 상승률은 2002년과 2003년, 2011년을 제외하곤 경제성장률에 비해 낮은 수준을 유지하였다. 노동이 경제 성장에 기여한 바가 작아서가 아니었다. 노동생산성 지수는 2000년 54.2에서 2010년에는 100으로 거의 두 배 가까이 상승하였다. 원화 절하와 구조 조정의 효과로 2000년대는 수출 대기업의 전성시대였다. 무역 흑자 폭은 나날이 확대되었다. 기업의 성과는 임금이 아닌 자산 가격에 반영되었다. 2000년 말 닷컴 버블이 터지면서 504.62로 마감한 코스피 지수는 2010년 말에는 2051.00이 되었다. 2000년에 2억 원 초반을 호가하던 강남 은마아파트 30평형대의 가격은 2007년 정점에서 10억 원을 넘었고 2010년에는 9억 원 근처에서 가격이 형성되었다. 하지만 임금과 자산 간의 분배의 문제만 있는 것은 아니었다. 임금 사이에도 넘어설 수 없는 격차가 있었다.

　수출 대기업이 포진하고 있는 300명 이상 기업의 2000년 임금 수준을

100이라고 하면 100인 이상 300인 미만의 기업은 80, 10인 이상 30인
미만의 중소기업의 임금은 70 정도의 임금을 받았다. 이것이 2010년에는
각각 72.8과 59.7로 하락하였다.[2] 같은 해 5인 이상 10인 미만의 기업은
대기업의 절반 수준의 임금을 받았다. 그나마 이 통계는 근로기준법의
적용을 받는 5인 이상 사업장의 근로 계약 기간 1년 이상의 상용직
근로자만을 대상으로 하는 조사에서 나타난 수치다. 임시직 근로자의 임금
수준은 2010년에 이르러 상용직 근로자의 48.8퍼센트까지 하락했다. 노동
유연화의 결과가 주는 교훈은 명확했다. 첫째, 특별히 좋은 직업을 제외하곤
노동을 통해 벌어들이는 수입보다 재산을 통해 벌어들이는 수입이 더욱
수지맞다. 둘째, 그럼에도 교육 수준과 숙련도가 높은 대기업 근로자가
되어야 첫 번째 교훈을 실천할 밑천을 마련할 수 있다. 그리고 비정규직이나
중소기업 근로자의 운명은 더욱 비참해진다는 사실이었다.

  이것이 에코 세대를 기다리는 사회의 모습이었다. 베이비붐 세대가
자녀를 중산층의 반열에 올려 놓을 수 있는 방법은 두 가지 중 하나였다.
곧바로 중산층에 진입할 수 있을 만큼의 재산을 물려주거나 장래에 중산층에
진입할 수 있을 직업을 가질 수 있는 교육을 제공하는 것이었다. 이외에 다른
전망이 없다면 대다수의 베이비붐 세대가 자녀의 대학 진학에 몰두하는 것은
자연스러운 귀결이었다.

  여기에 대학이 적극적으로 대응하는 것은 정해진 수순이었다. 교육열이
높은 베이비붐 세대의 자녀들이 곧 그들의 고객이 될 순서였기 때문이다.
1996년부터 대학 정원은 대학 자율에 맡겨졌다. 이는 대학 정원에 대한
통제를 끝내고 본격적으로 정원 확대가 시작된 1980년 이후의 흐름의
일환일 뿐이었다. 1980년의 4년제 대학 정원은 40만 명을 갓 넘는
수준이었다.[3] 1990년에 이르면 4년제 대학 정원은 104만 166명이 된다.
2년제 대학 정원까지 합하면 136만 3,991명이었다. 같은 기간 고등교육

2   노동연구원에서 발행하는 임금동향 보고서들을 참고하였다. 해당 지표는
      고용노동부의 '사업체 노동력 조사'를 바탕으로 노동연구원이 작성한
      것이다.
3   한국교육개발원이 제공하는 교육통계자료를 이용하였다.

취학률[4]은 11.4퍼센트에서 23.6퍼센트가 되었다. 4년제 대학 정원은 에코
세대의 맏이라 할 수 있는 1979년생이 대학에 입학하던 1998년에 147만
7,715명이었다가 1992년생이 대학에 입학하는 2011년에는 206만
5,451명까지 증가한다. 2년제 대학을 합하면 227만 9,396명에서 284만
2,189명으로 늘었다. 같은 기간 취학률도 46.4퍼센트에서 71퍼센트로
증가했다. 1998년에 약 40만 명의 고등학생이 상급 학교로 진학했다면
2011년에는 51만 8,000명가량이 상급 학교로 진학했다. 에코 세대는 도시
화이트칼라 노동자를 지망하거나 창의적인 전문인이 되기 위해 대학에
들어갔다.

　그러나 대학에 간다고 해서 문제가 해결되는 것은 아니었다. 안정적인
직장과 직업을 얻기 위해서 명문대의 간판이 더욱 유리할 것이라는
점은 분명했다. 그리고 명문대를 향한 경쟁은 더 많은 투자를 요구했다.
학부모들은 서로를 참조하며 군비 경쟁을 하듯 자녀들의 과외와 학원 수강을
늘려나갔다. 1980년 신군부 정권의 7·30 교육개혁조치 이후의 과외가 일부
부유층의 공공연한 비밀 무기였다면, 1998년에 과외가 허용되고 2000년에
과외금지조치에 대한 위헌 결정이 난 이후로 사교육은 중산층 전체를
대상으로 하는 산업으로 성장했다. 사교육 시장은 대학 입학을 위한 경쟁에
가장 강력한 지원이자 베이비붐 세대 부모가 자녀의 미래에 영향력을 발휘할
적합한 장소였다. 게다가 평준화가 일반화된 공교육의 장에서 서열화된
대학 입학의 예행 연습의 장이기도 했다. 사교육의 중심지는 특정 지역에
자리했다.

　서울의 강남 8학군은 평준화가 확대되어가는 공교육 현실에서 대학
입시를 위한 가장 경쟁적인 환경을 만들어 주었다. 대규모 택지개발사업으로
조성된 새로운 도시 강남으로 강북에 위치했던 명문 고등학교가 이전한 이래
강남 중산층은 강남과 함께 성장하며 사교육의 중심 대치동을 만들었다.
90년대에 초에 입주가 시작된 1기 신도시는 고교 평준화 정책의 예외

4　　취학률=(해당 연령에 속하는 재적학생 수/취학적령 인구) × 100

지역으로 2002년까지 비평준화 고교가 유지되었다. 평촌 신도시에는 대치동과 같은 대규모 학원 밀집 지역이 형성되었다. 이외에도 서울의 목동, 중계동 그리고 분당의 학원가는 지금도 유명하다. 서울과 1기 신도시의 대규모 아파트 단지를 배후 수요로 삼는 학원 중심지의 형성은 이러한 변화가 특정 입지에 어떤 양상으로 구체화되는지 보여준다. 학원 밀집 지역은 비교적 소득 수준이 높고 고가의 아파트가 많은 지역에 자리했다. 부모의 소득과 자산이 양질의 사교육을 위한 입지를 선점하는데 유리하게 작용했다. 여기서 성장한 학원들은 주변 지역을 촘촘하게 연결하는 셔틀버스 운영을 통해 배후 지역을 넓혀나가며 더욱 성장했다.

　사교육 시장의 성장을 주도한 것이 베이비붐 세대임은 어렵지 않게 짐작할 수 있다. 1979년생부터 1992년생의 학창 시절은 사교육 시장의 성장기와 겹친다. 베이비붐 세대가 에코 세대의 미래를 위해 준비한 것이 교육이라는 점은 전혀 이상하지 않다. "대학에 가야 사람 대접받는다"는 말은 다수의 베이비붐 세대 저임금 노동자와 영세 자영업자들의 가족사에 각인된 사실이었다. 베이비붐 세대가 가족계획을 적극적으로 수용하여 핵가족을 만든 것은 도시 생활에 따른 자연스러운 결정이면서 자녀의 미래에 대한 투자를 차별 없이 수행하기 위한 방편이기도 했다. 많이 배운 성공한 형제는 자녀의 미래의 참조점이 되었다. 그리고 그 미래의 지평선에 닿아 있는 것이 도시 중산층의 삶이었다.

　사실, 중산층은 꿈이라고 말하기엔 마뜩찮고 조금은 지리멸렬한 뉘앙스를 담고 있었다. 그도 그럴 것이 중간은 간다는 의미로 스스로를 자리매김하는 심중에는 이중의 부정이 담겨 있기 때문이다. 자신은 결코 다가가지 못할 부자에 대한 질시와 어떡해서든 피하고 싶은 가난한 이에 대한 멸시 사이에 중산층은 자리했다. 이를테면 중산층은 가족의 미래에 대한 심리적 최종 방어선이 되었다. 부자가 되자는 권유는, 차츰 부자의 희망에서 멀어지는 베이비붐 세대의 가계도 중산층으로 남을 수 있다는 마지막 희망 속에서

작동했다. 하지만 부정의 뒷면에는 자부심도 자리하고 있었다. 도무지
정상적인 방법으로 모았으리라 짐작되지 않는 부자들의 재산에 의혹의
시선을 던지면서도 중산층의 소득과 재산, 사회적 지위에는 그럴듯한
자기 서사를 부여할 수 있었다. 중산층을 향한 서사가 꼭 베이비붐 세대
자신의 것이라는 법도 없었다. 오히려 자신도 어쩔 수 없었던 초기 조건에
따라 운명이 결정된 베이비붐 세대의 억울함이 자녀에게 투영된 거울상에
가까웠다. 능력과 노력 그리고 성공으로 이어지는 서사의 주인공의 자리에는
자녀가, 그리고 그 핵심에 교육이 자리하고 있음은 어렵지 않게 짐작할 수
있다. 베이비붐 세대는 다수 저임금 노동자를 부모에게 차별 받아 배우지
못한 자신의 배역으로 삼고 대학을 졸업하고 대기업에서 성공한 형제의
역할를 자녀에게 주었다.

그러나 대학 진학에 몰입한 전략은 그다지 성공적이지 못했다. 2014년
상반기 지역별고용조사 결과에 따르면 에코 세대에 해당하는 1979년생부터
1992년생 약 990만 명 중 220만 명만이 월소득 200만 원 이상을 번다.[5]
이중 남성이 152만 명으로 4분의 3 이상을 차지한다. 월소득이 200만
원이 되지 않는 380만 명 중 177만 명이 남성이다. 대신 월소득 120만 원
이하 97만 명 중 60만 명이 여성이다. 나머지 약 388만 명은 아예 소득이
없다. 물론 여기에는 학생과 전업주부 모두 포함된다. 그러나 이들의 직업을
구하지 않는 이유 중 육아와 가사에 응답한 이들은 1만 6,900명에 해당하는
여성뿐이다. 368만 명이 직업을 구하지 않는 이유는 응답이 없어 알 수 없다.
소득이 없는 여성 212만 명 중 123만 명이 결혼한 상태로, 이들 대다수도
사실은 직업을 원하고 있을 가능성이 높다. 소득이 없는 여성 중 156만 명이
전문대 이상의 학력을 가지고 있다. 아마도 그들 대부분은 부모로부터 받은
교육이라는 빚과 별 볼 일 없는 당장의 직업 사이에서 유예의 시간을 가지는
중일 것이다.

사회에 첫발을 내딛는 이들이 경제논리에 따른 선택을 하기 위해선

---

5   지역별고용조사는 패널로 선정된 사람들에게 설문을 통해 작성된다. 각
     패널은 인구특성에 따라 인구 가중치가 부여된다. 글에서 적은 인구수는
     답변한 패널의 숫자가 아니라 가중치를 적용하여 추산한 숫자를 나타낸다.

다음과 같은 선택지가 주어져야 한다. 같은 일을 한다면 안정된 직장과
보다 적은 임금 혹은 불안정한 직장과 보다 많은 임금이라는 두 가지이다.
그러나 현실이 제시한 것은 안정과 보다 많은 임금이나 불안정과 보다 적은
임금이었다. 동일 노동 동일 임금이 아니라 고용 형태에 따라 임금과 직업
안정성이 차별받는 고용 제도는 사실상 신분제나 다름없다. 그러나 베이비붐
세대는 퇴직 후 학업을 계속하는 자녀를 위해 이 비정규직 노동 시장에 직접
뛰어 들어가거나 비정규직의 저임금을 기반으로 자영업을 시작함으로써, 그리고
내 자녀만은 이 같은 비정규직을 굴레에 떨어지지 않도록 뒷바라지 하거나
비정규직 배우자를 거부함으로써 이 같은 현실에 대응해나갔다. 사실상
현실을 승인한 것이나 다름없었다. 중산층을 향한 좁은 문을 향해 모든
가계가 돌진하는 동안 중산층의 기반은 점점 줄어들었다.

　자녀의 미래를 위해 4인 가족을 만든 베이비붐 세대의 가족계획은
베이비붐 세대 자신의 성장기를 참조하고 개량하는 방식으로는 성공할 수
없었다. 교육과 직업을 통해 중산층으로 진입하는 길을 확보하기 위해선
더 많은 안정된 일자리가 필요했다. 그러나 대학 교육 이외의 대안이 없는
상황에서 베이비붐 세대의 경쟁적 교육 투자는 점점 자멸적인 양상을
띄었다. 베이비붐 세대의 자산 투자도 극과 극의 결과로 나타났다. 대부분의
베이비붐 세대는 자녀에게 물려줄 재산을 헤아리기는 커녕 자신의 노후를
걱정해야 하는 처지다. 외환 위기 이후 10여 년간 계속된 베이비붐 세대의
투자는 주택과 자녀의 학력에 발이 묶였다. 이제 에코 세대는 부모인
베이비붐 세대를 고려한 새로운 가족계획을 수립해야 한다.

　에코 세대가 결혼과 함께 독립을 한다고 가정하면 새로 시작하는 가족의
생애 주기에 다음과 같은 일을 예상할 수 있다. 먼저 자녀를 낳아 가족의
규모가 늘어나면서 주택을 구입하거나 더 넓은 집을 전세 등으로 임차하면서
주택 자금을 마련해야 한다. 일반적으로 부족한 자금을 대출로 충당하면서
소득의 일정 부분을 대출 상환에 사용할 것이다. 그리고 본격적인 자녀

교육이 시작된다. 사정에 따라 다르겠지만 사교육을 배제하고 자녀의 교육 계획을
세우기 어렵다는 것을 모두 알고 있다. 게다가 이를 전후해서 부모인 베이비붐
세대의 소득이 크게 줄거나 사라지면서 에코 세대가 노후의 일정 부분을 책임질
시기가 돌아온다. 이 부담의 정도를 가늠하기 위해서, 자신과 배우자의 현재
부모가 가진 재산과 소득의 지속 가능성, 그리고 자신과 배우자의 소득 수준과
직장의 전망을 기준으로 삼게 된다. 이런 생각으로 머리가 복잡한 에코 세대가
결혼과 독립을 보류하는 사정은 쉽게 이해할 수 있다. 이러한 교착상태에서 각자
분화를 시작한 에코 세대의 가족계획을 포착하기 위해『확률가족』의 필자들이
선택되었다.

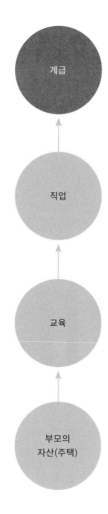

에코세대 남녀 임금수준별 분포
(2014년 지역별 고용조사 마이크로데이터, 통계청)

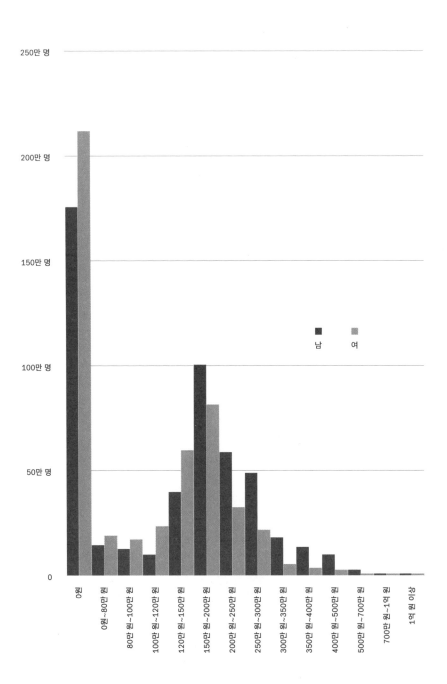

에코세대 임금수준별 학력 분포

(2014년 지역별 고용조사 마이크로데이터, 통계청)

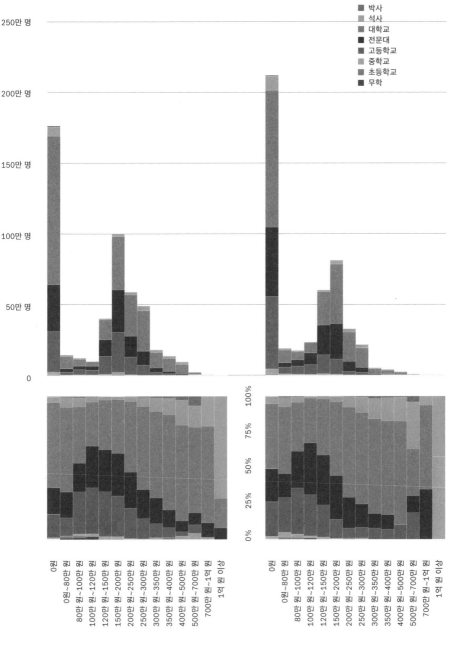

에코세대 임금수준별 혼인상태 분포

(2014년 지역별 고용조사 마이크로데이터, 통계청)

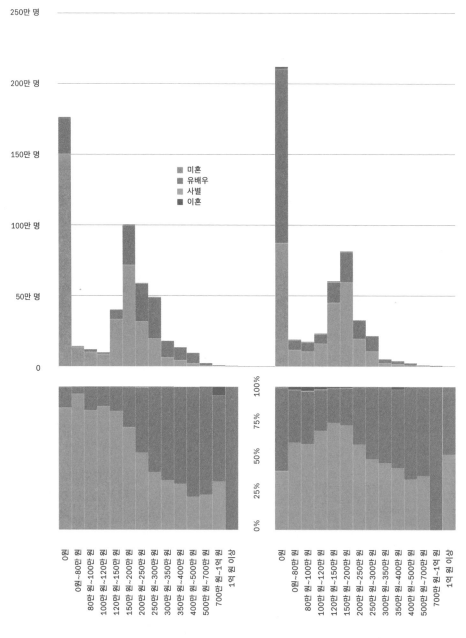

에코세대 임금수준별 종사상 지위 분포

(2014년 지역별 고용조사 마이크로데이터, 통계청) *설문 응답자 기준

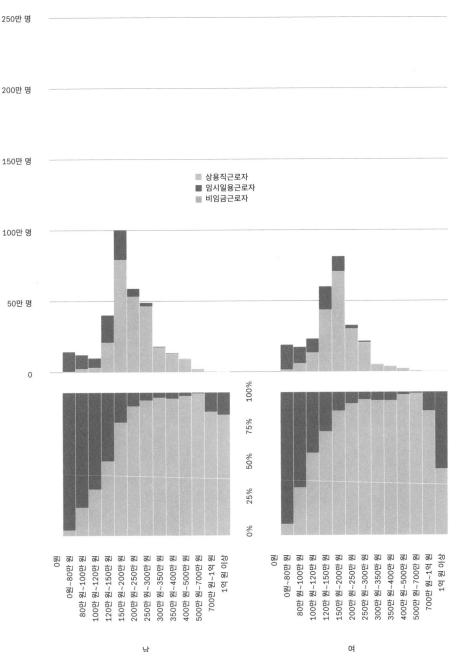

에코세대 임금수준별 근로계약기간 분포

(2014년 지역별 고용조사 마이크로데이터, 통계청) *설문 응답자 기준

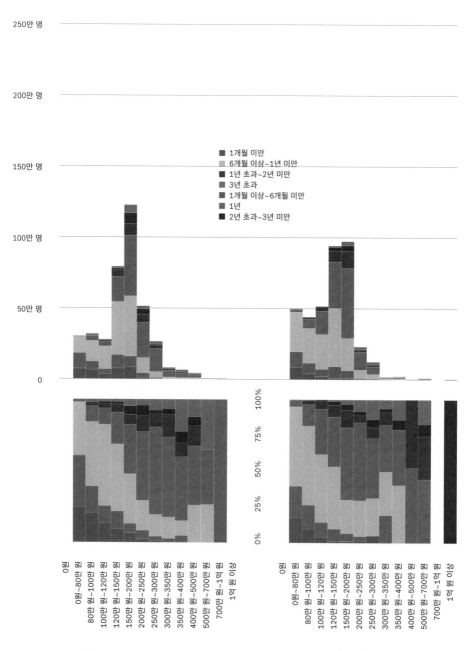

갈팡질팡하다 내 이럴 줄 알았지

아버지
1959년생

어머니
1961년생

본인
1988년생
남자, 미혼,
대학원생

이지안

88올림픽과 함께 인천에서
태어났다. '인천교육대학교
부속초등학교'를 다니며 학교
이름을 외우는 데에 애를
먹었으나, 졸업장은 서울 목동
월촌초등학교에서 받았다.
대일외고 입시에 실패한 뒤, 꿩
대신 닭은 아니지만 같은 재단의
고등학교를 나왔다.

서브프라임 사태 직전에 경희대
국어국문과에 입학했다. 세상이
이렇게까지 제정신이 아닌 줄
알았다면 재수를 했겠지 싶다.
때늦은 후회로는 어찌할 도리가
없어 일단 동 대학원으로 망명을
신청한 상태다.

"자, 외할머니 성함을 말해보세요."

내 기억이 틀리지 않았다면, 이 질문은 내 생애 최초의 입시문제였다. 엄마의 자부심 섞인 회상에 따르면 간단한 산수와 영어문제도 풀었다고 하는데, 어쨌거나 국립 인천교육대학교 부속국민학교에 들어가기 위해서는 무엇보다도 자기 외할머니 이름을 욀 줄 알아야 했다. 일곱 살 전후의 아이들의 지적 능력을 시험하기 위해서는 한국의 가족관계에서 가장 가깝고도 먼 존재, '엄마의 엄마'를 기억하는가를 확인하는 것으로 족하다는 생각에서였으리라. 어쨌든 나는 최순녀라는 희한한 이름을 잊지 않고 대답했고, '교복 입는 국민학교'에 입학할 수 있었다. 나중에 깨달은 사실이지만, 순녀는 친할머니의 이름이었다.

'교복'에 대한 엄마의 열정은 대단해서, 나를 끌고 동네를 돌아다닐 때면 언제나 그 점을 힘있게 강조하곤 했다. 인천 계양구 작전동 주택촌에서 교복 입는 국민학교에 다니는 사람은 나밖에 없다고 했다. 하지만 나는 정말이지 교복이 너무도 싫었다. 특히나 웃기지도 않은 흰 쫄쫄이 타이즈를 받쳐 입어야 했던 춘추복은, 나와 꼭 화장실 가는 시간이 겹쳤던 주인집 아저씨의 신경을 긁기에 안성맞춤이었다. "사내자식이 바지 올리는 게 뭐 그리 오래 걸리냐."며 아저씨가 소리를 지를 때마다 나는 애써 못 들은 척 문을 잠근 채 버텨야 했다. "학교에서 여자옷을 입혀서 그렇잖아요." 하고 맞받아쳤다가 아빠에게 호되게 혼이 난 뒤로는 더욱 그랬다. 엄마는 작전동에 하나뿐인 국립국민학교 학생으로 나를 소개하고 다녔지만, 사실 나는 반에서 하나뿐인 화장실 없는 애였다.

비록 우리 가족에게 허락된 화장실이 없긴 했어도, 작전동의 붉은 벽돌집은 꽤 아름다운 곳이긴 했다. 마당에는 어린 진돗개가 있었고, 정원에는 해마다 사루비아가 만발했다. 네 살 무렵부터 나는 사루비아 꿀을 따먹으며 백구를 끌어안고 하루를 보냈다. 부모님은 아침 일찍 집을 나갔다가, 저녁 무렵이면 묵직한 검은 봉지와 함께 돌아왔다.
혼자 남겨진 낮이면 집은 온통 공사장 소음으로 가득차곤 했다. 어린
나로서는 그 시끄러운 소음들이 왜 자꾸 반복되어야 하는지 도무지 알
수 없었지만, 적어도 그 행위들이 어떤 파괴와 맞닿아 있다는 것만은
예감할 수 있었다. 유일한 친구였던 백구가 동네 어귀에 아무렇게나
버려진 녹슨 못을 밟고 파상풍으로 죽었으니까. 그건 내가 교복을 입기
시작한 이듬해의 일이었고, 그해 겨울 우리 가족은 짐을 싸서 그 집을
나왔다. 사실 그때만 해도 나는 황급히 결정된 이사가 온전히 백구와 나
때문이라고 믿었다. 백구가 죽은 뒤로는 거의 매일 같이 울었으니까.
물론 그런 것쯤은 전혀 고려 대상이 못되었다는 것과, 하나뿐인 우리
가족의 방조차 온전히 엄마아빠의 소유가 아니었다는 사실, 맘 놓고 쓸
수 없었던 화장실과 '들어가면 혼나는 방'은 우리 가족에게 허락되지
않은 경계 너머의 세상이었음을 깨달은 것은 먼 훗날의 일이었다.
　작전동 사글세 방에서 봉지쌀을 사 먹던 우리 가족은 내가 여덟 살이
되던 해에 동인천으로 이사를 했다. 내게는 동인천 백화점과 수봉공원이
가까웠던, 부모님에게는 "로열 층"에 "남향집"이었던 송현동
동부아파트였다. 보증금 16만 원에 월세 4만 원짜리 단칸방에 살던
우리 가족이 느닷없이 900만 원짜리 전세 아파트에 살게 된 것은 순전히
부모님의 희생 덕택이었다. 부평 미군부대 심부름꾼 집 딸과 맨몸으로
월남한 전쟁고아가 낳은 아들의 시작이 순탄했다면 그건 순전히
거짓말이었을 것이다. 전화 한 대 놓을 돈까지 아껴 모은 탓에, 엄마는
나를 낳을 당시 양수가 터져 흐르는 몸을 끌고 공중전화를 찾아다녀야
했다. 물론, 그럼에도 불구하고 20만 원 남짓이던 아빠의 월급으로
완벽하게 마음에 드는 집을 구하기는 아무래도 어려웠다. 복도식 아파트
맨 끝에 자리한 새집은 세로로만 길쭉한 구조로 만들어져 있어서,
15평 중 실제로 활용할 수 있는 공간은 매우 한정되어 있었다. "둘 곳이

마땅치 않다."는 이유로 장난감을 사주지 않던 부모님에게 어린 내가
곧바로 수긍했을 정도로 말이다.

　내게 주어진 유일한 장난감은 레고 테크닉이었다. 단순히 블록을
쌓아올리는 것이 아니라, 미리 설계된 구조에 따라 정확하게 기계들을
재현해야 하는 복잡한 물건이었다. 박스에는 '11~16세'라고 쓰여
있었지만, 아빠는 똑똑한 애들은 내 나이 정도면 다 만들 수 있다고 몇
번이고 강조했다. 나는 평소에는 아빠가 사온 레고 테크닉을 붙들고
있다가, 가끔씩 옆집 민기네로 가서 변신 로보트를 가지고 놀았다.
4행정기관이 뭔지도 모르는 민기의 장난감은 대단히 단순해서, 나는
종종 망가진 로봇을 고쳐주고 과자를 얻어먹곤 했다. 엄마에게는
그것이 퍽 자랑거리가 되었다. 아파트로 오고 나서는 어쩐지 교복 입은
애들이 많아진 까닭에, 그것만으로는 내 '총명함'을 증명하기 어려웠던
탓이었다. 그렇게 친구들이 「전설의 용사 다간」에 등장하는 '셔틀
세이버'를 변신시키고 노는 동안, 나는 레고 테크닉 시리즈의 '스페이스
셔틀 콜럼비아호'를 조립하며 시간을 보냈다. 친구들 사이에서 나는
「슈퍼 그랑죠」도 모르는 바보가 되었지만, 수업시간이면 '웜 기어'나
'베벨 기어', '블랙홀'과 '적색 거성'을 줄줄 외는 신동이 되었다.

　매일 아침 먼 거리의 학교에 가야 했다는 점을 빼놓고는 퍽
만족스러운 생활이었다. 사실 학교가 멀다는 것도 그리 문제가 되지는
않았다. 옥상에 골프장이 있는 3층짜리 병원집 외동딸 슬기와 함께
다녔기 때문이다. 슬기네는 수많은 동부아파트의 이웃들 중에서도
몇 안 되는 "그랜저 V6를 모는 집"이었다. 대통령 할아버지도 탄다고
했던 그 차는, 방향제 냄새가 조금 고약하긴 했지만 엄마들끼리 돈을
모아 운행했던 봉고차나 아빠의 '프라이드 베타'보다는 훨씬 앉기가
편했다. 저녁에는 이따금 아빠가 사온 '인현통닭'의 전기구이를 먹었고,
일주일에 두 번쯤은 온 집 안에 신문지를 깔고 삼겹살을 구워먹었다.

마늘을 먹지 않는 것은 괜찮았지만, 젓가락질을 제대로 하지 않거나
입을 벌리고 음식을 씹었다간 크게 혼이 났다. 까딱 실수라도
했다간 바로 밥그릇을 뺏길 정도였다. 사실 나는 지금까지도 번듯한
스테이크를 구경해본 적이 없는데, 그럼에도 당시 아빠의 성화에 몇
번이고 돌려보아야 했던「테이블 매너」비디오테이프 덕에 포크와
나이프 사용법이라면 아주 이골이 났다. 저녁식사가 끝나고 나면,
나는 아빠가 6개월 치 월급을 털어 장만한 컴퓨터 앞에 앉아서 매일
'한메타자연습'을 해야 했다. "네가 나중에 크면 분명히 내게 큰절을
하게 될 거다." 아빠는 하루라도 그 말을 하지 않으면 입 안에 가시가
돋는 사람이었다.

 이듬해 겨울, 우리 가족은 다시 이사를 했다. 동부아파트 시절의
'가정교육' 덕분이었을까, 아홉 살의 나는 복잡한 주소 정도는 바로
외울 수 있는 '애늙은이'가 되어 있었다. 인천광역시 연수구 옥련동
현대2차아파트. 번화한 동네는 아니었지만, 중요한 것은 새로 옮긴 집의
실평수가 거의 배 가까이 넓어졌다는 사실이었다. 엄마는 "신문에서
봤는데, 한 사람당 8평이 가장 이상적인 공간이라고 하더라." 하고
말하며 들뜬 기분을 드러내곤 했는데, 사실 나는 그 '24평 아파트'가
꽤나 부담스러운 가격이었으며, 분양 당시 모자랐던 계약금을 같이 이사
온 유진이네가 흔쾌히 대신 치러주었다는 사실까지도 이미 알고 있었다.
물론 그것에 대해 아는 체하는 것은 그다지 현명한 일이 아니었다. 이미
어른들 일에 끼어들지 말라는 꾸중을 자주 듣고 있었던 데다, 처음으로
'내 집'을 가져본 엄마의 흥분에 찬물을 끼얹고 싶지도 않았기 때문이다.
그런 내 속을 알 리 없었던 엄마는 자기의 들뜬 기분을 곧장 내 생활의
변화로 표현하기 시작했다. 기본적인 예절 수준을 강조하던 전과는
달리 '귀족처럼 살아야 한다.'는 점을 드러내놓고 강조하기 시작한
것이다. 나는 집에서는 피아노와 첼로를 배우고, 학교에서는 관현악단

특별활동에 나가 트롬본을 불었다. 친구들이 속셈 학원이니 태권도
학원이니 하는 것들을 전전하는 동안, 나는 매일 「생명, 그 영원한
신비」를 보거나 세계명작동화를 읽었다. 공부는 학교 공부면 족하지만
몸에 밴 교양은 평생 간다는 부모님의 지론 덕택이었다.

    그러나 결과적으로 부모님은 나를 '귀족'으로 키워내는 데에
실패하고 말았다. 너무도 일찌감치 어른들의 세계를 접한 탓이었을까,
나는 불과 열 살의 나이에 (대부분 아줌마들 사이의 대화를 엿들어가며)
일찌감치 내 '주제'를 깨닫고 말았다. 그러니까 연수구 옥련동은,
말하자면 이류 인간들이 옹기종기 모여 사는 동네였다. 이름부터가
그랬다. 연수구 연수동에 진짜 귀족들이 살고 있었다면, 연수구
옥련동에는 『먼나라 이웃나라』에서 보았던 '제3계급'들이 터를 잡았다.
동부아파트 시절 아무렇지 않게 차를 얻어 탔던 슬기네가 얼마나
대단했는가를 뒤늦게 알게 되었고, 어른들의 세계에서는 그런 관계를
보통 '친구'라고 부르지 못한다는 것도 어렴풋이 알게 되었다. 도대체
베벨기어나 아노말로카리스의 진화에 대해 아는 것이 무슨 소용인가!
학년이 올라갈수록 선생님의 칭찬이나 스티커, 상장 따위는 점점
더 쓸모가 없어져갔다. 용돈이 넉넉해서 친구들에게 군것질거리를
베풀 수 있거나, 그게 아니라면 싸움에 능숙해지는 것이야말로 '좋은
교우관계'를 획득하는 가장 손쉬운 방법이었다. 4학년이 끝나갈 무렵,
도서관에 앉아 시답잖은 어린이용 역사책을 뒤적이던 나는 마침내
'국립'이라는 꼬리표가 어쩌면 '공립'보다 몇 배는 수치스러운 이름일
수 있다는 상상에 도달했다. 사립학교에 보낼 형편이 안 되는 부모들이
모여 만들어낸 허위의식의 상징이 바로 내 '교복'이었던 것이다.
어디서 베껴 넣은 것인지는 진즉 잊어버렸지만, 적어도 그날 바꿔 적은
'DreamWiz 지니' 메신저의 대화명만큼은 아직도 기억이 생생하다.
"몸에 두른 이 의복은 주제넘은 허영의 죄수복이도다." 나와 친구들은

학교에서 미국식 '열린 교육' 따위의 '선진 교육'을 앞서 체험하는
대신 갖은 교수법의 시험 대상이 되어야 했고, 등하교 시간이면 매일
시내버스를 두세 번씩 갈아타며 인파에 시달려야만 했다. 자기가
귀족이라는 착각 속에 살고 있는 우매한 평민들, 그게 바로 나와 내
가족이었다. 먹어본 적 없는 스테이크를 우아하게 썰 줄 알고, 내 것이
아닌 금관악기를 연습하는 것은 하나같이 부끄러운 치장에 불과했다.

그날 이후로 내 생활은 크게 달라졌다. 나는 종종 회수권을 찢어서
냈고, 그렇게 모은 돈으로 과자나 사탕을 사서 학교에 가져가곤 했다.
힘센 친구에게 회수권을 찔러주면 생활이 한결 편해진다는 것도 배웠다.
선생님들은 오히려 만만한 상대였다. "국·수·사·자" 네 과목을 배우는
일은 전혀 어렵지 않았고, 가끔 '올백'을 맞기만 하면 아무도 나를
건드리지 않았다. 딱 한 번 사회과목 답이 기억나지 않아 책을 훔쳐보다
빵점을 맞은 것 외에는 나는 거의 매번 '올백'을 받았다. 엄마에게는 오직
내 시험지나 상장이 삶의 낙이었다. 정작 내게는 100점짜리 시험지나
상장이 아침 밥상의 김만도 못한 존재였지만 말이다. 6학년이 시작되던
봄, 나는 누구보다 커다란 사탕바구니를 안겨주는 것으로 반에서
인기를 모으던 여자아이의 남자친구가 되었다. 어른들은 그것을 풋풋한
첫사랑이라고 불렀다. 나는 그것을 내 생의 절망들 중 하나로 기억한다.
사랑의 외피를 돈으로 살 수 있다는 것 그리고 그것을 돈으로 샀다는
부끄러움, 유치한 정복욕, 비열함과 비겁함, 모든 것이 뒤엉킨 감정을
숨긴 채 열세 살의 나는 꿋꿋하게 그 애의 손을 잡고 유년의 마지막을
활보했다. 지금은 이름조차 기억나지 않는 작은 손을.

이미 수 년 전에 내가 깨달았던 '주제'가 뒤늦게 부모님의 피부에
와닿은 것은 어느덧 6학년의 마지막이 저물어갈 때쯤이었다. 옥련동에
사는 나로서는 연수동에 있는 좋은 중학교에 갈 수가 없었던 것이다.
부모님은 내게 '빵빵이' 때문이라고 설명했지만 그걸 곧이곧대로

믿기에는 내 머리가 너무 커져 있었다. 뺑뺑이가 대체 무슨 잘못인가! 죄는 처음부터 연수동에 가지 못했던 우리 가족에게 있었을 뿐이다. 당시는 아직 송도신도시 개발이 확정되기 전이었고, 4,000만 원 언저리에 구입한 옥련동 현대아파트는 채석장으로 쓰다 방치된 돌산 옆에 대충 조성된 소규모 단지에 불과했다. 그곳에서 내가 갈 수 있는 중학교는 해양과학고등학교로 이름을 바꾼 실업계 학교의 부설이거나, 그해 처음으로 신입생을 받으려고 준비하던 신생 학교가 전부였다. 결국 우리 가족은 서울에 있는 아빠의 회사를 핑계로 세 번째 이사를 결정했다. 송도 개발 소문 덕분이었을까. 집은 8,700만 원이라는 만족스러운 값에 금방 팔려나갔고, 거기에 다시 집값의 반 가까이 되는 액수의 대출이 얹어졌다. 그렇게 21세기의 시작과 동시에, 우리는 마침내 서울시민, 그것도 무려 부자동네 목동의 주민으로 이름을 올리게 되었다. 목동 1단지 아파트 20평 전세. 다시 시작된 '남의 집살이'나 좁아진 방은, 말하자면 서울시민이 되기 위한 일종의 통과의례요 대가였다. 내 방에는 미처 다 풀 수 없었던 짐이 쌓였고, 꾸역꾸역 짊어지고 온 피아노는 의자를 놓을 자리가 없어서 칠 수 없게 되고 말았다. 이삿짐을 옮기는 과정에서 귀퉁이가 떨어져나간 피아노는 마치 '너 따위에겐 음악이 어울리지 않는다.'는 선고처럼 보였다. 군데군데 곰팡이가 슬어 있는 벽지는 서울시 양천구 목6동에 민망하게 세워진 '파리공원'처럼 애처로웠고, 아무도 관리하지 않아 좀먹은 프랑스 국기만큼이나 남루했다.

　　그러나 진짜 '의례'는 집이 아니라 학교에 마련되어 있었다. 열 살 무렵 내가 깨달았던 세상의 '진실'은 나만 알고 있던 비밀이 결코 아니었다. 본래 아이들이란 어른들의 상상보다 훨씬 많은 것을 알고 있는 법이다. 전학을 간 초등학교에서 보내야 했던 마지막 반년 간, 나는 철저하게 따돌림에 시달려야 했다. 타지 출신이라는 것이 표면적인

이유였지만, 실제로는 학내 수학경시대회에서 점수가 낮다는 것이 진짜
이유였다. 매달 치러야 했던 수학경시대회 문제들은 당시의 나로서는
절대로 풀 수 없는 불가해의 영역이나 다름없었다. 중학교 2학년용
문제집에 수록되어 있던 복잡한 응용문제들을 선행학습은커녕 수학
학원 문턱도 밟아본 적 없는 내가 풀 수 있을 리 만무했다. 추상적인
느낌으로만 접해왔던 신분의 벽이 비로소 명확한 실체가 되어 내 앞을
가로막은 순간이었다. 평균 80점이 그토록 어려운 점수였다는 사실을,
'우·수'한 학생이 되기가 쉽지 않다는 것을 그제야 깨달을 수 있었다.
졸업이 반년밖에 남지 않은 문제 학생에게 신경을 써줄 만큼 마음씨
좋은 선생님은 없었고, 나는 정답이 반이 넘어도 '가'를 받는다는 것과,
정답을 반도 맞추지 못한 학생에게는 더 이상 부여할 등급조차 없다는
사실을 배워나갔다. 순진한 '귀족 자제들'을 사탕 몇 알로 좌지우지할
수 있었던 고향 미추홀(彌鄒忽)은 서울에 비하면 천국 그 자체였다.
'진짜 세상'은 겨우 몇백 원으로 흥정하기엔 너무나 거대했고, 한두 번
싸움질로 뒤집기엔 지나치게 단단했다. '월촌(月村)'이라는 이름의 그
초등학교에서, 인천 '달동네' 출신 촌놈은 날마다 차갑게 철이 들었다.
　중학교에 진학하고 나자 뒤처진 공부를 따라가는 일은 더욱
힘겨워졌다. 방학마다 외국에 나가는 친구가 있는가 하면, 이미
고등학교 수학을 다 끝내놓고 졸업만 기다리는 친구도 있었다. 학교는
학원에서 배운 것 아니냐며 많은 것을 지나쳤고, 학원은 이 정도야
누구나 안다는 듯한 태도로 많은 것을 생략했다. 주변 친구들은
하나같이 영어와 수학에 선천적인 재능을 지니고 태어난 것만 같았다.
나는 점점 학교와 학원으로부터 멀어졌고, 급기야 돈이 아까운 나머지
학원비를 내지 않고 따로 모아두기 시작했다. 엄마와 아빠는 당시
내 주변의 그 누구보다 순진했고, 두 분을 속이는 것은 전혀 어려운
일이 아니었다. 나는 학원에 간다는 핑계로 집을 나선 뒤 동네 책방을

들락거리며 무협지나 판타지소설을 탐독했다. 내가 주로 감정을 이입한
대상은 강하고 멋진 주인공이 아니라 책사나 재상, 음유시인 등이었다.
영웅으로 태어나지 못했지만 그들을 조종하는 이들. 마치 내가 가야 할
길을 미리 일러주는 듯한 그들의 삶에 나는 금세 매료되었다.

중학교 2학년 여름, 그러니까 온 나라가 붉은악마의 함성으로
가득했던 2002년, 우리 가족은 남들과 달리 참담한 표정으로 그
축제를 지켜보고 있었다. 승부차기 끝에 승리한 홍명보가 해맑게
웃으며 그라운드를 가로지르던 그날, 엄마는 그해를 마지막으로
집을 비워달라는 전화를 받았다. 믿을 수 없는 속도로 치솟던 축구의
열기만큼이나 가파르게 오른 전세금 때문이었다. 아빠는 돈을 더
주겠노라고 집주인에게 전화를 걸었지만, 일흔이 다 되었다던 노인은
집요하리만큼 철저하게 부모님의 연락을 피했다. 그 정도의 웃돈으로는
가당치도 않다는 것이었다. 나는 처음으로 부모님이 남에게 욕을
퍼붓는 것을 보았고, 처음으로 부모님이 우는 것을 보았다. 그러나
소리를 지르거나 눈물을 흘린다고 해서 꺼진 전화기에 신호가 전달될 리
만무했다. 그것은 엄연한 세상의 이치였다.

다시 인천으로 돌아가야 하나를 고민하던 차에, 우리 가족에게
생각지 못한 구원의 손길이 다가왔다. 급히 이민을 떠난다는 젊은
부부가 집을 싸게 내놓은 것이었다. 애초에 전세금을 치를 때 이미 은행
대출을 끼고 있는 형편이었지만, 절박한 우리 가족으로서는 달리 선택의
여지가 없었다. 집안의 패물이라면 실처럼 가느다란 내 돌반지까지
모두 꺼내 처분했고, 여기저기서 돈을 빌려 간신히 1억 8,000여만 원을
만들 수 있었다. 당시의 절박함은 숫자로도 드러났는데, 오로지 집값을
치르는 데에 모든 돈을 써버린 나머지, 붙박이장을 떼어낸 자리를
보수할 20만 원을 마련하는 데에만 무려 세 달이 걸렸다. 적잖이 끌어
쓴 사채를 갚아내고 하얀 장롱이 새로 들어오던 날, 엄마는 이제야

진정한 '목동 주민'으로 거듭났다는 감격에 울음을 터뜨리고 말았다.
이제는 원하는 대로 벽지를 바꿀 수도 있었고, 냄새가 올라오는 발코니
수챗구멍을 틀어막을 수도 있었다. 무엇보다도 부모님을 흥분하게 했던
것은, 더는 달력에 2년 뒤 오늘을 표시하지 않아도 된다는 사실이었다.
지난 몇 달간 파랗게 질린 얼굴로 '부동산 114'를 뒤적거리던 엄마는
이제 흐뭇한 미소를 띠며 시세정보를 확인하게 되었다. 매일 아침
프림을 뺀 믹스커피 한 잔과 함께, 아주 여유 있는 태도로 말이다.

　이사와 함께 가벼워진 부모님의 마음만큼이나 한동안 나의 고민도
잦아들었다. 물론 집 때문만은 아니었다. 특목고 입시에 도전했고
당연하게도 낙방하여 인문계 고등학교에 진학한 덕분이었다. 중학생의
절반이 특목고에 입학하는 이 지역에서 인문계 고등학교는 이미
상징적인 의미를 내포하고 있었다. 인천의 '국립'국민학교가 허울뿐인
일류 욕망의 집산지였다면, 목동의 '일반계'고등학교는 어느 정도는
스스로의 처지를 받아들일 준비가 된 이들이 모여드는 공간이었다.
개중에 일부러 특목고를 포기하고 내신을 챙기러 온 경우도 있었지만
극소수에 불과했고, 나는 단지 게임 실력을 쌓아올리는 것만으로도
손쉽게 골목대장 노릇을 할 수 있었다. 결코 손이 잰 편은 아니었지만,
10대 후반의 아이들이 즐기는 게임이라는 것은 어이없을 정도로
단순한 작업에 불과했다. 총을 들고 정해진 자리까지 달려간 다음, 뻔한
위치에서 튀어나오는 적을 향해 마우스를 클릭하면 그뿐이었다. 그건
마치 이 세상의 진리를 재현해놓은 것처럼 보였다. 폭력성이니 뭐니
하는 비난을 주워섬겼던 어른들이 하나같이 갈잖게 느껴졌을 정도였다.
눈으로 보고 총을 쏘는 것은 하수들이나 하는 짓이었다. 필요한 것은
미리 약속된 규칙들을 숙지하는 약간의 노력과 그것을 그대로 실행하는
간단한 반복에 불과했다. 허공에 총을 쏘면 기다렸다는 듯이 튀어나온
누군가가 그것을 맞아주었다. 그대로 나이를 먹으면 분명 누군가의

부하직원으로 평생을 보내게 될 내 생애처럼 말이다. 나는 수업시간
내내 판타지소설을 읽다가, 수업이 끝나면 PC방으로 달려가는 생활을
계속했다. 학교에서는 축출된 영웅을 다룬 설화 「아기장수 우투리」를
가르치며 "백성들의 '살아 있는 꿈'을 대변한다."는 조잡한 설명을
외우게 했고, 나는 공책 구석에 "헛소리"라는 각주를 달았다. 21세기의
대한민국에 영웅은 필요 없었다. 이곳에는 그저 주어진 레일을 순조롭게
달려 부모의 계급을 물려받을 소수의 아이들과, 미래의 주인에게
복종하기 위한 갖은 과정을 이수하고 있는 수많은 멍청이들이 있을
뿐이었으니까. 판타지소설은 차라리 솔직했다. 첫 장에서 그들은 언제나
환생을 하거나 차원을 뛰어넘었다. 누군가는 그것이 개연성을 손쉽게
획득하기 위한 수작이라고 비난했지만, 내가 보기에는 이곳 현실에 대한
너무도 적절한 묘사였다. 소설의 주인공들은 그저 자신이 있을 곳을
찾아 떠났을 뿐이었다. 그리고 작품의 말미에서 왕이 되거나 영웅이 된
주인공들은 대부분 '원래 세계'로 돌아오길 거부하고 그곳에 남기를
택했다. 매번 한결같은 그들의 선택을 보며 나는 생각했다. 나라도
당연히 그리했으리라고.

　나날이 떨어지는 성적은 책과 인터넷에서 적당히 배운 포토샵으로
해결했다. 꼬리표는 찢어버리면 그뿐이었지만, 괴상한 그래프가 삽입된
성적표를 조작하는 일에는 꽤나 품이 들었다. 학교장 직인의 채도를
잉크젯 프린터에 맞추어 조절하는 작업보다 힘이 들었던 것은 스캐너를
구하는 일이었다. 나는 얄궂게도 전교 1등을 다투는 친구의 집에서 매번
스캐너를 빌려 써야 했다. 친구는 나를 한심하게 쳐다봤지만 그것을
들킬지언정 먼저 내색하지는 않는 의젓한 아이였다. 그렇게 내 대담한
작업은 꿈에 부푼 엄마가 서울대학교 수시모집에 나를 지원시키겠다며
담임선생님을 찾아간 고3 여름까지 계속되었다.

　2주 정도의 냉전이 지나고, 본격적인 내 수험생활이 시작되었다.

무너진 신뢰를 회복하는 방법은 오로지 구체적인 수치로 증명된
자료를 내미는 방법뿐이었다. 모든 수업을 깡그리 무시한 채, 나는
하루에 거의 1,000여 개의 문제를 풀었다. 사람 좋던 담임선생님은
나를 회유한답시고 "모의고사 한 회씩을 다 풀어오면 야간자율학습을
면제해주겠다."는 눈치 없는 제안을 내놓았지만 이미 그런 것쯤은
아무래도 좋았다. 어차피 어느 정도 두께의 문제집 한 권을 다 풀고
나면 정해진 시간을 훌쩍 넘겨 있는 경우가 다반사였으니까. 밥 먹는
시간 외에는 거의 모든 시간을 수험공부에 투자하면서, 나는 어른들이
말하는 세상의 이치라는 것이 얼마나 허망한가를 다시 한 번 느낄 수
있었다. 수능시험 문제라는 것은 어디까지나 주어진 패턴 내에서 맴돌
뿐이었고, 그것을 얼마나 숙달하고 재현하느냐에 따라 등위가 배정되는
입시경쟁의 구조는 게임의 법칙과 하등 다를 것이 없었다. 등수대로
배정받던 내 야간자율학습 좌석은 가을이 지날 때쯤 색이 특실로 바뀌어
있었고, 마지막에는 일부 학생에게만 주어지던 '색깔 다른 책상'에도
앉아볼 수 있게 되었다.

  성적은 가파르게 올랐지만 부모님을 만족시킬 수준의 결과를 내는
데에는 실패하고 말았다. 서울대학교에 입학하지 못했기 때문이다.
엄마는 강력하게 재수를 주장했지만, 나로서는 이 한심한 짓거리를
어서 끝내고픈 마음이 간절했다. 2007년 3월, 나는 서울의 중상위권
대학 국문과에 적당히 입학했다. 그리고 곧바로 실망했다. 기대와
달리 대학생활은 이제까지의 삶과 하나도 다를 것이 없었다. 선배나
동기들은 "사람이 재산이다."라는 상투적인 경구를 염불처럼 외고
다녔지만, 사람을 챙기겠다며 벌인 술판은 기껏해야 다음 날 수업에
지각해 뒷머리를 긁게 만들 뿐이었다. 오직 '젊음'이라는 형용사를
연료삼아 '늙다'라는 동사를 채찍질하는 무가치한 반복만이 대학의
전부인 것처럼 보였다. 나는 저 허황된 낭만에 동참하기보다는 차라리

내가 지난날 누리지 못한 것들을 이 한시적인 자유의 땅에서 누리기로
결심했다. 이를테면 또래들 사이에서는 이미 만인의 교양이었던
「신세기 에반게리온」이나, 어린 시절 부모님에 의해 금지당했던
「초신성 플래시맨」을 보느라 밤을 지새우는 식으로 말이다. 자연히
나는 학교에서 점점 외톨이가 되어갔지만, 평생을 타인의 시선과
관점에 맞추어 살아온 내 삶에서 이 방황 아닌 방황은 처음으로 나
자신에게 솔직한 나날들이었다. 후배가 들어오고, 개중에는 고맙게도
나를 좋아해준 친구들이 있기도 했지만, 당시의 내게는 연애조차도
시간과 재화의 낭비에 불과했다. 어느 봄날, 나는 순간적인 충동으로
후배의 고백을 받아들였는데 미안한 감정에 못 이겨 그날 저녁 그것을
번복했고, 다음 날부터 온 여자 후배들의 공공의 적이 되었다.

　나는 입대를 결심했다. 마주칠 때마다 날을 세우는 후배들이
부담스럽기도 했거니와, 무의미한 시간을 보내느니 숙제로 주어진
병역을 얼른 해치우자는 생각이 들기도 했다. 우려와 달리 군대생활은
생각만큼 어렵지 않았다. 그저 평생을 견뎌왔던 어떤 강요들이 약간의
폭력성을 동반한 실체로 떠오른 수준에 불과했다. 부대의 선후임들은
버릇처럼 자유를 부르짖었지만, 막상 그것이 주어지고 나면 부대 밖의
법도에 따라 판에 박힌 유흥을 즐기고는 정시에 복귀했다. 그곳에서
나는 좌파 이론서들을 탐독하기 시작했다. 처음에는 문학이론 수업에서
다루던 책 몇 권을 들여온 수준이었지만, 이내 창고 구석에 숨어 몰래
읽는 금서의 짜릿함으로 번져갔다. 아무런 철학적 훈련도 없이 덤벼든
최신 정치철학 이론들은 하나같이 '선한 자는 반드시 복을 받는다.'는
세계명작동화의 교훈을 그대로 반복하는 것처럼 보였다. 극도로 제한된
독서 속에서 나는 본의 아니게 여러 철학적 이론들을 거칠게 일반화하는
데에 점차 익숙해져갔다.

　우습게도 이 한심한 재주는 제대 후의 학교생활에 지대한 공헌을

했다. 수업 내용에 최신 이론 경향들을 끼워 맞추는 것만으로도 매
수업마다 손쉽게 훌륭한 학생으로 인정받을 수 있었다. 유년기 뒤꼍에
묻어버린 크라운기어와 오파비니아가 마침내 긴 잠에서 깨어나는
순간이었다. 나는 다시금 세계고전문학을 읽거나 브람스와 베토벤의
교향곡을 듣는 생활로 돌아갔다. 그것은 세계명작동화를 읽고 피아노를
배우던 유년시절과 정확히 같은 종류의 삶이었다. 물론 이번만큼은
부모님의 욕망을 내 안에 투사하는 방식이 아니었다. 군대의 경험은
내게 예속 안에서 누릴 수 있는 자유의 한계를 가늠하는 방법을
가르쳐주었다. 나는 결정론으로 가득 찬 세계 속에서 자유의지를
연기하는 데에 점차 능숙해져갔다. 인간의 보편적인 정신에 도달하려
했던 예술가들의 분투는 현실에 존재하지 않는 자유를 대체해줄 대단히
훌륭한 발명품들이었다. 판타지소설에 대한 과거의 선호는 자연스럽게
폐기되었다. 현실이야말로 엄연히 환상에 의해 지탱되고 있음을 깨달은
덕분이었다. 어두컴컴한 창고 구석에 앉아 읽은 이론서들은 세계의
법칙을 명확하게 해명해주지는 않았지만, 대신에 그 법칙들 속에서
태생적인 신분 이상의 지위를 참칭할 방법을 내게 일러주었다. 간단한
이치였다. 세상은 선한 자가 복을 받는 것을 좋아했고 그것이 동화
따위의 주인공이 아니라 자신들이기를 원했다. 남은 것은 그들의 욕망을
시원하게 긁어주는 일뿐이었다. 나는 수업시간에 다루는 문학작품들에
신앙에 가까운 이론적 당위성들을 뒤집어씌우며 남은 학기들을 보냈다.
작가와 독자는 빌어먹을 자본주의가 지배하는 세상에 남겨진 마지막
등불이라고 주장하면서.

　　정신을 차리고 보니 나는 이미 대학원 진학이 굳게 약속된 '우수한
학생'이 되어 있었다. 부모님은 교수가 될 수 있다는 말에 내 결정을
순순히 수긍하면서, 일찌감치 목동의 집을 내놓고 신도시로 옮기는
것이 어떻겠냐고 물었다. 나는 단칼에 그 제안을 잘라버렸다. 절정 때에

비해 반 가까이 값이 떨어진 집을 팔고 신도시로 가봐야 어차피 손에 쥘
수 있는 것은 많지 않았다. 부모님의 든든한 기반은 나를 위해서라도
무너지지 않을 필요가 있었다. 상황은 그다지 낙관적이지 않았다.
거품 위에 지어진 부동산 제국은 이미 내가 대학에 입학할 즈음부터
빠르게 무너지고 있었다. 그렇다면 몰락한 은평구의 주민이 되기보다는
차라리 몰락한 목동의 주민으로 장렬하게 산화하는 편이 훨씬 나았다.
일찌감치 세를 놓고 신도시 정벌에 나선 이웃들이 하나씩 행복주택
건립에 반대하며 거리에 드러눕는 꼴사나운 속물들로 전락하는 광경을
지켜보면서, 나는 나의 판단이 잘못되지 않았음을 확인하고 안도했다.
한때 8억 원이 넘었던 집값은 벌써 5억 근처까지 곤두박질치고
있었지만, 엉덩이 아래 깔려 있는 명목상의 재산이 줄어드는 것은 이미
노후에 이르는 궤도를 완성해낸 부모님의 삶과는 아무런 관계가 없었다.
　　남은 고민은 온전히 나의 몫이었다. 대학원에 간다고 해서 교수가
될 수 있을 리 만무했고, 무엇보다 대학이라는 학제가 앞으로도 과연
지금과 같은 구조를 유지해낼 수 있을지 자체가 의심스러운 상황이
아닌가. 물론 당장의 호구지책을 마련할 방법이 막막한 것은 결코
아니었다. 벌써 25년째, 내 삶은 늘 캥거루족의 표본과도 같았으니까.
부모님은 그들의 삶을 통해 자신의 몫 이상을 이룩했고, 따라서 내
생계의 절박함은 따지고 보면 부모님이 마지막 주택융자를 갚아냈을
때에 이미 해결된 것이나 진배없었다. 다만 두려운 것은, 아니, 진정
두려운 것은 부모의 시대에 이룩한 수준의 부를 내가 결코 재현해낼
수 없을 것이라는 불안이다. 내가 하루에도 몇 번이고 말러의 장엄한
「부활」(Auferstehung)에 취하는 까닭은 간단했다. 부모 세대가 누려온
경탄할 만한 행운이 내게 깃들지 않으리라는 것은 자명했고, 나는 저
불안을 영원한 사변세계의 부활과 찬미 속에 흔적도 없이 흩어버리고
싶었던 것이다. "Was du geschlagen, zu Gott wird es dich tragen!",

그대가 쟁취한 것이 그대를 신에게로 인도하리라! 아아, 도대체 빛나는 별빛을 따라 거닐면 그뿐이던 시대는 얼마나 복되고 또 복되었던가! 오늘도 나는 유행 담론의 논의를 맥락 없이 인용하며 "~해야 한다"는 텅 빈 요청으로 하나의 글을 끝맺었다. 그러나 정작 내가 앞으로 무엇을 해야 하는가에 대해서는 아무런 결단도 내리지 못하고 있다. 그저 절박함이 곧 길이 되는 타인의 삶을 부러워하는 오만함을 연출하면서, 그렇게 앞으로도 무의미한 인생을 살아가게 되겠지. 어쩌면 나는 어느 한 현상학자를 인용함으로써 내 무가치한 시간들을 변호할 수 있을지도 모르겠다. 일상이란 스스로가 죽음을 향한 존재임을 잊기 위한 허망한 몸부림이며, 따라서 진정한 삶이란 불안 그 자체에 있음을 받아들여야 한다고 말이다. 그러나 이 일을 어이할거나. 이미 저 변명마저도 누군가에 의해 선취된 시대인 것을. "I knew if I stayed around long enough, something like this would happen", 세상 너머의 죽음을 애써 받아들여 무엇에 쓰겠는가? 오래 살다 보면 언제고 알게 될 것을. '오래 살다 보면 결국 이런 일도 있을 줄 알았지'라는 버나드 쇼의 묘비명을 처음 '갈팡질팡하다 내 이럴 줄 알았지'로 잘못 옮겼던 사람은, 아마도 자기 생에 대단한 애착을 가진 사람이 아니었을까. 애석하게도 내게는 그런 것이 없지만, 어쨌거나 쇼의 말은 지극히 옳다. 좋건 싫건 일단은 살아야 하는 것이다. 일단은 살아봐야 뭐라도 알 수 있지 않겠는가! 설령 그것이 고작해야 마지막에 불과할지라도. 아아, 부디, 브라보 마이 라이프!

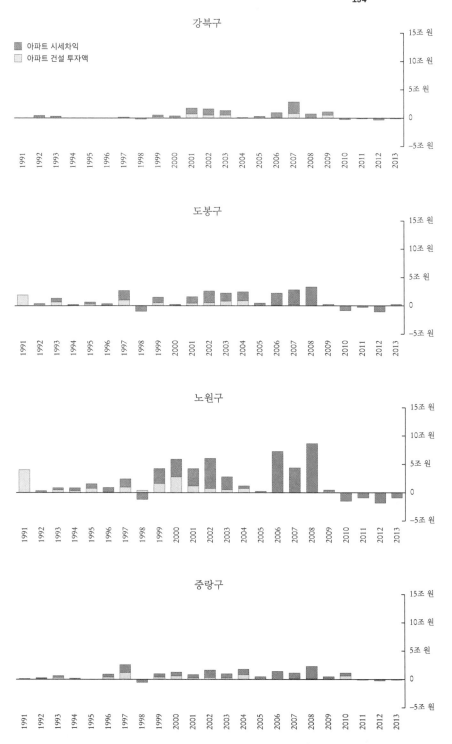

강북구

■ 아파트 시세차익
□ 아파트 건설 투자액

도봉구

노원구

중랑구

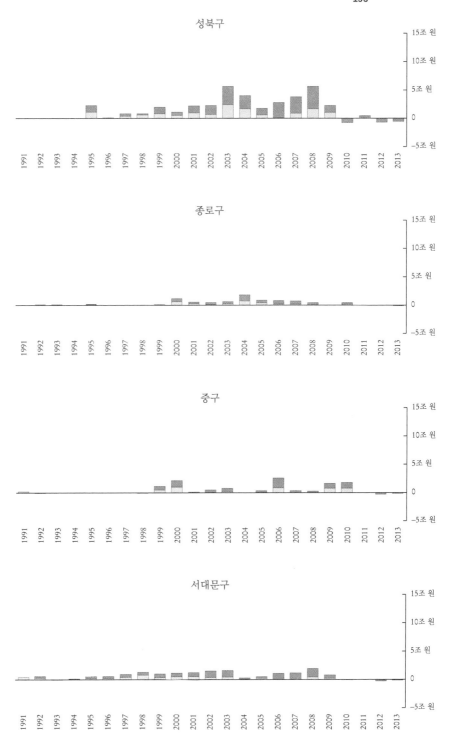

밥비린내

쿠쿠

	아버지	어머니
	1941년생	1944년생
		본인
		1979년생
		여자, 미혼,
		회사원

나는 도심에 혼자 산다. 큰 도로와 조금 떨어진 도심의 아침은 조용하다.
이곳은 대개 아침에 사람들이 도착하는 곳이지 출발하는 곳이 아니다.
건물들 사이에서 뜨는 해는 유리벽에 반사되어 눈을 어지럽힌다. 전보다
조금 여유를 가지고 일어나 아침을 챙겨 먹고 문을 나서 조금만 나가면
이른 출근을 하는 사람들과 약간 밀린다 싶은 차로 가득한 도로가
기다린다. 아침 준비가 길어졌다면 버스를 타겠지만 계획대로라면
한 시간 조금 못 걸리는 거리를 걸어서 출근한다. 청계천에 다시 물이
흐르게 된 이후에야 실행에 옮긴 일이다. 느닷없는 모습을 하고 등장한
과거와 이름만 똑같다는 하천의 정체에 대해 갑론을박이 있었지만
직장까지 이어진 청계천 변 산책로는 더없이 좋은 길이다. 도로에서
한 층 높이로 내려 앉은 산책로에는 계절마다 다른 그림자와 눈부심이
있다. 산책로 주변을 감싸는 육중한 돌 사이로 (물론 얇게 저민 돌을
콘크리트 옹벽에 붙인 것이겠지만 아무려면 어떤가.) 때로는 옹기종기
심어진 각종 이름모를 풀과 나무들 사이로 햇살이 그림을 그리고, 나는
그 사이를 걸어가는 것이다. 청계천이 복개를 뜯고 도로 한가운데로
돌아온 덕에 차가 마음껏 다니기에는 좁아터진 청계로는 차로 가득
채워도 그다지 번잡스럽지 않다. 내가 걷는 한 층 아래의 산책로에선
말이다.

낭만에 치우친 감상이라고 말할지도 모르겠다. 그렇다면 간단히
돈으로 환산하여 말할 수도 있다. 걸어서 출퇴근이 가능하니 차비가
줄어든다. 한 달에 적어도 3~4만 원은 아낄 수 있다. 물론 이보다 많은
돈이 월세로 나간다. 도심의 임대용 주택엔 보증금이 적다. 빚이 적은
집주인들이 월세를 받아 먹고산다. 그들은 되도록 많은 월세를 내줄
세입자를 구한다. 애당초 다른 곳보다 월세가 10만 원 이상 비싸다.
그러나 그렇게까지 비싼 것도 아니다. 대신 운동이 가능하다. 만원
버스와 지하철에서 다른 사람들 틈에 치이면서 팟캐스트를 듣거나

뉴스를 검색하면서 40~50분을 버텨 내며 출근하는 대신 그 시간에
이어폰을 끼고 산책을 겸하여 걸어서 출근을 한다. 나는 타인과의
지나친 접촉을 최대한 피할 수 있는 위치와 혼자만의 시간을 가질
시간을 돈을 주고 산 것이다. 사실 운동 같은 건 아무래도 좋다. 다른
사람과 부딪히지 않고 하루를 시작하지 않을 수 있다면 당신은 얼마를
더 지불할 수 있겠는가? 부수적인 절약 포인트도 있다. 도심에 살기
때문에 심야 택시비가 적게 들거나 거의 들지 않는다. 대체로 모임을
집 근처에서 갖는다. 대중교통이 끊기는 시간까지 이어지는 모임을 할
때마다 2만 원이 굳는 기분이 드는 것이다. 낭만이라면 오히려 서울 외곽
주거지에서의 낭만이야말로 과장된 것이다. 이 낭만의 정체는 타인도
아닌 사람들, 바로 가족이다.

나는 전에 살던 서울 동북쪽, 아파트가 가득한 동네의 낭만을 한마디로
요약할 적당한 말을 찾아냈다. 그것은 바로 '밥 비린내'다. 이 가족의
냄새는 이 동네의 기후와 같은 것이다. 밥 비린내의 습격은 아침부터
시작된다. 출근을 위해 집을 나서기도 전부터 옆집에서 하는 밥 냄새가
난다. 집을 나선 이후에도 마찬가지다. 이 동네에는 어디서든지 밥
비린내가 난다. 나도 가끔 밥을 한다. 밥을 싫어하는 것은 아니지만 밥을
가끔하는 것은 지어놓은 밥이 늘 남기 때문이다. 물론 2인용 밥솥이란
물건이 존재한다. 나도 하나 가지고 있다. 가끔 하는 밥은 바로 이걸로
하는 것이다. 이 밥과 조심스럽게 양을 조절한 된장찌개와 간단한 계란
요리를 반찬으로 집에서 밥을 먹는다. 여기에 그날 퇴근 기분에 따라
백화점 식품 코너에서 사온 작게 포장된 식재료 중 한 둘이 더 밥상에
오른다. 저녁에 집에 들어올 수 있는 날이면 말이다. 내가 밥 냄새를
싫어하는 것이 아니라는 말을 하고 싶었다. 밥 비린내라는 것은 밥에서
나는 냄새가 아니다. 사람과 동네에서 나는 냄새다.

좀 더 구체적인 예를 들어야겠다. 단란한 가족이 함께 사는 동네는
그 동네만의 냄새가 있다. 아침에 집을 나서면 집에 남은 가족과 인사를
나누고 출근을 하는 남자 혹은 여자 들을 만나게 된다. 그들은 그날
아침에 먹은 밥 냄새를 풍기며 나와 함께 지하철이나 버스에 탄다. 나는
그 사람들 틈에 끼어 그들의 아침 메뉴를 생각해낸다. 내 옆에 탄 남자와
내 위에 선 남자의 집의 김치 맛은 미묘하게 다르다. 그들의 김치에는
각각 새우젓이거나 까나리액젓이 들어 있다. 어떤 사람의 옷에는 그날
아침에 끓인 소고기국의 냄새가 그대로 배어 있다. 나는 미세하게
풍기는 그 냄새 사이에 서서 그들의 가족을 떠올리고는 미묘한 긴장에
휩싸이는 것이다. 이 냄새는 그들이 혼자가 아님을 말해주는 냄새다.
나에게는 나지 않는 냄새. 이 냄새의 표면에는 각종 음식들이 붙어
있지만 그 배후에는 그들의 집과 주방, 냉장고에 들어 있는 각종 음식들,
집집마다 하나씩은 놓여 있을 김치냉장고, 철마다 김장을 하거나
부모님의 집에서 김치를 얻어오거나 하는 가족의 이야기가 묻어 있는
것이다.

　그 냄새는 그보다 조금 늦은 시간이면, 그들의 아이들을 유치원에
데려갈 노란 승합차에서도 난다. 대개 아이들의 어머니이거나 할머니가,
아이의 혈육이 아니라 맞벌이를 하는 부부 대신 아이를 보는 이모님이,
아이의 손을 잡고 아파트 단지 앞에서 혹은 빌라들이 모여 있는 골목
입구에서 차를 기다린다. 노란 승합차는 아이들을 삼키고 어머니와
할머니와 이모님 들은 총총히 집으로 들어간다. 그들에게는 다음 일이
기다리고 있을 것이다. 운이 좋아 조금 일찍 퇴근하는 날에는 하얀색
버스를 보게 되기도 한다. 그 버스에는 학원의 로고가 크게 새겨져 있고
내신, 수능, 수행평가 등등 내게는 이제 낯선 학생들의 과제가 적혀
있다. 교복을 입은 남녀 학생들이 그 버스에 가득하다. 그 아이들은 내게
타인이 만들어낸 가족의 증거다. 이 동네의 일상에서는 곳곳에서 버스가

아이들을 데려가고 데려다준다. 나는 본의 아니게 낯선 그들을 혼자
배웅하고 있다.

　가끔이지만 집에서 나와 근처 식당에 밥을 먹으러 간다. 내게 혼자
밥을 먹는 일은 전혀 어색한 행사가 아니다. 나는 오히려 혼자 밥
먹는 시간을 소중하게 여긴다. 직장인에게 혼자 밥 먹는 시간은 혼자
있는 거의 유일한 여가다. 점심시간이 되면 내 옆자리의 김 모 대리,
다른 팀에서 안면이 좀 있는 이 모 과장 그리고 종종 내 직속 상사 박
모 부장, 심지어 부사장까지 자신의 식사에 나를 초대한다. 11시가
조금 넘으면 사내 메신저에 11시 45분에 출발하는 행렬의 목적지를
조율하는 협상으로 분주하다. 내가 이 행사에 빠지게 된 것은 운동을
시작하면서부터다. 대신 나는 가벼운 메뉴를 골라 혼자 조용한 식사를
한다. 아침의 긴장과 오후를 위한 마음의 준비를 운동과 혼자만의 식사
시간으로 보충하는 것이다. 나만의 절차를 사람들에게 각인시키기까지
작은 마찰 정도는 있었다.

　그런데 집 근처에서는 이러한 나의 자세는 무척 어색하기 그지없다.
아마 어색함은 1인분만 먹겠다는 내 잘못일 것이다. 전골이든 고기든
무엇이든 이 동네 메뉴의 '소'자는 2~3인분이다. 내가 선택할 수 있는
메뉴는 어디서 만들어온 것인지 모를 패키지에 담겨 있다가 강한
불에 한소끔 데워져 나오는 빽빽한 메뉴판을 자랑하는 어느 식당의
1인분이거나, 학원 버스의 아버지 어머니들이 아침에 급할 때 이용하는
1,500원짜리 김밥이거나 분식이다. 이마저도 간식을 먹으러 나오는
아이들에게 치이다 보면 어디 한 군데 마음 편히 밥 먹을 곳이 없다.
요컨대 이 동네의 식당은 아이들이 간식을 파는 작은 가게이거나 내가
들어가기에는 너무 큰 마룻바닥을 자랑하는 테이블이 줄줄이 이어진
식사용 홀, 이 둘 중 하나다.

　요즘에는 변두리 주택가에서도 얼마든지 카페를 발견할 수 있다.

밥 비린내는 이 동네의 카페에서 소리로 변한다. 어쩌다 평일 오전에
한가롭게 앉아 있으면 아이들을 학교에 보내고 온 어머님들이 카페를
채우고 수다를 시작한다. 주말에는 교회에 다녀온 오후에 이 자리를
채운다. 나는 혼자 앉아 그들이 하는 학교 선생님에 대한 이야기,
아이들의 성적에 대한 이야기, 남편의 벌이에 대한 이야기 그리고
차마 다 옮기지 못할 이야기를 다 듣는다. 안 듣고 싶어도 들리는 그
이야기들은 때때로 참을 수 없다. 나도 결혼을 생각하지 않는 것은
아니다. 그래서 그들의 이야기에 내 사정을 하나둘 끼워맞춰 본다.
지금까지 나의 저축, 연인이 모아두었을까 싶은 저축, 가족 계획, 먼저
결혼한 친구들이 알려준 혼수며 예단이며 결혼식 비용 같은 것들로
머리를 채우기도 한다. 그 고비를 모두 넘기면 언제가는 나도 저들의
일원이 되는 것이다.

　　지금까지의 이야기는 마치 내가 타인을 무조건 불편해 하는 사람처럼
보이게 할 수 있을 것 같다. 완전한 오해다. 내가 느끼는 것은 타인에
대한 혐오와 같은 감정이 아니라 그들이 만들어내는 동네의 정취, 내가
밥 비린내라고 표현한 결코 벗어날 수 없는 감각 같은 것이다. 나는 그들
사이에서 고립되기 일쑤다. 그들은 서넛이 한 조를 이루어 이 동네를
다닌다. 더 정확히 말하면 그들은 혼자일 때조차 가족의 흔적을 달고
다닌다. 내가 들어가기 주저하고 마는 이 동네의 거의 모든 장소는 그
가족을 위한 것이다. 나는 이 동네에 전혀 불만이 없다. 단지 내가 있을
곳은 따로 있다는 생각인 것이다. 나는 이곳에서 채 반 년을 버티지
못하고 매연이 가득하고 혼잡의 대명사인 사대문 안으로 돌아왔다.

도심의 냄새는 완전히 다르다. 도심에선 밥 비린내가 나지 않는다.
점심시간마다 직장인들을 기다리는 식당에서 찐 쌀로 밥을 내기 때문은
아닐 것이다. 밥이야 이곳에서 단번에 더 많은 양을 집중적으로 한다.

진부한 결론이지만 이곳은 타인과 타인이 만나는 곳, 누구나 혼자인 곳이기 때문일 것이다. 그 속에 혼자 있는 나는 전혀 어색하지 않다. 그들 중 많은 사람이 밥 비린내 나는 변두리의 정겨운 아파트 단지로 향하겠지만 그들도 여기서는 타인을 상대하기에 급급한 나와 같은 동료로 느껴진다. 아마 사대문 권역을 벗어나면서 그들의 몸이 다른 모드로 전환되는 것은 아닐까, 나는 문득 궁금해진다. 이것은 감각의 영역이다. 나는 그들의 뒷모습을 보며 학원 버스에 오르는 아이들에게 느꼈던 것처럼 배웅하는 기분이 들지는 않는다. 우리는 서로 예의를 지키며 도심을 나눠 쓰는 동료가 되기를 다짐하는 것이다.

여기는 1인분이 기본인 곳이다. 1인분을 찾는 데 어려움을 겪지 않는다. 사람들은 식성에 따라 공기밥 하나 정도는 서비스해주는 식당을 고를 수야 있겠지만, 이미 1인분 문제는 양의 영역이 아니다. 하물며 식당의 문제도 아니다. 1인분은 이 동네를 뒤덮은 가장 작은 단위이기 때문에 중요한 것이다. 나 혼자 의사결정을 하고 나 혼자 소화하는 하나의 단위로 내 삶을 조직할 수 있다는 감각, 1인분이 갖는 의미는 바로 이런 것이다. 이곳에서 나와 동료들은 각각 짜장면과 짬뽕과 볶음밥을 시키고 조금씩 돈을 모아 탕수육 한 그릇을 추가한다. 물론 중국 요리는 어디서나 먹을 수 있다. 이곳은 전혀 다른 특별한 것이 있기 때문이 아니라 같은 것이라도 다른 방식으로 조직되기 때문에 다른 곳이다.

그러나 1인분이 통용되지 않는 곳이 있다. 가장 대표적인 분야가 식품 유통이다. 나는 종종 근처 재래시장에 방문한다. 도심에는 마트가 없다. 도심에는 마트의 소비자가 되어줄 대량의 가족들이 없다. 주택이 있지만 대개는 업무용이거나 상업용으로 지어진 건물들이기 때문이다. 대형마트는 아파트와 주택이 밀집되어 있는 서울의 외곽 지역과 서울을 둘러싸고 있는 신도시에 많다. 대신 도심에는 편의점과 드러그 스토어

체인들이 있다. 그러나 그런 곳에서 맥주에 곁들일 안줏거리를 살 수
있을지언정 밥을 해결할 수는 없는 법이다. 그러니 가까이 시장이 있는
것이 얼마나 다행인가. 그러나 이곳에도 가족의 그림자가 짙은 것은
어쩔 수 없다.

　시장의 인심을 대표하는 것은 바로 덤이다. 인상 좋은 할머니는
콩나물을 한 움큼 더 쥐어주시고 봄나물이 좋다며 또 한 움큼 더
담아주신다. 몇천 원을 내고 나면 새까만 비닐봉지에 다 먹지도 못할
풀들이 가득하다. 두부 한 모를 다 먹을 수 없다. 김치 한 포기를 다 먹을
수 없다. 내가 난감한 표정을 지으면 아주머니는 인자하게 말씀하신다.
두부는 구워 먹고 남으면 찌개에 넣으면 된다. 김치는 먹고 남으면
찌개를 끓이면 된다. 두고 먹지 못할 게 무어냐는 것이다. 그걸 누가
모르겠느냐마는, 이런 식으로 살게 되면 계속 커져야 하는 물건이 있다.
가족이 없어 먹는 입이 적으니 냉장고라도 커져야 한다. 혼자 살게
되면서 가장 싼 조그만 냉장고를 골랐던 내가 원망스럽다. 하지만 이제
와서 커다란 양문형 냉장고를 마련한다 한들 그 안의 음식들을 누가 다
먹는단 말인가. 혼자 살면서 한 가지 소원이 생겼다. 여름에 수박이 먹고
싶다. 입정동의 한 오래된 평양냉면 집에서는 혼자 온 손님을 위해 편육
반 접시와 소주 반 병을 주문할 수 있다는 이야기가 갑자기 떠오른다.

　이런 이유로 나는 백화점 식품 코너를 자주 이용하게 된다. 걸어서
퇴근하는 길에 청계 1가에서 을지로로 방향을 틀어 백화점으로 가는
것이다. 여기에서 개별 포장된 아보카도나 샐러드용 채소, 허브를 산다.
반 개로 포장된 양배추도 유용하다. 그밖에 와인 비니거나 동남아산
소스들도 가끔 사서 주방에 비치한다. 채소를 입속으로 처리하는 데
유익한 물건이다. 통조림에 든 콩도 산다. 중요한 것은 용량이다. 백화점
식품관에는 작은 용량으로 쪼개 파는 물건이 많다. 용량을 기준으로
가격을 매긴다면 시장은 물론이고 마트보다 더 비싸다. 그러나 못 먹고

상해버리는 것을 생각하면 싸게 대량으로 사는 것이 더 비싸다. 음식 쓰레기는 공짜로 버릴 수 있나. 그 많은 남은 음식을 위해 종량제 봉투를 사는 것까지 고려해야 한다. 대량으로 유통하는 대형 유통업이 음식이 최종 소비되기까지의 저장 부담을 각 가정에 놓인 대형 냉장고에 지우는 방식이라면, 나는 냉장고를 늘려 이 부담을 지는 대신 애당초 더 작게 포장된 비싼 물건을 사는 셈이다.

그래도 음식은 나눠 먹는 수라도 있다. 하지만 도심에서든 외곽 주택가에서든 혼자 사는 생활을 잘 운용하기 위해서는 사람들로 이루어진 기반이 탄탄해야 버틸 수 있다. 가족이 함께 해오던 많은 일을 혼자 하거나 다른 사람의 일손으로 해결해야 하기 때문이다. 혼자이기 때문에 가장 큰 어려움은 두 장소에 동시에 있기 어렵다는 점에 있다. 보일러가 고장나도 집에서 수리를 기다릴 수 없다. 택배를 받자고 회사에서 집까지 갈 수도 없다. 집에 혼자 있어도 문제다. 늘 오던 택배 기사님은 안면이 익어 믿을 수 있다. 그렇지만 낯선 사람을 집에 들일 일이 한두 번이 아니다. 보일러, 인터넷, 텔레비전과 냉장고, 수도관 등등 혼자 힘으로 할 수 없는 집 안의 문제는 언제 어디서 터질지 알 수 없다. 그때마다 겪는 불안에 대처할 마땅한 방법도 없다. 혼자 살면서 동네의 이웃 간에 두터운 신뢰를 쌓는 일도 어렵다. 2년 계약을 하고 셋방을 전전하는 신세에 동네 정을 붙여 본들 다음 해를 기약하기 어렵기 때문이다. 혼자 사는 내게 혹은 우리에게 밥 비린내와 같은 냄새가 나지 않는 것은 밑바닥에서부터 쌓아 올린 생활의 조직이 아직은 엉성하기 때문인지도 모른다. 이 방식도 나름의 냄새를 가질 수 있을까? 아직은 알 수 없다.

네버랜드를
찾아서

웬디

	아버지	**어머니**
	1955년생	1959년생

본인
1984년생
여자, 미혼,
공무원

2년 여의 준비 끝에 국가직 9급 공무원이 된 것은 2008년의 일이었다.
그리고 내가 본격적인 '독립운동'을 시작한 해이기도 하다. 독립이라
함은 물론 부모로부터의 독립이요, 운동이란 이 과정이 그다지 순탄하지
않은 데다 설사 따로 산다 하여도 생활의 여러 부분을 부모님의 그늘에
허용하고 마는 현실을 자조 섞어 말하는 것이다.

　나는 지방 국립대를 졸업했다. 이곳은 분위기는 묘하기 짝이 없었다.
문과대의 특성상 남학생 숫자가 적은 것이야 일반적인 일이었지만
이곳은 적어도 너무 적었다. 한 학번에 한두 명이 고작이었던 것이다.
이것은 숫제 기계과에 다니는 여학생 숫자만도 못한 것이었다. 이유는
간단하다. 여기는 바로 지방이며 국립대인 것이다. 국립대의 입학
성적은 서울의 괜찮은 대학에 들어가기에 부족함이 없는 것이었다.
그러나 지방에 사는 딸의 사정은 아들과는 달랐다. 부모들은 아들만은
타지에 홀로 유학 보내는 데 거리낌이 없었다. 집안 사정이 허락하는 한
아들의 요구를 들어주려 애쓴다. 그러나 딸에게는 고리타분한 염려가 더
큰 법이다.

　내 부모님도 마찬가지였다. 내가 조금 더 좋은 성적을 받아 국립
서울대에 입학할 수만 있었다면 나도 좀 더 이른 시기에 서울로 올 수
있었을 것이다. 하지만 어중간한 사립대에 들어갈 바에야 차라리 집에서
다닐 수 있는 국립대가 낫지 않느냐는 주장을 꺾기는 쉽지 않았다.
그런 이유로 국립대 캠퍼스에는 공통의 우울함이 있었다. 여자이기
때문이거나 집안에 돈이 부족해 서울로 올라가지 못한 억울함이었다.
게다가 나의 부모님은 통금시간마저 **빡빡**했다. 11시 전에 집에
도착해야 하는 대학생활은 신데렐라보다 나을 게 없었다. 친구들과
술자리에 앉자마자 시간을 확인하고는 첫 술잔을 들기도 전에 술맛을
버리는 것이다.

　첫 발령지는 집과 한 시간 거리에 있는 밀양이었다. 목요일에 전화로

돌아오는 월요일부터 출근하라는 연락을 받았다. 조금 무리하면
집에서도 통근할 수는 있었다. 그렇지만 독신자 기숙사가 주어지는 이
기회를, 드디어 부모의 품에서 벗어날 이 기회를 포기할 수는 없었다.
언제나 마음먹으면 집에 갈 수 있는 거리에 있다는 것이 부모님을
설득하는 데 도움이 되었다. 나의 독립운동은 마치 아기가 젖을 떼듯
집과 한 시간 거리의 공무원 독신자 기숙사에서 시작되었다.

밀양의 공무원 기숙사는 2층 건물에 6실이 있는 구조였다. 한
사람에게 배당되는 1실마다 개별 욕실이 딸려 있었다. 주방과 세탁실은
공동으로 사용했다. 관리비와 보증금은 국가에서 보조해주었고
수도광열비만 본인 부담이었다. 당시 한 달 월급이 120만 원이었다. 매
주말마다 부산에 있는 집으로 내려갔다 오는 차비에 점심 밥값에다,
도시가스가 없는지라 겨울이면 난방비로 20여만 원이 나갔다. 자취를
위한 집세가 따로 들지 않는데도 저축을 하기 쉽지 않았다.

구조적 문제도 있었다. 문자 그대로 구조적 문제였는데, 바로
바닥이 기운 것이다. 좁은 방에서도 구슬을 놓으면 점점 가속도가 붙는
모습을 볼 수 있었다. 원인은 지반 침하였다. 기숙사를 지은 자리는
원래 논이었다. 논바닥을 제대로 다지지 않고 집을 얹었더니 한 군데가
내려 앉은 것이다. 함께 일하던 과장님이 직원들 자다가 허리 나간다며
걱정을 해주었다. 이 걱정이 말뿐은 아니어서 곧 지반 보강 공사와 기운
건물의 보수 공사가 이어졌다. 여기서 3년을 살았다.

독립운동이 획기적 전기를 맞게 된 것은 서울로 발령을 받게
되면서다. 밀양 건으로 면역이 생긴 어머니는 서울행도 마지못해
허락하셨다. 무엇보다 서울에도 독신자 기숙사가 있었다. 2007년에
준공된 건물로 국정감사에서 호화 숙소로 구설에 오른 적도 있다고 하여
내심 기대가 컸다. 문제를 제기한 국회의원은 어디서 사는지 모르겠으나
호화 숙소의 구성은 다음과 같았다.

두 명이 함께 쓰는 기숙사는 13평 정도의 크기로 작은 주방 겸 거실과 욕실 그리고 방 두 개로 구성되었다. 두 방 중에 한 방은 간유리로 만든 미닫이 문으로 막은, 거실로 겸할 수 있는 방이었다. 내가 들어간 방이 바로 여기였다. 3평도 되지 않는 방에 붙박이 장까지 놓여 있었다. 일본소설에 늘상 등장하는 '한 평 반짜리 방에서'로 시작하는 구절이 이해되기 시작했다. 새장은 새가 날개를 편 길이의 다섯 배는 돼야 한다. 그렇지 않으면 운동 부족으로 몸이 약해져 일찍 죽게 된다. 나도 이 좁은 곳에서 일찍 죽을 수는 없어 좀 더 자주 나갔다.

여름에는 더 자주 나갔다. 2012년 여름은 유독 더웠다. 기숙사는 복도식으로 바람을 통하게 하려면 현관을 열어야 했다. 현관을 열면 모기가 습격했다. 에어컨은 없었다. 선선한 가을이 오고 기숙사에서 산 지 1년이 되어가자 이렇게 살고 싶지 않다는 생각이 들었다. 월세는 따로 없었고 관리비가 한 달에 6만 8,000원이었다. 수도광열비는 따로 냈다. 한 달에 주거 용도로 들어가는 돈이 20만 원 정도였다. 서울의 주거비를 생각한다면 저축을 위해서라도 이곳에서 버틸 수 있을 때까지 버텨야 했다. 공무원 기숙사는 2년 거주가 보장되고 새로운 입주 신청자가 있으면 오래 산 순서대로 방을 비우게 된다. 이른 결심을 이끈 것은 공무원 대출 상품이었다.

내가 근무하는 기관과 제휴를 맺고 있는 은행에서 출시한 대출 상품은 고정금리 4퍼센트에 1억까지 대출이 가능했다. 연차가 늘어나면 한도도 함께 는다. 주변 공무원 중에 결혼해서 애 키우는 집에서는 이 대출을 쓰지 않는 경우가 없다. 당장 갚아야 하는 독촉이 없으니 적당히 관리하다 퇴직 시에 퇴직금으로 한꺼번에 갚는 방법을 쓴다. 기혼이며 군필인 남자의 경우 금리는 3.6퍼센트까지 내려간다.

돈을 마련한 후에는 집을 알아봐야 한다. 집을 알아보려면 먼저 어디에

살 것인지를 정하고 근처 공인중개사의 도움을 받지만 중개비를 아끼고
급하게 나온 좋은 물건을 구하기 위해 직거래를 하기도 한다. '피터팬의
좋은 방 구하기' 같은 인터넷 카페가 성황이다. 세입자가 계약 기간이
끝나기 전에 이사를 해야 할 경우 집주인을 대신해 다음 세입자를
구하는 곳이다. 따라서 이곳 게시물의 표현은 번역을 거쳐야 한다.

　예를 들어, '환기가 잘된다'는 외풍이 심하다는 뜻이다. '채광이
좋다'는 여름에 매우 덥다고 생각해야 한다. '주인이 친절하다'는 언급을
본다면 집주인이 하루에 세 번씩 전화를 걸어 이런저런 참견을 할 수
있다고 생각해야 한다. 반면 '주인의 간섭이 전혀 없다'면 보일러가
고장나고 수도관이 터져도 아무도 도와주지 않을지 모른다. '예쁘게
꾸며 놓았다'면 다이소에서 산 스티커를 몸소 떼어낼 각오를 해야
한다. '계단 두 개 내려가는 1층'은 반지하, '옥상을 마당처럼 쓸 수
있'는 옥탑방을 조심해야 한다. 이 정도는 방문해서 알 수도 있다.
'저도 오래오래 살고 싶은데 결혼해야 해서 (혹은 지방으로 발령이
나서, 대학원에 진학하게 되어서) 방을 빼게 되었습니다.' 등의 사정은
계약해보니 살 곳이 아니었다는 뜻이므로 특히 주의해야 한다.

처음 본 집은 은평구 녹번동에 위치한 허름한 다가구주택이었다.
주변에 빼곡한 재개발 구역 사이에서 섬처럼 남은 집이기도 했다.
1층에는 상가가 있고 2, 3층이 주거용으로 계획되어 있었다. 집은 네모
반듯하기는커녕 마름모 꼴로 생겼지만 방 만큼은 간신히 네모난 전세
4,000만 원짜리 집이었다.

　당시는 셀프 인테리어의 양대 산맥 '김반장'과 '우연수집'에 주목하던
시기이기도 했다. '김반장'은 인테리어 인터넷 카페인 '레몬테라스'에서
많은 팬을 거느린 전세 아파트 거주자였다. 단란한 가정을 꾸린
'김반장'을 벤치마킹하면서도 1인가구가 공감할 수 있는 콘셉트를

들고 나온 이는 '우연수집'이었다. 그는 회사를 다니다 그만두고 이태원
어딘가의 재개발 예정인 곳에 외지인이 사다놓은 집에 세로 들어간
후 그곳을 기갈나게 고쳐 윤종신 뮤직비디오도 찍고 방송에도 나오며
화제가 된 인물이다. 이를 계기로 책도 쓰고 서촌에 가게를 차리기도
했다. 나 역시 이를 보며 새로운 생활의 꿈을 키우고 있었던 것이다.

　직장에서 너무나 먼 강북 변두리를 뒤로하고 본 집이 다름 아닌
옥상을 마당처럼 쓸 수 있는 집이었다. 집주인은 한사코 이것은 옥탑이
아니라고 주장했지만 내가 보기엔 옥탑만큼의 믿음도 가지 않았다.
옥상에 부자연스럽게 살짝 놓여진 집은 손으로 밀면 옆 골목 아래로
떨어질 것 같았다. 샌드위치 판넬로 증축한 옥상 위의 집은 인터넷
여론에 밀려 탈락했다.

　직장과 너무 멀고 그나마 역에서 20분은 걸어가야 하는 곳도
꺼려졌지만 역세권에 흔한 풀옵션 원룸도 싫었다. 그렇게 판에 박힌
좁은 방에서, 잠 자는 것 빼곤 할 게 없는 곳에서 살고 싶지 않았다. 셀프
인테리어에 눈을 돌린 것도 이런 이유에서였다. 허름하지만 싸고 좀 더
넓은 집에 자리를 잡고 적당히 고쳐서 예쁘게 살아 보자.

　다음에 본 집은 경복궁의 서쪽, 서촌의 한 한옥이었다. 당시 매우
좋은 조건으로 나온 개조를 마친 한옥으로 안마당을 향해 열려 있는
통유리 창이 인상적인 집이었다. 전세가 1억 원. 1년에 이자로 400만
원을 들이면 내가 구할 수 있는 돈의 한계에 딱 맞는 집이었지만 그
찰랑찰랑한 한계가 무서워서 포기했다. '9,000만 원이기만 했어도.'
집을 보고 돌아나오며 아쉬워했다. 그리고 곧이어 신촌의 한 곳을
소개받았다. 나는 집을 구하면서 몇 가지 원칙을 정해두고 있었다. 그중
하나가 복도형, 특히 중복도형 배치는 안 된다는 것이었다. 안 그래도
기숙사의 여름에 스트레스를 받은 터인데다가 집에 들어오며 남들 눈을
신경 쓰는 것도 고달픈 일이다. 신촌의 원룸은 전세 7,000만 원짜리

방이라 하여 보러 갔다. 계단을 따라 3층으로 올라가니 두 개의 문이
나란히 있었다. 여기까지는 합격. 그런데 그중 한 문을 여니 다시 복도가
나오는 것이다. 그 복도에 또 문이 다닥다닥 붙어 있었다. 원래 한 집을
원룸으로 만들기 위해 두 집으로 쪼갠 것이었다. 내가 본 방에는 엉뚱한
곳에 기둥이 튀어나와 있고 방 모양도 어색했다. 이 방은 원래 작은 방과
현관, 부엌 약간을 섞어 만든 것이었을까. 천장이 내려앉고 바닥이 솟은
느낌이었다. 집주인 키가 180은 되어 보였는데 머리가 거의 천장에
닿았다.

　서러운 마음에 전화기 건너편의 친구를 붙잡고 한참 울었다.
기숙사에서 더 버틸 일은 아무것도 아니었다. 그렇게 큰돈을 빌려
나오는데 이렇게 가난하게 느껴진다는 게 문제였다. 신촌의 그 원룸들을
보고 나니 너무나 우울해졌다. 자신이 없어졌다. 이럴 때는 그냥 자라는
친구의 충고를 듣고 난 다음 날 아침, 지금 살고 있는 집을 보러 오라는
연락을 받았다. 이번에는 합정동이었다.

　서둘러 퇴근해 달려갔지만 7시, 이미 해가 진 뒤였다. 초행길이라
스마트폰으로 지도를 실행시킨 다음 찾아가자니 역에서 집까지가 꽤
멀게 느껴졌다. 지금까지 이 근처에서 다녀본 곳은 상상마당, 홍대역
9번 출구 근처였을 뿐인데, 합정역 7번 출구에 내려서 마을버스를
타고 어두컴컴한 당인리 발전소로 달려가려니 뭔가 우울함이 치밀어
올랐다. 당인리 발전소 정문 로타리에 서서 주변을 둘러보니 소설 속
디스토피아가 연상되기까지 했다. 낙엽이 흩날리고, 패덱스 사무실에
택배차가 드나들고, 사람 사는 곳 같지 않은 풍경에 적잖이 당황했다.

　그때 훤칠하게 잘생긴 집주인의 아들이 나를 맞았다. 그를 따라
걸어간 곳에 자리한 카페 불빛이 예뻐 보였다. 집 앞에 이런 곳이 있으니
밤에 걸어와도 괜찮겠다는 생각이 들었다. 계단을 올라가니 한 층에 단
두 집이 자리하고 있었다. 문을 열었더니 엉망진창이었다. 방 한가운데

식용유와 계란 껍질이 있었다. 이곳에 사는 신혼부부는 둘이 함께
미용실을 하는데 이제 더 큰 집으로 옮길 계획이라고 했다. 가계약을
하고 돌아온 다음 날 다시 찾았을 때, 청소를 해둔 방에는 식용유와 계란
껍질 대신 케이크 상자와 맥주 캔이 버려져 있었다. 새로운 세입자와
자신들의 새출발을 자축하고 있었던 것일까.

    계약 기간 2년에 전세 8,000만 원 범위에서 자유롭게 조정이
가능했다. 나는 보증금 6,000만 원에 월세 20만 원을 내기로 계약했다.
풀옵션 원룸이 아니라 접이식 침대와 붙박이장, 싱크대 밑에 드럼
세탁기 따위를 갖춰 놓은 집이 아니었다. 대신 집주인이 가스레인지,
세탁기, 냉장고를 새것으로 바꿔주었고 보일러도 때가 되니 새것으로
교체해주었다. 집주인에 관한 갖가지 증언을 접할 때마다 이 집도
주인도 잘 만난 듯하다. 지나고 생각해보니, 나는 꽤 운 좋게 독립의
첫발을 뗀 것이다.

    하지만 이 집에 만족하지 못한 나는 끊임없이 다음 집을 알아보기
시작했다. 여기서 산 지 딱 1년이 지나자 권태기가 찾아온 것이다.
집을 알아보는 데는 이미 이력이 났을 뿐만 아니라 재미마저 느끼고
있었다. 고양이 온라인 커뮤니티에 가면 고양이가 아니라 그 배경인
집이 먼저 보였다. 다른 사람들은 어디에서 어떻게 살까. 다이소 소품,
MDF 상자가 가구인 또래 여자애들이 커뮤니티 회원 대부분인데 가끔
아파트에서 고양이를 키우는 독신 여성들이 눈에 띄었다. 나도 고양이를
키우다 보니 이 녀석들에게 방해받지 않는 나만의 방을 갖고 싶고
야경이 보이는 베란다에다 화분도 놓고 싶었다. 그리하여 나는 탐험을
재개했다.

    첫 표적은 은평구 갈현동에 있는 단층 단독주택 독채 전세였다. 거의
매일 체크하는 네이버 부동산에서 발견했다. 네모난 마당과 네모난
집, 마당에는 화단이 있고 감나무가 세 그루, 대문 옆에 연탄 넣어두는

창고가 있는 오래된 집이었다. 거실과 방 세 개가 있고 한쪽에 부엌이
있으며 화장실이 두 개 있었다. 이 물건이 전세 6,000만 원. 게시물을
발견한 지 두 시간 만에 계약에 이르는 것을 회사에서 지켜보았다.
비슷한 단독주택 전세가 근처에 꽤 있었다. 다른 부동산에서 알아봐 준
다른 유사한 곳은 리모델링해서 8,000만 원, 리모델링하지 않은 곳은
7,000만 원이었다. 그러나 놓친 집만큼 구조가 좋지는 않았다.

    이번에는 시 경계를 넘어 인천으로 가보았다. 지금 살고 있는 전세
가격이면 18평형대 아파트 전세를 구할 수 있는 곳이다. 그리고 나는
항구도시 출신으로 잘 적응할 자신도 있다. 게다가 인천으로 옮기면
승진이 빠르다는 소문도 있다. 나는 인천으로 향했다. 서울에서 버스를
타고 인천으로 접근할수록 날이 어두워지는 느낌, 이 도시는 쇠락하고
있다는 느낌이 바로 들었다. 집을 보고 인천에서 서울로 오는 길에
양천구 양평 근처를 지나가며 창밖의 서울을 보니 마치 고향처럼
느껴졌다. 집에 온 것 같은 이 기분은 분명히 이상한 느낌이었다.
단칸방이긴 하지만 역시 서울에 살아야겠다 결심했다.

    가장 최근에 본 집은 마포구 공덕동의 단독주택 2층이다. 남자 둘이서
5년간 살던 집으로 대학 졸업하고 취업해서 함께 살다 친구 한 명이
먼저 결혼을 하고 남은 한 명도 드디어 결혼을 하게 되어 다른 세입자를
찾고 있었다. 전화를 해 왜 시세보다 싸냐고 물었더니 살짝 언덕이라서
그렇다고 했다. 가는 길은 계속 평지로 언덕이 없었다. 그런데 도화2로
안길에 도착하니 갑자기 계단이 등장했다. 시멘트로 대강 만든
계단길을 따라 집 열세 채를 지나자 마침내 그 집이 나왔다. 2층이었는데
1층의 반은 땅에 묻혀 있어 지하층일수도 있었다. 그곳에는 주인이
살고 윗층이 세로 나온 것이다. 창밖으로 공덕역에 새로 들어선 고층
건물들이 눈앞을 막고 있었다.

    내부구조도 조금 이상했다. 세를 주기로 마음먹고 원래 두 층을 쓰기

위해 있던 내부의 계단을 막고 구조를 고친 듯 보였다. 2층에는 원래
침실만 있고 부엌이 없었는데 억지로 부엌을 만든 것 같기도 했다.
화장실도 마치 가설 건물처럼 어중간하게 붙어 있었다. 현관문을 열면
부엌이 있고 부엌에 난 문을 열면 거실이 나오는 구조였다. 40년이 된
집, 겉도 이미 멀쩡하지 않아 드라마에 나오는 가난한 동네 풍경 그
자체였다.

    돌아오면서 곰곰이 생각해보았다. 나는 전세 7,000~8,000만
원 정도의 집이라면 최소한 갖추고 있어야 하는 수준이라는 것이
존재한다고 믿었다. 그러나 서울, 특히 도심에 가까운 위치의 집에서는
이러한 믿음이 쉽사리 배반당했다. 낡은데다 구조가 이상한 집도 그
정도 임대료는 족히 챙겨가고 있었다. 살겠다는 사람이 몰리니 아예
작정한 것 같기도 했다. 사정에 맞춰 사는 곳을 결정한다는 당연한
원칙도 알고 있지만 새로운 집을 알아볼 때마다 앞으로의 서울 살이가
아득해진다.

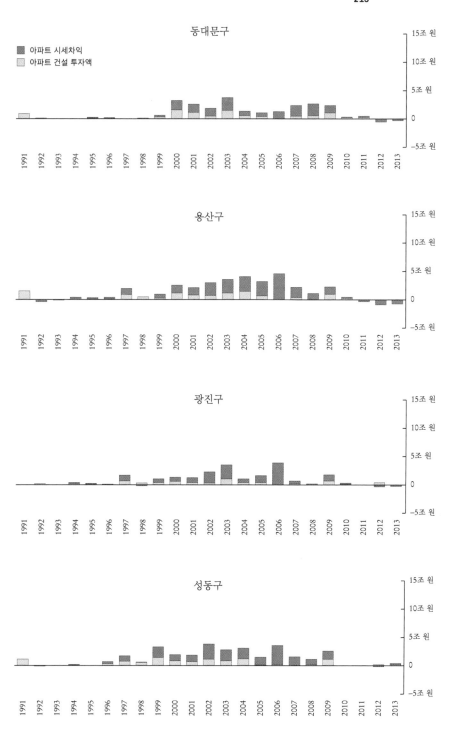

영웅시대의 종말

아버지   **어머니**
1955년생   1954년생

본인
1981년생
남자, 기혼,
작가

이다윗

이름이 다윗이다. 영어로는 David.
영미권에서는 영희, 철수처럼
흔하고도 무색무취한 이름이지만
한국에서는 특정 종교의 이미지가
반드시 따라 붙는 이름이다.
이러한 태생적인 한계 혹은 특징을
온몸으로 끌어안기 위해 대학에서
신학을 전공했지만 그분의
'부르심'은 끝내 없었다. 대신
연극동아리에 들어가 타인들의 삶을
이야기하는 일에 눈을 떠 지금은
뮤지컬 작가로 활동하고 있다.

내게 '집'이란 곧 '교회'를 뜻한다. 내가 태어난 해인 1981년, 장로교
전도사였던 아버지는 강원도 철원에 교회 하나를 세웠다. 단 몇
평의 공간조차 얻을 여력이 안 되어 주인 없는 땅을 찾고 또 찾다가
그 기슭까지 떠밀려간 것이다. 천막으로 간신히 눈, 비 피할 공간만
만들어놓고 문 앞에 작은 십자가 하나 내걸고 교회를 시작했다. 멀쩡히
대학 나와 좋은 직장에 취직해 남부럽지 않게 살던 분들이었다. 그런
분들이 어느 날 갑자기 직장을 박차고 나와 천막 교회를 개척했다. 언뜻
이해가 안 가는 모양새지만 그 당시에는 '교회 개척'이 나름 트렌드였다.

1970년대 초부터 한국 교계에 불기 시작한 '부흥의 바람'은 두
젊은이들의 마음을 흔들어놓았다. 무엇이든 가능한 시대였고, 누구나
신화를 쓸 수 있는 시대였다. 강단에선 '축복'의 메시지가 넘쳐흘렀고,
현세에서의 축복을 저해하고 가로막는 모든 요소들은 '사탄 혹은 마귀의
역사'로 치부되었다. '축복'과 '축귀(엑소시즘)', 이 두 패러다임이
한국 교회의 폭발적인 부흥을 견인했다고 해도 과언이 아닐 정도로 각
교회들마다 축복을 주고받고 마귀를 내쫓는 일에 열중했다. 불세출의
영웅들이 등장한 것도 바로 그 무렵이었다. 여의도에 매머드급 교회가
출현했는데, 그 교회의 수장은 말 그대로 영웅 혹은 스타의 대접을
받으며 승승장구했다. '좋으신 하나님', '복 주시는 하나님'을 기치로
내걸고 떠오르기 시작한 그는 곧 시대의 아이콘이 되었다. 그가 가는
곳마다 기적이 일어났다. 망해가던 사업이 일어났고, 불치의 병에
걸린 환자가 '나음을 입었다'. 후일 어머니가 이 시절을 회고하며 했던
이야기가 있다.
　"어릴 때 난 교회만 가면 무서웠거든. 하나님은 저 멀리 계신 분,
너무 거룩해서 감히 다가갈 수 없는 분으로만 여겨졌어. 큰소리를 내며
떠들거나 기도를 한다는 건 있을 수 없는 일이고 심지어 웃는 것조차

금기시될 정도로 당시의 교회 분위기는 엄숙했지. 그런데 그 양반이
등장하면서부터 하나님에 대한 성도들의 인식이 달라지기 시작했어. 저
높은 곳에 좌정해 계시면서 심판자의 눈으로 날 꿰뚫어 볼 줄만 알았던
하나님이 내 고민을 들어주시고 위로해주시는 분, 같이 아파해주시는
분, 내 손을 잡아주시는 분이라는 거야. '참 좋으신 하나님', '복 주시는
하나님'이래. 충격적이었지."

　　그 하나님이 한 젊은 처녀의 마음속으로 깊이 들어왔다. 음악대학
졸업 후, 굴지의 대기업을 다니며 남부럽지 않게 살던 그 처녀는 얼마
뒤, 그녀가 깨달은 하나님을 동일하게 느끼고 마음 깊이 받아들인 한
총각을 만나 결혼하게 된다. 당시 그녀에게 세속적인 배경이나 조건은
더 이상 중요한 문제가 아니었다. 하나님을 아는가 그리고 그 하나님을
함께 느끼는가, 오직 이것만이 중요했다. 그 지점에서 두 사람은 서로
통했다. 오로지 신앙으로 맺어진 이 잘생긴 두 남녀는 결국 하나님에게
자신들의 인생 전부를 걸게 된다. 당장 못 먹어도 문제될 게 없었다.
하나님이 계셨으니까. 그리고 그 하나님께로 가는 길에는 밝고 선명한
이정표가 있었다. 바로 여의도의 '큰 목사님'. 20대에 폐병을 앓으며
사경을 헤매다가 이른바 '성령의 은혜'를 체험한 뒤 기적적으로 '병
고침'을 받고 하나님의 '부르심'을 받아 목회활동을 시작한 그였다.
일단 영웅서사에 매우 적합한 배경이고 설정이다. 이제 이 넘쳐나는
재료들을 바탕으로 성공신화를 쓸 차례. 불광동 산동네에 작은 천막
교회를 개척한 지 몇 년도 채 되지 않아 여의도 땅에 사상 최대 규모의
교회를 세웠다. 단숨에 수천 명의 교인들이 몰려들기 시작했다. 그
수는 곧 수만으로 불어났고, 급기야 수십만에 육박하는 스코어를
기록하기에 이른다. 너 나 할 것 없이 눈에 불을 켜고 성공신화를
쓰고 싶어 안달을 내던 시절, 또 하나의 블루오션이 탄생했으니, 바로
기독교였다. 그분께서 깃발을 꽂은 후, 곳곳에서 전설이 탄생하기

시작했다. 지역마다 영웅들이 출몰했다. 전공은 세분화되었고, 각
전공마다 A급 전문가들이 나타나기 시작했다. 어떤 목사님은 마귀
축출이 전공이라 했고, 또 어떤 목사님은 '병 고침의 은사'가 뛰어나다
했다. 누구는 족집게처럼 예언을 잘한다 했고, 또 누구로부터 안수
기도를 받으면 만사형통이라 했다. 장수의 복을 누리고, 자녀가 잘되는
축복을 얻는단다. 업계에서 흔히 쓰는 용어를 빌려 말하면, '신묘막측'한
시대였다. 「어벤저스」의 영웅들은 할리우드에만 있는 게 아니었다.
1970년대의 한국은 영웅들의 나라라고 해도 과언이 아닐 지경이었다.
대통령이 영웅이었고, 회장님이 영웅이었고, 장군님이 영웅이었으며,
깡패가 영웅이었다.

   이제 거기에 더해 목자들까지 영웅 노릇을 하게 된 것이다. 사회의
전 분야에서 신화와 전설이 범람했다. 전설의 고향, 아니 전설의
왕국이었다. 전설 속 영웅들이 빚어낸 그 빛나는 궁전들을 바라보며
왕국에 속한 신민들은 찬란한 미래를 그리기 시작했다. 내가 어릴 적,
부모님은 금요일 저녁만 되면 철원에서 여의도까지 나를 업고 그 먼
길을 다니곤 했다. 영웅의 말씀을 듣기 위해서였다. 공교롭게도 그
교회의 시작이 천막 교회였다. 척박한 땅에 천막 교회를 세우며 우리
아버지와 어머니가 꿈꾸던 미래는 무엇이었을까?

우리 가족의 개척시대는 계속됐다. 철원에서 시작된 교회 개척의 여정은
10년이 넘도록 끝날 줄을 몰랐다. 철원에서 인천, 청량리, 경기도 파주,
문산으로 여정은 줄기차게 이어졌다. 천막에서 건물 지하, 상가, 버려진
창고 등으로 교회의 형태는 계속 바뀌었지만 조건은 늘 비슷했다.
사글세 아니면 월세. 그렇게 아버지가 세운 교회 수만 해도 열 손가락이
모자랄 지경이었고, 그 사이 옮겨 다닌 학교만 해도 다섯 군데가 넘었다.
그 10여 년의 세월 동안 집다운 데서 살아본 기억이 없다. 언제나 예배당

한구석에 조그맣게 딸린 방 한 칸 정도가 우리 가족이 먹고 잘 수 있는
유일한 공간이었다. 사는 곳은 언제나 변방 중에서도 변방이었고, 그
가운데서도 우리 집은 가장 못 사는 축에 속했다.

하지만 그러한 삶의 조건 속에서도 나는 그다지 큰 불편을 느끼지
않았다. 어머니 덕분이었다. 아들마저 가난 때문에 궁상떠는 모습을
보는 게 싫었던 어머니는 주말이면 서울 중심가로 나를 데리고
나가 괜찮은 브랜드의 옷을 사 입혔고 교보문고에서 책을 고르게
했으며, 영화는 꼭 대한극장이나 단성사, 서울극장 같은 당시의 주요
개봉관에서만 보게 했다. 그뿐만 아니라 피아노와 바이올린 등의
클래식 악기들을 배우게 했고, 음악에 귀를 트이게 해주기 위해 유명
연주자들이 세종문화회관이나 예술의 전당에서 내한 공연을 할 때면
가장 싼 티켓이라도 어떻게든 구해서 연주를 실제로 경험토록 했다.
그 덕에 나는 아이들 사이에서 항상 잘사는 집 자식 취급을 받곤 했다.
어머니는 늘 말씀하셨다. 여기는 우리의 선교지라고. 선교를 위해
이곳에 파송된 것이라고. 그러니까 더욱 훌륭하고 세련된 태도와 취향을
갖춰야 한다고. 돌이켜보건대 어쩌면 그건 어머니의 마지막 남은
자존심이 아니었을까?

중학교에 입학하던 해인 1994년에 이르러서야 비로소 우리 가족은
한 곳에 정착하게 된다. 아버지가 오래된 교회의 4대 담임목사로 청빙을
받은 것이다. 규모가 크진 않았지만 성도들 간의 유대가 깊고 끈끈한
교회였다. 재정 상태도 넉넉했다. 사택이 제공되었고, 아버지에게 매달
사례비가 지급됐다. 목사도 월급을 받는다는 사실을 이 교회에 와서
처음 알았다. 한 주 벌어 한 주 먹고사는 신세에서 드디어 벗어나게
된 것이다. 그렇게 대학에 입학하고 군에서 제대할 때까지 약 10년간
우리 가족은 여느 평범한 가족들과 다를 바 없는 생활을 이어나갔다.
태어나서 처음으로 만끽해보는 안정이었고 평화였다.

　군에서 제대할 무렵인 2004년경, 인근 지역에 대규모 아파트 단지가
들어설 것이라는 소문이 들리기 시작했다. 교회가 위치한 지역은 북한산
국립공원 근처였는데 행정구역상 서울에 속해 있었지만 그린벨트, 즉
개발 제한 구역으로 오랫동안 묶여 있어 동네 자체는 시골 마을과 다를
게 없었다. 지역개발에 대해서는 완전히 체념하고 있었던 주민들에게
아파트 단지 개발에 관한 소문은 미묘한 파장을 일으켰다. 돈이 있는
사람들은 주변 땅들을 사들이기 시작했다. 그린벨트가 풀릴지도
모른다는 기대 심리가 작용한 것이다. 타지 사람들이 땅을 둘러보고
가는 모습이 심심치 않게 발견되기도 했는데 그중엔 유명인들도 꽤
있었다.

　당시 우리 동네를 다녀갔던 유명인들 중에 유독 기억에 남는 한
사람이 있다. 클래식한 느낌의 고급 외제차를 몰고 나타난 그 사람은
내가 태어나기도 전에 사라진 정당의 이름을 들먹이며 자신이 바로 그
정당의 대표라고 소개했다. 그리고는 다짜고짜 아무도 궁금해 하지 않는
자신의 이력을 장황하게 늘어놓기 시작했다. 한국 근현대 정치경제사의
자간과 행간엔 항상 그가 있었다. 포레스트 검프가 따로 없었다. 굴지의
대기업 S그룹을 설립한 이 모 회장의 양자였는데 친자식들이 자신의
천재성을 시기하여 집 밖으로 쫓아냈다는 둥, 박정희 대통령의 숨겨진
복심으로 암약하며 경제개발계획 같은 중요한 정책들의 아이디어를
제공했다는 둥 허무맹랑한 소리들을 진심 어린 어조로 이어나갔다.
확신에 가득 찬 그의 눈빛은 분명 진실을 말하고 있었다. 고도의
자기최면 없이는 나올 수 없는 눈빛이었다. 거액이라고 하기에도 뭐하고
그렇다고 적은 액수라 할 수도 없는 애매한 액수의 헌금을 교회에
쾌척한 뒤 그는 땅을 보기 위해 차에 올랐다. 젊다 못해 어려보이기까지
했던 한 여자와 그 여자의 자식으로 보이는 꼬마가 그와 동행했는데
그가 차에 오르면서 그들에게 던진 말이 인상적이었다. "너넨 그냥

걸어와." 차는 출발했고, 남자의 지시대로 여자와 아이는 뒤따라
걸었다. 무척이나 비범했던 그 남자는 몇 년 후, 대선 후보로 나와 특유의
엽기적 허풍으로 스타의 지위에 오르게 된다. 한자만으로 새겨진 명함
속 그의 이름을 넌지시 보며 아버지가 읊조렸던 성경 구절이 기억났다.
"어찌하여 허사를 경영하는고(시편 2:1)."

이처럼 생전 본 적 없는 수상한 사람들이 동네에 출몰하는 일이
잦아지면서 이상한 바람이 불기 시작했다. 그리고 그 바람은 교회
안까지 불어닥쳤다. 어느 날, 아버지가 중대한 결정을 내렸다. 교회에
인접해 있는 1,000여 평의 주인 없는 땅을 사들이기로 한 것이다.
장차 교회 건축을 위한 초석이었고, 그린벨트가 풀릴 때를 대비한
방책이었다. 대출에 대출을 얹어 땅을 매입했다. 한편, 어머니는 내가
제대하던 날, 주택청약통장을 손에 꼭 쥐어주고는 매달 5만 원이든
10만 원이든 돈 생기는 대로 무조건 넣으라고 신신당부하셨다. 모든 게
낯설었고 무서웠다.
　그로부터 약 2년 뒤, 소문으로만 떠돌던 아파트 단지 개발이
기정사실이 됐다. 명칭은 은평 뉴타운. 은평 뉴타운은 서울시에서
의욕적으로 추진했던 뉴타운 프로젝트의 첫 단추이자 가장 중요한
시험대였다. 동네 전체가 들썩이기 시작했다. 개발부지로 선정된 곳의
주민들은 보상금 투쟁을 시작했다. 건물 곳곳에 최적의 보상을 요구하는
시뻘건 글씨가 을씨년스럽게 내걸렸다. 사람들은 조금이라도 더
받으려고 아우성이었다. 어릴 적부터 자주 드나들던 슈퍼마켓, 비디오
가게, 만화가게 등이 폐가로 변해갔고, 주변 사람들의 얼굴에는 차츰
웃음이 사라졌다. 오랜 진통 끝에 마침내 협상이 타결되자 평화롭기만
하던 마을에 중장비들이 들이닥쳤고, 마을은 순식간에 초토화되었다.
늦은 밤, 자전거를 타고 동네를 돌다보면 가슴 한구석이 싸했다.

도시에서 맛볼 수 있는 혜택은 적었지만 그래도 수십 년간 아기자기하게 가꾸어온 마을이었다. 그 마을이 이렇게 한순간에 초토화되어버린 것이다. 「나는 전설이다」나 「월-E」처럼 세기말의 황폐한 풍경을 기가 막히게 구현해낸 영화들을 볼 때마다 난 당시의 우리 마을을 떠올리곤 한다.

　불행인지 다행인지 교회는 개발 부지에서 제외되었고 그린벨트는 여전히 해제될 기미가 보이지 않았지만 아버지의 가슴속에는 새 성전 건축을 향한 열망이 타오르기 시작했다. 뉴타운에 수천 가구가 유입될 텐데 그 수요를 감당할 만큼의 공간을 새롭게 짓지 않으면 이대로 도태되고 말 것이라며 아버지는 새 성전 건축을 의욕적으로 추진했다. 어쩌면 아버지의 목회 경력에 획기적인 전환점이 될지도 모를 일이었다. 천막 교회를 짓던 시절부터 품었던 간절한 꿈이 눈앞의 현실로 성큼성큼 다가오고 있었다. 결국, 몇 년 전에 사들인 1,000여 평의 땅을 담보로 거액의 대출을 받아 교회 건축을 시작했다. 빚이 한순간에 눈덩이처럼 불어났지만 걱정할 필요 없었다. 뉴타운만 들어서면 단박에 해결될 일이었으니까.

　2008년, 뉴타운 입주가 시작됐다. 첫 입주가 시작된 지 얼마 지나지 않아 교회가 완공되었다. 교회만 근사하게 지어놓으면 사람들이 물밀 듯이 밀려들 줄 알았다. 그런데 어째 잠잠했다. 좀체 들이닥칠 기미가 안 보였다. 이상하게도 아파트는 다 지어놨는데 사람들이 들어와 살지를 않았다. 밤에 아파트 주변을 산책하다 보면 불 꺼진 집이 켜진 집보다 더 많이 눈에 띄었다. 설상가상으로 단지 내에 대형 교회들이 하나둘씩 들어서기 시작했다. 변변한 마트도 하나 없고, 학교나 유치원 등 교육 시설도 제대로 갖추어지지 않았는데 교회들은 경쟁하듯 솟아올랐다. 여기도 교회, 저기도 교회였다. 줄지어 서는 건 다반사고 심지어 마주 보고 서는 경우도 있었다. 이내 뉴타운은 공룡 같은 교회들로 터져나갈

지경이 되어버렸다. '예수 천당, 불신 지옥'이란 말을 믿는 자들에게
천국은 멀리 있지 않았다. 바로 여기, 은평 뉴타운이 천국이었다.

　어안이 벙벙했다. 마트보다 교회가 더 많은 상황에서 뉴타운
주민들의 발길이 단지 밖에 있는 우리 교회에까지 미칠 리 만무했다.
부흥의 전기는 좀처럼 찾아오지 않았고 교회는 곧 대출이자에 허덕이기
시작했다. 아버지와 어머니의 시름은 깊어갔다. 밤에 교회 옥상에
올라가면 뉴타운 단지의 빛나는 위용이 한눈에 들어왔다. 한때는
꿈이었고 기회였으나 이제는 한낱 신기루일 뿐이었다. 그렇게 체념하고
있을 즈음, 얄궂게도 뉴타운이 내게 손을 내밀었다.

대학 선배를 우연히 만났는데 알고 보니 은평 뉴타운 주민이었다.
국민임대주택에 운 좋게 당첨되어 원룸 생활을 청산하고 들어와 살게
됐다는 것이다. 솔로였고 나와 같은 프리랜서였다. 그때까지만 해도
은평 뉴타운은 고가 아파트라는 인식이 박혀 있어서 아예 꿈도 꾸지
않고 있었는데 나와 조건이 비슷한 사람이 버젓이 주민이 되어 살고
있는 것이다. 솔깃했다. 작업실이 절실한 상황이었고, 교회 입장에서는
한 입이라도 줄여야 하는 상황이었다. 당장 SH공사 홈페이지를 찾아
들어갔다. 마침 국민임대주택 입주자 모집 공고가 떠 있었고 은평
뉴타운도 목록에 있었다. 대략 보증금 2,600만 원에 월세 20만 원
정도면 살 수 있었다. 약 12평에 방 두 개. 혼자 살기엔 더할 나위 없는
조건이었고, 나중에 식구가 늘게 되더라도 충분히 감당할 수 있는
면적이었다. 당첨만 되면 그야말로 대박이었다. 당첨 우선순위 목록을
살펴봤다. 그 지역에서 오래 산 주민일수록, 연평균소득이 낮을수록
유리했다. 은평구에서 10년 넘게 거주했고, 소득이 지극히 적었던
나로서는 덤벼볼 만했다. 무엇보다 청약부금을 7년째 꾸준히 부어왔다.
나중에 알게 된 사실이지만 우선순위에서 가장 큰 비중을 차지하는 게

바로 청약부금 횟수였다. 청약부금을 꾸준히 넣는 사람이 상대적으로
드물었기 때문에 청약부금 횟수가 많으면 많을수록, 또 그 기간이
길면 길수록 유리했다. 뭔가 아귀가 딱딱 들어맞는 것 같았다. 자신
있게 지원서를 제출했고, 결과는 '당첨'이었다. 제대하던 날, 부모님이
만들어주신 주택청약통장이 이런 결과를 가져올 줄은 몰랐다. 그분들의
선견지명 덕에 아파트 한 채를 얻었다 해도 과언이 아니다.

2011년 가을에 입주했으니까 벌써 3년이 다 되어간다. 2013년 가을에
재계약을 했고, 앞으로 4~5개월 후면 다시 계약을 해야 한다. 이변이
없는 한, 이곳에서 몇 년은 더 버틸 생각이다. 입주 후, 늘 담보 상태였던
내 삶에 긍정적인 변화가 일어나기 시작했다. 꿈에 그리던 작가 데뷔를
하게 됐고, 내 소유의 차도 한 대 갖게 됐다. 그러는 사이, 교회는 갈수록
어려워져 어쩌면 백기를 들어야 할지도 모르는 상황에까지 이르게
됐다. 교인 수는 그대로인데, 매달 갚아야 하는 대출이자는 점점 늘어만
갔다. 아파트를 방문할 때마다 아버지는 나직이 감사의 기도를 드린다.
이렇게 좋은 집 주셔서 감사하다고. 끝을 목전에 두고 있는 아버지에게
언제부턴가 이 아파트는 작은 위안이 되어주고 있다.
　극심한 위기의 순간마다 아버지는 감사의 기도를 올린다. 위기가
심각해질수록 고통이 진해질수록 아버지의 감사 기도는 더욱 깊어지고
단단해진다. 그때마다 '신앙의 힘이란 게 참으로 대단하구나.' 새삼
느낀다. 신앙 때문에 여기까지 왔고, 그 신앙 때문에 갖은 고초를 다
겪고 있는데, 결국엔 그 신앙 때문에 이 모든 상황을 견딜 수 있다.
우리 가족에게 현 상황을 버텨낼 수 있는 유일한 길은 오직 신앙에
매달리는 것뿐이다. 지독한 악순환이지만 달리 방법이 없다. 평생을
신앙에 의지하며 살았던 분들에게 다른 방법이란 애초에 주어지지
않았다. 신앙으로 극복하는 길밖에는 없다. '주셔도 감사, 안 주셔도

감사, 돼도 축복, 안 돼도 축복.' 이 말을 되뇌이며 모든 걸 그분의 손에
맡기는 수밖에 없다. 모든 것이 그분의 뜻이니까. 결국엔 선한 길로
인도하시리라는 것을 믿으니까. 실로 정교하고 경이로운 메커니즘이
아닐 수 없다.

    언젠가 아버지와 함께 아파트 앞길을 산책하는데, 갑자기 한숨을 푹
내쉬며 이런 말씀을 하셨다. "왜 나한테는 그 기회가 찾아오지 않는지
모르겠다. 저 큰 교회 목사들보다 못할 것도 없는데 왜 나한테는 그날이
오지 않는지. 내가 그렇게 많이 모자란 사람인가." 부흥의 시대는 이미
끝났고 누구라도 신화를 쓸 수 있는 시대는 한국 교회에 다시 오지
않을 거란 말이 목까지 차올랐지만 차마 내뱉을 수는 없었다. 하늘의
기준은 이 땅의 기준과 다르며, 한 사람 한 사람을 귀하게 여기며 살아온
아버지가 그 어떤 대형 교회 목사보다도 훌륭하다는 말로 아버지를
위로해드렸지만 손가락 사이로 빠져나가는 모래알처럼 덧없고
공허했다. 우리 부자는 한동안 말없이 뉴타운의 고즈넉한 불빛들을
바라보았다.

인천 출신의 기나긴 서울 관광

아버지　　　**어머니**
1957년생　　　1957년생

본인
1986년생
여자, 미혼,
프리랜서

도나타

인천에서 20년, 서울에서 10년을
살았다. 대학에선 언론정보학을
전공했고, 24세에 언론사에 취직해
5년간 회사에 다녔다. 30대가 된
현재 뒤늦은 유학을 준비 중이다.
여전히 적성에 맞으면서 즐겁게 할
수 있는 일이 무엇인지 고민하고
있다. 무엇보다 내가 하는 일이
세상에 의미 있는 일이었으면
좋겠다.

"인천이요"

2008년 가을, 대학 졸업을 앞둔 마지막 학기에 나는 '발성과 발음'이라는
수업을 들었다. 늘어나는 아나운서 지망생들을 겨냥하여 개설된 것으로,
닐 사이먼의 「굿 닥터」 중 몇 편을 무대에 올리는 것을 기말 과제로 하는
독특하기로 유명한 수업이었다. 강사는 첫 시간 각자 본연의 목소리를
찾는 방법이라며 다음과 같은 질문을 던졌다.

"집이 어디야?"

"목동이요." "개포동이요." 이렇게 대답할 때의, 깊은 고려 없이
자연스럽게 튀어나오는 꾸미지 않은 목소리를 끌어내려는 나름의
방법이라고 했다. 나는 "인천이요." 라고 답했다. 그땐 더 이상 인천에
살지 않았지만 입에 밴 것처럼 자연스럽게 나왔다. 인천은 20년 이상을
산 고향이며 부모님의 아파트가 있는 곳이었기 때문이다.

그때 나는 한 살 위인 친언니와 고속터미널 근처 원룸에서 살고
있었다. 반포 자이의 뒤편, 주로 술집에서 일하는 '언니들'의 동네.
명품을 빌려주는 '렌탈 숍'이나 24시간 영업에 흡연도 가능한 미용실,
혼자 사는 여성을 위한 심부름센터 등 서울의 다른 곳에서는 쉽게 볼
수 없는 골목 상권이 구축되어 있는 곳이었다. 내가 종종 첫차를 타고
새벽에 귀가할 때, 그 '언니들'은 창이 새까맣게 선팅된 밴에서 단체로
내리며 퇴근하곤 했다.

보증금 3,000에 관리비 포함 월 40, 좁지만 깨끗하고 살기 나쁘지
않은 자취방이었다. 1986년 태어나 줄곧 가족과 함께 '인천집'에 살았던
내게 첫 서울 생활을 안겨준 장소였다. 이는 그 당시 취직한 지 2년 된
언니와 학업이 남은 나의 사정이 맞물려 부모님이 보증금을 마련해주며
결정된 독립이었다. 언니는 자신의 직장과 네트워크가 있는 강남을
고집했고, 장소 결정엔 당연히 경제활동을 하는 이가 우선권을 쥐고
있었다. 내 생활 장소인 학교까진 50분쯤 걸렸지만 그래도 두 시간 통학

거리의 '인천집'에서 다니던 때와 비교하면 나았다. 무엇보다 그곳에
산다는 것의 의미는 통학 거리의 단축 그 이상이었다.

"인천이요." 똑같은 말을 힘없이 내뱉던 영화 속 인물이 떠오른다.
영화 「고양이를 부탁해」에서 이요원이 분한 혜주는 주인공인 인천의
여상 동기 다섯 명 가운데 유일하게 서울로 취직을 했다. 그녀는
인천에서 변변찮게 살아가는 친구들에게 우월감을 갖지만, 그녀가
들어간 증권회사의 좋은 대학 출신 직원들 사이에서는 여상 나온 사환일
뿐이다. 자신의 상사가 어디 사는지를 묻자 그녀는 기죽은 목소리로
말한다. "인천이요."

얼마 후 그녀는 부모의 이혼으로 언니와 함께 서울로 나와 살게 된다.
고시원을 개조한 보잘것없는 원룸이지만, 그녀는 행복해하며 언니에게
묻는다. "서울특별시민이 된 기분이 어때?" 자기는 출퇴근길 1호선에서
풍기던 그 역겨운 돼지갈비 냄새에서 해방되어 너무 좋다면서. 그 말엔
"인천이요."엔 없던 들뜸과 자신감이 섞여 있었다.

혜주 같은 아이들에게 서울에서 일한다는 것, 서울에서 산다는 것의
핵심은 내용 자체가 아니라 그 사실이 주는 어떤 도취감이다. 그녀에게
인천은 우리가 인구수나 경제 규모나 나름의 역사로 이야기하는 그
인천이라기보다 '서울 옆의 인천'인 것이다. 그건 또 하나의 혜주인
내게도 그랬다. 서울은 중심이고 우리는 배후라는 인식, 그 배후
출신이라면 서울 애들이 보기엔 똑같은 베드타운 덩어리에서도 미세한
차이를 집어낼 줄 알았다.

돌아보건대 나의 주거사는 서울에서 내가 있을 곳을 마련하기 위한
열망과 그것에 대해 어떻게 대응해 왔느냐로 이루어져 있다. 그 결과
나는 대학생이 되거나 직장인이 되는 방식으로, 혹은 친구나 네트워크를
만들어가면서 서울의 몇몇 장소에 머물렀고 때로는 기억으로 축적될
만한 관계를 맺기도 했다. 그러나 끼어들고자 하는 이들로 넘쳐나는

대도시에서 삶을 산다는 것은 사실 "삶 비슷한 것을 사는 것 비슷하게
겪고 있다."는 뜻이며, 그마저도 소비로만 실감할 수 있는 경험이라는
사실은 해가 갈수록 분명하게 다가온다. 그리고 손에 쥔 환상과 등에
꽂힌 빨대를 알면서도 기꺼이 이 도시에 남으려는 열망과 피곤한 삶의
괴리는, 이 모든 것이 거대한 관광이 아닐까라는 생각마저 들게 만든다.

인천에 자리 잡다

우리 가족이 인천에 뿌리내리게 된 것은 아버지의 직업과 관련이 있다.
1957년생인 아버지는 군인이 되고 싶어 했지만 사관학교에서 떨어졌고,
등록금이 전국에서 제일 저렴하다는 이유로 충남의 모 사범대에
진학했다. 거기서 그 지방 출신으로 사범대부속고교를 졸업하고
대학에서 일하던 동갑내기 여성, 지금의 어머니를 만난다.
　졸업 후 부임은 학교가 있는 그 지방이 아니라 본인의 지망이나
지역별 수요에 따라 정해졌던 모양이다. 강원도로 발령받을 뻔
했다는데, '운 좋게' 그해 졸업생 중 딱 한 명, 인천으로 발령이 났다.
정확히 이런 경우는 드물겠지만, 1980~90년대 인천에 터를 잡은 이들은
대부분 우리와 마찬가지로 원래 연고가 없던 이들이었다. 두 사람은
스물여덟이던 1984년에 결혼했고 인천 미개발 지역에 보증금 10만 원,
월세 3만 원의 신혼살림을 차렸다. 집에서 지원은 한 푼도 받지 못했고,
정식 교사로 부임하기까지 1년을 기다려야 했던 이때를 특히 어려웠던
시절로 두 분은 기억하고 있었다.
　엄마가 지금도 재산을 관리하는 수단으로 굳게 믿는 '계'는 우리 집의
토대가 됐다. 1년차 교사의 월급은 30만 원이었고 엄마는 그 3분의 1을
꼬박 계에 부었다. 1985년에 첫째인 언니가 태어났고 곗돈을 탄 엄마는
전세 500만 원의 주택에 입주하기로 한다. 그 이듬해 내가 태어나 4인
가족이 된 뒤로 약 4년을 거기서 살았는데 독채 2층에 마련된 방 두

개를 썼다. 내가 태어나기 전에는 돈 한 푼이 아쉬워 생판 모르는 젊은이 둘에게 방 하나를 월 3만 원에 빌려주기도 했다.

본격적인 가계 운영의 서사는 내 남동생이 태어난 1990년부터 시작된다. 남동생의 백일잔치에 온 외삼촌은 우리가 사는 꼴이 안타깝다며 당시 일하던 H공영에서 지은 인천 서구 K동의 22평형 임대아파트 입주권을 넘겨주었다. 보증금 900만 원에 월세 15만 원을 내고 1년을 살면 2,000만원에 분양받을 수 있는 조건이었다. 엄마는 '아파트'라는 말에 감격했고 우리는 그해 장마철에 이사를 한다.

그러나 말이 아파트지 실은 3층짜리 빌라에 상가엔 세탁소, 슈퍼, 유치원 정도만 갖춰진 정도였다. 방은 두 개였고 아이들이 어려도 다섯 식구가 살기는 좁았다. 안이나 밖이나 너무 작았던 그 세상에서 입을 것도 먹을 것도 세 개로 나누는 법을 배워가며 90년대의 대부분을 보냈다. 아버지의 수입은 조금씩 느리게 느는 정도였고 아이들이 어느 정도 크자 어머니도 맞벌이에 뛰어들어야 했다.

그 무렵 여러 사업을 시도하고 있던 또 다른 외삼촌이 인천터미널 근처 뉴코아 백화점에서 자동차용품점을 열었고 엄마는 거기에 점원으로 들어갔다. 90년대가 지나 2000년이 되고 백화점이 아웃렛이 될 때까지 그 건물 6층과 직원 전용 계단은 나의 또 다른 놀이터였고, 내 최초의 문화 소비도 그곳 서점과 음악사에서 이루어졌다.

K동과 그밖의 세계

90년대의 인천은 신공항 건설 사업과 송도 신도시 개발 사업으로 정치와 행정권력, 민간사업자와 개인들이 각자의 기대에 벅차 있던 때였다. 한편 대우자동차 공단을 기반으로 한 전통적인 노동운동 진영도 지방자치 시대를 맞아 반대쪽의 표심을 움직이고 있었다. 하지만 이는 교사인 아버지와 그 밑에 딸린 가족들에겐 전혀 상관없는 이야기였다.

우리가 자리 잡은 동네인 서구의 K동은 80년대에 서민 주거 지역과
중소기업·소규모 제조공장이 안착해 모습을 갖춘 뒤로는 시간의 흐름이
멈춘 듯한 곳이었다. 그건 2014년 3월, 10여 년 만에 방문했을 때도
마찬가지였다. 다만 두 단지로 넓게 분포했던 주공아파트가 한쪽은
2007년에 재건축되고 한쪽은 아직도 사업 시작을 기다리면서 빚어진
뚜렷한 명암만이 동네의 바뀐 인상을 만들고 있었다.

　당시의 K동에도 작은 위계가 있었다. 이 행정구역은 4동까지 있었고
내가 나온 초등학교에는 2동과 4동 아이들이 다녔는데, '있는 집'
아이들은 주로 2동의 고층 아파트에서 살았다. 나는 비가 오면 포도당
공장 냄새가 진동하는 4동의 아이였고, 같은 동의 다가구주택 지역에
사는 친구들보다는 사정이 나은 편이었다. 친한 친구의 아버지들은
철물점이나 정육점 같은 작은 사업체를 운영하거나 건설 현장에서
일했다. 하지만 2동의 아이들은 호구조사서에 좀 더 세련된 것들을 쓸
수 있었다. 4학년 때 2동에 사는 친구의 50평형대 아파트에 놀러갔을
때, 나는 그런 집에 살면서 방을 혼자 쓰는 가상의 자아를 만들었다.
그녀에게 가명을 붙여 주었고 연예인의 얼굴에 긴 생머리, 타고난
예체능 능력을 설정해주었다. 그 S라는 친구는 중학교 3학년 때까지 내
머릿속에서 비밀스럽게 자랐다.

　아버지는 주말마다 자신의 고향인 시흥시 H리로 우리를 데려갔다.
그때까지만 해도 집에서 돼지도 치고 비포장도로에 경운기를 타고
다니던 촌이었다. 거기서 큰아버지 부부는 조부모를 모시면서 포도
농장을 했다. 나는 그곳이 싫지 않았고 포도 농사도 곧잘 도왔다.
언젠가는 이곳과의 정반대인 서울 반포 한신아파트에 사시는
작은아버지 댁에서 며칠을 보냈다. 그는 기자 채용 시장이 활짝 열리고
그들에 대한 대우가 무척 좋아진 5공 시절 방송국에 입사해 탄탄대로를
걸은 가장이었다. 미국에서 살다 온 사촌동생이 자막 없는 디즈니 만화

비디오를 보여주었고 언니와 나는 미국산 간식거리나 작은 소품에도 감탄했다. 지금 생각해보면 두 장소는 정반대였어도 이름 붙일 수 있는 특징이라는 공통점을 갖고 있었다. 그러나 내가 유년기를 보낸 장소엔 관찰할 거리나 이름 붙일 만한 장소성이 없었다.

그 이름 없는 장소에서 그나마 나았던 2동으로, 우리는 1998년 이사했다. 언니와 내가 훌쩍 커 중학생이 되었고, 비슷한 수준의 친한 친구네가 고층 아파트로 이사한 일도 계기가 되어 결심한 이사였다. 8년 전 2,000만 원에 구입한 빌라는 3,900만 원에 팔았고, 할머니의 땅을 처분해 형제끼리 나눠받은 돈과 융자로 6,700만 원을 채워 12층짜리 '진짜' 아파트에 들어갔다. 방 세 개, 34평으로 그 아파트 중에선 작은 사이즈였지만 단지 자체는 내가 파악한 한 학급의 위계 맨 위에 있는 곳이었다. 엄마는 그 낡은 아파트의 첫인상을 천국에 비유했고, 그것이 우리의 '아파트 단지' 생활의 시작이었다.

IMF와 교사라는 직업

그 천국의 초기 2년은 상당히 어두웠다. 할아버지가 돌아가신 뒤 큰아버지 댁에서 살 수 없게 된 할머니를 모시고 살았던 시간이었다. 2014년에 돌아가신 할머니는 그때 이미 환자용 침대를 사용할 정도로 몸이 불편했고 어린 나와 형제들에겐 늙고 병든 약한 존재와 함께 살아야 한다는 사실이 받아들이기 힘겨웠다. 할머니의 존재감은 그가 차지한 방 하나만큼, 거기서 나는 익숙하지 않은 냄새만큼, 부쩍 늘어난 부모님의 고성만큼 큰 것이었다.

집은 이사했지만 다니는 여자 중학교는 여전히 4동에 있었다. 얼마 전 다시 방문했을 때, 대낮이었음에도 통행인이 드물어 정문까지 가다가 발길을 돌려야 했다. 다 큰 어른이 아직까지 두려움을 느낄 정도로 당시 그 주변에서 여중생을 상대로 한 성추행이 많았다. 그리고 당시 교실에서는 그게 우연한 사건이 아닌 경우, 즉 가족이나 동네 오빠가 그녀들을 건드리는 게 더 큰 문제였다. 또한 이건 그 학교와 학교 학생들이 지닌 어두움의 이유 중 하나일 뿐이었다.

집도 학교도 밝음과는 거리가 멀고, 살이 찌고 안경 렌즈도 두꺼워지던 시기, 도피처가 있다면 PC통신·인터넷의 동호회 활동과 만화책이었다. 팬픽을 읽고 쓰느라 전화비가 많이 나오자 엄마에겐 "소설을 쓴다."고 얼버무려 넘겼고 적은 용돈으로도 만화대여점에서는 약간의 자유를 누릴 수 있었다. 통신 활동의 주된 이유였던 아이돌 그룹 '팬질'을 하면서는 그들이 출몰하는 장소나 정모가 이루어지는 장소인 서울의 곳곳을 드나들었다. 언젠가 받고 싶은 선물을 물었을 때, 나는 지하철 정액권이라고 답했다. 세계는 K2동과 4동이 아니라 신도림역 이편과 저편으로 양분되었다.

다행히 그 아파트에서 후기 3년은 나쁘지 않았다. 결국 할머니가 요양 시설로 가셔서 5인 구성으로 돌아온 시기였다. 다른 구에 있던 여고의 환경이 나았던 점, 취미도 성적도 그럭저럭 성취를 이뤘던 점 그리고 외환위기 영향이 없는데다 연금이 보장되어 있는 교사의 직업적 지위가 전과는 완전히 역전된 점이 컸다.

무엇보다 백화점을 그만둔 엄마가 화장품 영업 일을 시작했는데, 그게 적성에 맞는지 돈을 잘 벌어 사정이 폈다. 주변의 질문은 "교사 월급으로 애 셋을 어떻게 키워요?"에서 "ㅇㅇ엄마는 남편이 교산데 왜 굳이 일을 해요."로 바뀌어갔고, 월 소득은 1,000~1,500만 원으로 안정돼갔다. 엄마의 머릿속엔 더 큰 집으로 이사 갈 계획이 모양을 잡아가고 있었다.

나는 부모님이 외환위기에 휩쓸리지 않은 경험이 두 분의 갖고 있던 워낙의 성격과 맞물려 자녀 교육에 큰 영향을 미쳤다고 생각한다. 우리 중 누구의 머릿속에도 중산층이라는 개념, 신분 상승이나 계급

재생산이라는 그림이 없었고, 부모님의 저축이나 대출, 부동산 매매
등은 엄밀하고 전략적인 고차방정식과도 무관했다. 강조된 것은 오로지
분수에 맞는 안정이었다. 어떤 위기가 와도 어느 정도는 자신을 보호할
수 있도록 다른 것들은 포기하는 방식으로 말이다. 아빠는 늘 두 딸에게
공무원이 되라고, 아들에게는 군인이 되라고 말했다. 그 당시 나도
언니도 미대에 가고 싶어 했지만, 학교에서 진로 교육을 하며 예체능계
입시의 도피성 전략을 간파한 아빠에게 어림도 없는 이야기였다.

　아빠가 매일『조선일보』를 정독하고 전교조를 혐오했단 점만
제외하면 정치적으로도 무풍지대였다. 아니, 각종 정치적 국면들과
우리의 삶은 마치 다른 좌표 위에 놓인 것처럼 겹치지 않았다고 해야
맞겠다. 그 탓인지 내 성장 과정에서 세계와 자아를 조감하는 눈은
그다지 성장하지 못했고, 이는 나중에서야 결핍으로 인식되었다.
집에 책이 몇 권 없고 동네에 문화자본이 빈약해서가 전부는 아니었던
것이다.

　부모님은 자녀 성적에 대한 기대도 그렇게 크지 않았고, 공교육
종사자이기 때문에 더더욱 사교육에 무리한 돈을 들이붓는 일은 일어날
수 없었다. 다만 나도 대학에 가기 위해 사교육을 받았는데, 수시모집
대비를 위한 논술 및 면접 학원이었다. 모든 수험생의 목표가 그렇지만
나는 그것을 뛰어 넘는 '인 서울'의 열망을 갖고 있었고, 모의고사
등수로는 그걸 무난하게 이루기 어려웠기 때문이다. 결국 합격 통지를
보내온 학교는 집에서 두 시간이 걸렸지만 괜찮은 편이었고 마음에도
들었다. 자취나 하숙은 못했지만 친구 집이나 동아리방을 적당히 임시
거처로 삼으며 3년을 큰 불평 없이 통학했다.

잠깐의 '인형놀이'

대학 2학년 때인 2005년, 우리 가족은 세 번째 이사를 했다. 같은 K2동의

다른 아파트, 50평형대의 방 네 개짜리 집이었다. 원래 집은 1억 1,500만 원에 팔았고 새 집은 1억 8,000만 원에 샀다. 거기에 인테리어 비용 등을 포함해 1억 원을 융자했다. 언니는 국립대에 다녔고 나는 종종 장학금을 받아도 당연히 학비는 학자금 대출로 충당해야 했다. 빚은 잘 안 보였지만 생활수준이 나아진 모습은 잘 보이던 시기였다. 엄마는 집 안 청소를 위해 주 1회 가정부를 들였고 자신의 자가용도 외제차로 바꾸었다.

큰 무리가 가지 않는 선이라면 외국 생활을 해봐도 좋겠다 싶었다. 학교의 교환학생 제도를 뒤져보니 영어권은 스펙 좋은 애들이 몰리지만 일본은 그렇지도 않은 것 같았다. 그렇게 2007년 3월, 나는 도쿄 도 M시라는 의외의 장소에서 처음으로 '독립'하게 된다.

교환학생들은 학교 바로 앞의 여자 기숙사에 무료로 입주할 수 있었고 나는 부엌과 화장실 등을 공동으로 쓰는 그 기숙사에서 고시원 한 칸만 한 방에 짐을 풀었다. 처음으로 혼자 방을 쓴다고 해도 기숙사 자체가 공동생활 공간이었으니 집보다 훨씬 답답했다. 통금은 11시, 엄격한 당번제, 세면대에 쓰고 난 생리대나 임신 테스트기를 두는 여자애들도 있었다. 여름이면 부엌에서 도마뱀이 나왔고 네임태그를 붙여 냉장고 속에 넣어둔 반찬이 파헤쳐진 경우도 허다했다.

그래도 어차피 10개월을 채우면 돌아갈 처지라 굳이 이사를 할 필요는 없었다. 그런데 묘한 기회가 찾아왔다. 외국에서 경험치를 늘릴 요량으로 관여하고 있던 한 민간단체의 대표가 살 집을 공짜로 빌려주겠으니 좀 더 일을 해달라고 제안한 것이다. 체류 기간을 연장한 건 당연하고, 그 말이 나오자마자 기숙사를 뛰쳐나올 준비를 했다. 마침 실수로 베란다에 작은 불을 내서 눈총을 받던 때였다.

그가 제안한 집은 본인의 처가가 소유한 빈집이었고, 도쿄의 부촌인 S구에 있었다. 마당이 있는 2층짜리 목조 주택으로, 시공은 1970년대로 추정되는 낡았지만 예쁜 집이었다. 예전에 가족들이 함께 살다가 이제는 각자 흩어져 비게 되었고, 관리인 노릇을 할 하숙인을 지인 중에 들이는 실정이었다.

내가 들어갈 때 이미 거기서 살고 있던 여성은 나중에 남자친구와 함께 그 집을 떠났고, 나는 혼자서 방 다섯 개를 차지했다. 학교에 볼일도 끝났으니 시간은 많았고, 모은 돈도 적지 않아 상당히 탐욕스럽게 인테리어에 집착하던 시절이었다. 지금까지 공간을 꾸미며 살아본 시간은 그때가 유일하다.

어릴 때는 식탁 의자만 가지고도 사막을 건너는 지프차를 상상할 수 있었다. 그런 상상은 종종 신문에 끼워져 오는 아파트 분양 광고지 위에서, 박스로 만든 2층집에서 인형놀이로 펼쳐지곤 했다. 가장 넓은 평수의 평면도를 보고 방의 용도를 설정하거나 언니와 함께 손바닥만 한 가구를 만들다보면 시간이 금세 흘렀다. 돌아보면 그 집에서의 생활은, 생활이라기보다 그 상상을 시뮬레이션 하는 놀이 같았다. 외국인 유학생과 젊은 여성이라는 조합은 '그래도 되는' 최적의 상황이었다.

그러나 실제 '현실' 속에서는 까닭 없는 혜택이란 없음을, 아니 혜택이 있다면 그에 응하는 조심성을 갖추어야만 그것을 무리 없이 누릴 수 있다는 사실을 나중에야 깨달았다. 30대 부부와 젊은 여자아이라는 3자의 조합에서 일어날 수 있는 오해가 벌어졌고, 그게 사실이 아님에도 불구하고 그런 상황에서 인형놀이는 졸지에 가시방석이 되어버린다. 일본 생활을 마무리하고 휴대폰을 해지하기 직전 마지막으로 받은 연락은 '집주인의 딸'인 그녀가 보낸 애처로우면서도 공격적인 장문의 메일이었다. 이 모든 것의 실체는 해프닝이었지만 한 가지 분명한 것은 내 타지 독립생활이 전체적으로 민폐였다는 사실이었다.

유일한 '우리 집'으로의 귀환

그 사이 한국에 있는 가족의 주거 상황도 재편되고 있었다. 동생은
사관학교에 입학해 지방 기숙사에 들어갔고 앞서 말한 것처럼 언니는
반포동 원룸으로 옮겼다. 부모님은 송도 신도시의 한 아파트에 '전세'로
살고 있었다. 아직 유령도시라 놀림당하던 때였지만 그 썰렁함 속에
혼자 우뚝 솟은 호화로운 건물들이 마음에 들었다. 아파트 앞에는 이제
막 나무를 옮겨 심은 드넓은 공원이 조성되어 있었고, 생각 없이 걷다
보면 아직 공사 중이던 황토색 부지 위에서 길을 잃곤 했다.

송도 신도시 생활의 배경은 부모님이 인천의 또 다른 신도시인 N동의
신축 아파트 분양권에 당첨된 2006년으로 거슬러 올라간다. N동은
원래 전체가 화학공장단지였는데, 그것을 다른 지방으로 옮기면서
비어버린 터에 대형 아파트 단지 건설이 계획된다. 엄마는 나중에
프리미엄을 얹어 팔 생각으로 분양권에 응모했다 덜컥 당첨되었고,
아빠가 그 아파트에서 노후를 보내자며 매매를 만류했다. 그리고 아파트
공사가 완료될 때까지 새로 발령받은 학교와 가까운 송도신도시에 잠시
가 있기로 한 것이다. 아직 한산할 때라 전세가 쌌고, 아는 사람을 통해
2년에 1억 2,000만 원 계약으로 호화로운 아파트를 빌린다. 전에 살던
아파트는 부동산가 정점의 시기에 2억 9,500만 원에 팔아 차액을 1억
이상 남겼다.

송도 신도시는 행정가들과 건설사들이 '첨단'이나 '글로벌', '융합'
같은 단어를 어떻게 해석했는지를 전시하는 듯한 방식으로 채워져
갔다. 그런 게 부모님 마음에 썩 들었던 걸까. N동의 '우리 집'이
완공되었음에도 부모님은 그곳에 세입자를 들이고 당신들이 빌린 집의
계약을 연장하는데, 이 결정이 화근이었다. 신도시가 모습을 갖추어
가자 수요가 공급을 웃도는 상황이 벌어졌고, 집주인이 전세가를
5,000만 원이나 올린 것이다. '좋게' 얘기해서 버티려던 계획이 감정적

대처로 무산되고, 신도시에서 가장 오래된 아파트로 급하게 이사를
했다. 보증금 2,000만 원에 월세 100만 원이었다.

갑작스런 이사의 스트레스도 잦아질 무렵 '우리 집'의 전세가
빠졌지만 임시 거주처의 계약기간이 남아 있었다. 한시라도 빨리 그
집으로 옮겨 쉬길 원했던 부모님은 즉시 이사를 하긴 했는데, 2~3개월
비어 있을 전세방이 아까웠는지 세입자가 월세를 놓는 이른바 '깔세'를
놓게 된다. 그런데 거기에 '수상한 삼촌'들이 술집 아가씨들을 재우는
용도로 들어왔던 모양이다. 집 안은 엉망이 됐고 집주인과 세입자(우리
가족)-세입자의 세입자(그들) 사이에 피곤한 협상이 있었다. 결국
깔세로 얻은 소득보다 보수 비용이 높게 나왔고, 이것을 포함해
부모님은 두 번의 이사로 3,000만 원을 날린 셈이 됐다.

엄마는 이 이야기를 하면서 당신의 주거사에서 가장 큰 실수였노라고
평가했다. 그러더니 지금까지 자녀 셋의 몸집에 따라 평수만 옮겨
온 경험을 모두 소급하여 "우리는 부동산으로 뭔가를 남길 수
있다는 생각을 못 했고, 너무 무지했다."고 한탄했다. 아마 제대로 된
베팅이라기보다 살짝 뭔가를 더 남겨볼 요량으로 부린 작은 욕심이
황망하게 실패하자 부동산이 하기에 따라 다양한 잠재성을 가졌음을
역으로 뒤늦게 깨우친 게 아니었나 싶다. 송도 신도시에 남기로
결정했을 때 이미 다른 계획이 있었을지도 모른다.

앞서도 이야기했지만 나의 부모는 부동산을 통한 계층 상승 같은
것을 별달리 의식하지 않았던, 아니 그 존재와 메커니즘을 잘 몰랐던
사람들이었다. 하지만 그들 주변엔 제때 혹은 뒤늦게 부동산 베팅에
나섰던 비슷한 소득 규모의 친구들이 있었고, 대부분 잘되지 못했지만
흥한 예도 없지 않았다. 엄마는 후자의 경우를 들며 "그래도 너무
안정적인 것보다는 할 수 있을 때 해보는 것도 좋았다."고 말한다.
과연 어땠을까. 나는 물론 안정 지향형이었던 부모님이 선택한 지금의
시나리오에 가슴을 쓸어내리는 쪽이다.

결혼을 하면 어떨까

2009년 여름에 졸업한 나는 곧바로 취직을 했고 언니는 직장을 옮겼다.
그녀는 옮긴 직장 근처 원룸들을 알아보더니 이듬해 서초동의 방 하나를
계약했다. 보증금은 동일하게 3,000만 원이라 그대로 빼서 넣었고,
월세는 약간 올랐지만 이제 내가 그 절반을 댈 수 있었다.

　그렇지만 그즈음부터 내가 사는 곳은 사실상 남자친구 집이었다.
같은 과 후배인 그는 2009년에 제대하여 학교 앞(동대문구)에 자취방을
하나 얻었는데, 그 집에서 하루 이틀 신세를 지다 보니 어느 순간 내 짐이
그의 짐보다 많아지는 순간이 왔다. 내가 일본에 있을 때에도 반찬과
라면 같은 것들을 보내주며 챙겨주던 남자친구의 어머니는 나와 아들이
함께 사는 것을 암묵적으로 인정해주었고, 살림살이가 늘어나자 우리는
좀 더 넓은 자취방으로 옮길 수 있었다.

　어느덧 서초동 원룸은 내 집 혹은 방이 아니라 친구 결혼식 전날에
원피스를 빌리러 가는 장소로 전락했다. 나는 언니에게 매달 월세의
절반을 보내고, 안부는 카톡으로 주고받으며, 얼굴은 '인천집'에 가서야
마주하는 생활을 4년 가까이 지속했다. 부모님에겐 물론 비밀로 했다.
아무래도 딸을 둔 부모로서는 받아들이기 힘들 것이다.

　인천의 부모님 집, 언니와 '사는 것으로 되어 있는' 집, 실제로
거주하는 남자친구의 집. 집이 세 곳이나 있는 셈이지만 그만큼
불안정하고 피곤한 날들이었다. 애초부터 계획적인 동거가 아니었고
보증금이며 월세며 남자친구의 부모님에게서 나왔으니 남자친구의
집은 그의 생활공간에 내가 '끼어든' 모양새였고, 점점 방문하지 않게
되자 '언니와 나의 자취방'도 언니에게 맞춰진 생활공간이 되어버렸다.
게다가 두 곳 모두 혼자 살긴 넉넉하지만 둘이 살긴 그다지 편치 않은
평수였다. 그래서 난 각 방에 0.5인분씩 나누어 기거하는 것 같았다.
돌아보면 그 4년은 내가 회사를 다닌 시간과 일치하는데, 그동안 집은

그냥 퇴근하고 다음 출근을 준비하게 하는 '정거장'이 아니었나 싶다. 작은 방이라도 제 취향에 맞게 살뜰히 꾸민다거나 동네에 단골 가게를 만든다거나 하는 젊은이다운 자취 생활과는 거리가 멀었다.

　남자친구는 2013년 직장을 구해 양재동으로 이사했고, 1년 후 그 직장을 그만두고 '교대 앞 아파트'로 다시 이사했다. 나도 물론 그 두 번의 이사를 함께했다. 이 '교대 앞 아파트'가 바로 애매한 동거의 종착역이었다. 이곳은 그가 2006년경까지 가족과 함께 살던 아파트로, 몇 년 전 재건축되었으나 그의 부모님은 다른 지방에 살고 한참 동안 세를 놨던 상태였다. 그런데 그동안 외국에서 공부하던 남자친구의 형이 돌아오면서 형제가 그 아파트에 다시 들어가게 된 것이다. 이는 부모님이 일주일에 한두 번 방문하는 형태이긴 하지만 '4인 가족 동거로의 귀환'임이 명백했다.

　"교대 앞 아파트로 이사한다."는 말이 뭘 의미하는지 모르는 건 아니었지만, 일상의 관성과 남자친구 가족의 호의가 한동안 나를 착각하게 만들었다. 그냥 얘랑 이렇게 계속 같이 살아왔으니 앞으로도 같이 살 수 있지 않을까? 거기다 그의 형이 귀국하기까지 시간이 좀 남아 있었고, 그 많은 짐을 갑자기 뺄 수 없기에 이사도 함께했으니 말이다.

　그렇게 어영부영 거기서 2개월을 살았다. 얹혀산다는 의식은 당연히 강해졌지만 생활의 질 면에서 그 이전, 그 이후와 비교할 수 없는 수준이었다. 강남의 최신형 아파트에서 남자친구와 단 둘이 산다는 건, 그게 얼마나 일시적이며 썩 보기 좋은 모양새가 아니라는 걸 알면서도 충분히 달콤했다. '양쪽 부모들이 재촉도 하고 있으니 빨리 결혼이나 해버릴까, 그럼 여기서 계속 살 수도 있지 않을까.'라는 생각에 종종 진지하게 빠져들었다.

　마침 5년 가까이 다니던 회사를 그만두고 새로운 진로를 계획하던 시기였으니 결혼은 꽤 구체적인 유혹이었다. 그걸 눈앞에서 흔든 게

바로 아파트였고 말이다. 아파트는 가족과 가족이 아닌 것을 갈라주는
시약(試藥)처럼 느껴졌다. 우리의 계획 없는 동거 생활은 자취방이라는
임시적인 공간을 통해서만 가능했던 것이고, '계속 같이 살고 싶다면,
가족이란 유닛을 구성하시오.'라는 지침이 아파트와 함께 내려온
꼴이었다. 어쨌든 동거는 끝났고, 결혼이라는 새 가족 구성이 보류되고,
남자친구는 자기가 자란 아파트로 돌아가면서 원래의 4인 가족으로
복귀했다.

서울의 한 점

회사 앞이든 강남의 집에서든 버스를 타면 한 시간 반 안에 갈 수 있지만,
일이 바빠지면서 인천 본가에 가는 빈도가 줄었다. 이제 빚도 거의 다
갚고 자식들도 다 그럭저럭 경제활동을 해나가고 있지만 부모님은
여전히 돈 걱정을 한다. 지금까지 안정 지향형이었던 만큼, 앞으로
늘어난 수명과 일할 수 있는 나이를 철저하게 파악해서 크게 모험하거나
자식들에게 의존하지 않는 삶을 기획 중인 것이다. 빚이 없더라도 자가
하나로는 불안할 수밖에 없는 시대다. 엄마는 여전히 영업을 뛰며 계를
굴리고, 아빠는 정년퇴직 후 부업으로 마을버스 기사나 스크린 골프장
아르바이트를 고려하고 있다.

    그 집 자체는 그들이 노후를 보내기에 최적이다. 부부가 살기에
충분히 넓고 거실 창 바깥으로 포구 풍경도 아름답다. 단지도 입주자로
꽉 찼고 코앞의 어시장에는 주말마다 관광 인파가 몰려 북적인다.
어시장은 예전처럼 허름한 천막 밑에 모여 있지 않고 최신식 상가
건물로 재정비되었고, 인천 앞바다에서 잡히는 것이 아니라 수입된
해산물을 판다. 하지만 여전히 서민적이고 생생한 분위기를 원하는 외지
손님들의 주말을 사로잡는다.

    바로 앞에 초등학교가 있고 한 블록 뒤에 신설된 특목고가 있다.

10분쯤 걸어가면 어원을 알 수 없는 유럽풍 어감의 대형 상가 건물의 '촌'이 나온다. 앞모습은 간판이 다닥다닥 붙어 있어 야식 전단지를 입체화시켜놓은 것처럼 생겼고, 뒷모습은 에어컨 실외기로 가득 찬 경이로운 풍경이다. 이는 2000년대 초반, 내가 10대 때 부천 중동이나 인천 연수구의 풍경과 매우 유사하다. 복사-붙여넣기 한 것처럼 똑같은 신도시 문법이다.

　내가 유년을 보낸, 80년대에 완성된 소규모 주거 지역과는 전혀 다른 풍경이지만 베드타운의 구형-신형의 전형성을 내포하고 있다는 점에서는 공통적이다. 그때는 마을 안에 시장이 있었고 지금은 그마저도 대형 마트가 대신하고 있다. 단지의 편의성은 진화했고 주차장은 혼잡하지 않으며 철도와 버스 노선은 알맞게 신설되었다. 쉬고 싶다면 커다란 TV 앞에 드러누우면 그만이고 프랜차이즈 커피 전문점에서 잡지를 볼 수도 있다. 어쩌면 서울에서 누리는 것 이상의 것들이 있다. 그럼에도 불구하고 그곳에서 나는 중심의 맥락 바깥으로 떨어져 나와 있다는 유년시절의 께름칙한 기분을 버리지 못한다.

　서로가 아직 부모님과 함께 살았고 사귀지는 않았던 2006년경, 지금의 남자친구와 나는 같은 영화 동아리 촬영을 계기로 서로의 집에 가 볼 일이 있었다. 교대역 바로 앞에 있던 그 친구의 집은 거의 모든 면에서 내가 살던 곳과는 전혀 다른 공간으로 인식되었다. 그런데 인천 서구에 있던 우리 집에 왔을 때 그 친구는 자기네 동네나 집이랑 너무 똑같다며 아파트 단지의 생김새의 유사성에 관해 말했다.

　그 감상이 사실에 더 가까울지 몰라도, 나는 수긍이 안 됐다. 그건 서울에서 사는 사람만 가질 수 있는 특권적인 둔감이라고까지 생각했다. 그 친구는 잠깐 학교 앞에서 자취한 것을 제외하면 내내 강남에서 자랐다. 그리고 내가 유년기에 흡수한 자극에 비해 그 친구의 지금을 만든 자극들이 더 귀해 보였다. 물론 그는 강남 아파트 단지의 생활은

단조로웠고 세상은 인터넷 친구들을 통해 형성되었다고 말했지만,
스스로 인지 못 하는 어딘가에 내가 갖지 못한 물적 토대가 있지
않을까라는 콤플렉스가 있었다. 세상에 '강남 키드'라는 이름은 남아도
'K동 키드'라는 이름은 애초부터 없다.

　나중에 박해천의 『아파트 게임』에서 그때의 궁금증을 풀어낼 미세한
단초를 찾았다. "국가의 심장부와 같은 공간과 자연스럽게 친밀한
관계를 맺고 그 관계 속에서 세계의 질서를 상상하고 타인과의 관계를
설정하는 것. 그리고 그런 과정을 경유해 자신의 자아를 확장하는 것.
그것은 나로서는 가늠하기 어려운 심상 지리의 세계였다." 지방 출신의
1962년생 베이비부머가 군대 말년 휴가를 나왔던 80년대, 급변하던
강남을 배회하다가 콤플렉스를 고백하는 장면이었다. 그가 자신의
출신지이길 바랐던 '국가의 심장부'는 물론 서울의 구도심이지만, 저
문장은 20년을 지나 가리키는 공간의 질감은 바뀌었을지라도 여전히
비서울 출신만이 느낄 수 있는 소외감을 넓고도 예리하게 포착해내고
있다.

　다시 「고양이를 부탁해」의 혜주로 돌아오면, 서울에 주소를
얻은 그녀는 모임 약속을 잡는 친구들에게 "너희들이 서울로 오면
되겠네."라고 말한다. "너 한 명이 인천으로 오는 게 낫니, 우리 네 명이
서울로 가는 게 낫니?"라는 핀잔에 결국 월미도에서 모이기는 하지만,
저녁이 되자 그들은 동대문 패션타운으로 자리를 옮긴다. 13년 후인
지금, 월미도는 여전히 월미도이지만 동대문은 아마추어 댄스 팀의 공연
장소로 조명된 모습에서 자하 하디드의 기괴한 건물과 중국인 부호들의
쇼핑 장소로 맥락을 갈아입었다.

　그 시간, 실제 그녀들이 자랐다면, 상사로부터 "저부가가치
인간"이라는 말을 들은 혜주는 아직도 악착같이 그 직장과 서울에 남아
있을까? 집이 무너져 할아버지, 할머니를 잃은 지영과 집을 탈출한

태희는 그들이 바라던 대로 외국을 떠돌며 살 수 있었을까? 이 영화는
스무 살 갓 성인의 세계로 내던져진 여성들이 자신의 벗어나고 싶었던
뿌리와 어렵게 이별하는 과정을 그려냈고 그것을 '서울 옆 인천'이란
장소로 은유했다. 은유가 아닌 실제 감각에서 '인천'은 각자에게, 그리고
그때그때마다 서로 다른 장소였겠지만 내가 내 고향에 갖는 실감은 이
영화가 상징한 것과 크게 다르지 않았다.

　서른을 앞둔 시점부터 나는 뭔가가 끝났다는 암담한 기분에
시달렸다. 정신적인 성숙은 남은 과제일지라도 '성장'은 여기까지라고
할까. 나라는 사람은 지금까지 살아온 대로이지 크게 변할 리가 없다는
사실과 자기가 '할 수 없는 것'들이 체를 거르고 남은 찌꺼기처럼
분명해지는 시기라고 할까. 비유에 탁월한 한 친구는 내 얘길 듣더니
"패가 이미 다 뒤집어졌다는 거지."라고 대꾸했다. 그 말대로, 게임은
계속되겠지만 그것은 뒤집어진 패 안에서만 가능하며, 그전까지는
아직 뒤집지 않은 패에 막연한 기대를 걸었다면 이제부터는 명명백백한
현실을 외면하기 어려워졌다. 그리고 내 역사의 일부인 주거사를 쓰는
과정에서 그 패들을 다시 마주하게 되었다. 그게 나고, 이제부터는 그
'나인 것'을 가지고 살아가야 한다. 그 사실이 끝도 없이 아쉽고 자신
없어지는 시간이 바로 요즘이다.

　그런데 '너는 어떻게 살아왔느냐'라는 정량화할 수 없는 물음에
대답하는 것보다 더 확실히 스스로를 알 수 있게 하는 방법이 있다고
한다. 자기가 현재 보유한 목돈을 갖고 들어갈 수 있는 집의 꼬락서니를
보는 것이다. 물론 계속 갚아 먹힌다는 것을 알면서도 여전히 남고 싶어
하는 이 서울에서라면 더 효과적이다. 오랫동안 내가 갈 수 있는 집은 세
곳이나 되었지만, 저 물음에 가족과 연인의 도움이라는 변수를 없앤다면
어떨까. 확실히 지금까지 내게 독립은 이루어지지 않았다.

밥은 집에서 월급은 은행으로

아버지
1953년생

어머니
1956년생

본인
1980년생
남자, 미혼,
교육출판업

이기훈

36세의 평범한 직장인으로, 여러 가지 교육 관련 일을 하며 돈을 벌었다. 조지 버나드 쇼의 묘비명인 "내 우물쭈물하다 언젠간 이럴 줄 알았다"는 말을 좋아하며, 열심히 사는 사람에게는 좋은 일이 생기고 적당히 사는 사람에게도 적당한 행복이 주어지는 세상을 꿈꾼다. 운이 좋아 집을 한 채 가지게 되었지만, 남들 사는 것을 볼 때마다 왠지 과분한 걸 가졌다는 생각에 불편해 하곤 한다.

아파트에서 혼자 거주한 지가 6개월 정도 되었다. 지금 내가 살고 있는 신공덕동의 아파트를 산 것이 2013년의 일이니, 집을 사기까지 34년 정도가 걸린 셈이다. 그 34년의 대부분은 경기도 수원에서 부모님과 같이 지냈으며, 그중 17년가량을 아파트에 거주했다. 그러니 이 글은 마포구에 대한 이야기나 아파트에 대한 이야기라고 보기보다는 수원에 대한 이야기 혹은 부모님의 이야기라고 보는 것이 적절할 것이다.

　내가 태어났던 1980년 당시 수원은 현재 규모에 비하면 무척 작은 도시였다. 지금은 대단위 아파트 단지가 들어서 있는 성균관대 근처 율전동만 해도, "마누라 없이는 살아도 장화 없이는 못 산다."는 말이 있을 정도로 개발이 거의 되어 있지 않은 상태였다. 도시 중심부에서 조금만 벗어나도 논과 밭을 발견할 수 있었던 것이다. 당시 수원의 번화가는 수원 화성 4대문 안쪽에 한정되어 있었는데, 그 중심에 남문 주변의 시장과 중앙극장이 있었고, 그 뒤편의 거리를 사람들은 '로데오 거리'라고 부르곤 했다. 네 개 문 안쪽에는 남문시장, 거북시장 등이 있었다. 내가 태어난 곳은 장안문(북문) 거북시장 근방 북수동인데, 작은 가정집에 조부모님, 부모님, 고모님께서 가족을 이루어 살고 계셨다.

　그곳에서 아버지는 1970년대 말부터 근 40년을 서울 종로 쪽으로 출퇴근하셨다. 지금은 서울까지 한 시간 안쪽에 갈 수 있는 방법도 있지만, 70년대 말에 서울 출퇴근이란 결코 쉬운 일이 아니었다. 서울이나 안양을 가려면 역에서 전철 환승을 하거나 시외버스터미널에서 승차권을 구매해 버스를 타야만 했으니까. 대강 복기해보니 당시 아버지의 출퇴근길은 대강 편도 두 시간이었다.

　1980년에 내가 태어난 후, 곧 온 가족이 정자동에 있는 방 네 개짜리 단독주택으로 이사하게 된다. 정자동 주택가는 고만고만한 주택들로 이루어져 있었는데, 2층 주택 중 1층에 주인이 살고 2층에는 세를 주는 방식으로 사는 집이 많았던 것 같다. 집에는 방이 네 개가 있었는데, 나와

남동생은 조부모님과 함께 안방에서 생활했고 부모님께서 건너편 방을
쓰셨다. 고모님께서 쓰시던 화장실 옆방은 구조가 독특해서 집 외부로
바로 이어진 문이 있었는데, 식모가 쓰거나 세를 주기 위한 그런 구조가
아니었을까 싶다. 살기에 그리 쾌적하지는 않았기 때문인지 그 방은
고모님 출가 후 창고로 바뀌었고, 나머지 한 방은 서재로 썼다. 내가
어렸을 때는 조부모님과 같이 쓰는 방에서 공부도 하고 온 가족이 모여
식사를 했다. 남는 방 두 개를 안 쓰고 나머지 두 방에 몰려 앉아 무엇을
하는 가족이라니, 공간 활용이 그다지 효율적이진 않았던 것 같다.

　연탄 보일러로 난방을 하던 시절이라 새벽에는 누군가 보일러의
연탄을 갈아야 했는데, 그래서 새벽에 가끔 잠을 깨곤 했다. 늦가을에
수북이 실려 들어온 연탄을 지하실 창고에 쌓은 기억이 몇 번 없었던
것으로 보아, 곧 기름 보일러로 교체했던 것 같다. 현관문 위에는 철제
셔터가 달려 있었지만 실제로 내린 걸 본 기억은 몇 번 없었다. 열쇠를 집
앞 화분에 두고 다녀도 막상 도둑이 드는 일은 드물던 시절이었으니까.

　80년대 후반 나는 초등학교에 입학을 하게 되는데, 가장 가까운
초등학교가 도보로 약 30분 정도 거리에 있었으니 가까운 편은
아니었다. 앞에서도 말했듯 당시 수원이라는 동네가 그렇게 잘 개발된
동네가 아니어서 지금처럼 인구밀도가 높지 않았기 때문일 수도 있고,
반별 학생 수가 많았기 때문일 수도 있겠다. 30분 남짓한 등굣길을 걷다
보면 시멘트 블록 담장으로 둘러싸인 낡은 집들과 골목길을 자주 만날
수 있었다. 그런 집들은 주변에 텃밭이 있는 경우도 많았는데, 집 앞에서
뭔가를 농사지어 먹는 것이 이상하지 않았던 시절이었던 것 같다. 내가
살던 집만 해도 마당이 있어 할아버지께서 그곳에 화단도 가꾸셨으니까.
학교는 '노송지대'라고 불리는 길고 좁은 도로 입구에 있었는데, 학교
맞은편에는 칠성사이다 마크가 박힌 큰 탑이 서 있었고, 계속 가다
보면 SKC 수원 공장이 나타났다. 공장과 농촌이 도시 안에 미묘하게

공존하고 있었던 셈이다.

　내가 기억하는 최초의 이사는 초등학교에 입학한 지 2년 정도 지난 후였다. 아버지가 어느 공터로 가족을 데리고 가서 "여기가 우리 땅"이라고 말해주셨다. 권선구 쪽이었는데, 그 땅을 취득하신 연유는 기억이 나지 않는다. 89년경, 아버지는 그 땅의 절반에 2층집을 지으셨고, 나머지 반의 땅에는 할머니께서 텃밭을 일구셨는데, 나중에 집에 차가 생기면서 그 공터의 4분의 1은 차고가 되었다.

　나만의 공간이 생긴 것도 이때였다. 조부모님과 한 방에서 텔레비전을 보고 잠을 자는 생활은 여전했지만, 공부방이라는 명목하에 1층에 책상 두 개가 들어가는 꽤 넓은 방이 하나 생겼다. 그곳에서 밤 늦게까지 라디오를 듣는 일이 많았는데, 낮 동안에 2층에 처박혀 혼자 노는 시간이 많아 밤중에 숙제를 급히 해치워야 했기 때문이다. 2층은 부모님의 생활 공간이었는데, 2층 마루에 있는 구형 전축으로 CD를 들을 수도 있었고, 부모님 서재에서 이런저런 책들을 꺼내 읽을 수도 있었으며, 동네 비디오 가게에서 비디오를 빌려다 2층 부모님 방에서 볼 수도 있었기 때문이다. 게다가 낮에는 공중파를 녹화하여 재방송하는 '유선방송'이 방송되고 있었으니, 밤에 잠을 잘 시간이 없었다. (거기서 「달로스」「테라에」「에어리어88」을 보고 충격을 받았던 기억이 아직도 남아 있다. 대체 그 당시 공중파 방송국이 어떤 곳이었는지, 지금 돌이켜 보면 참으로 궁금하다.) 학교가 가까워져 지각할 일이 없어졌다는 게 그나마 다행이었다.

　그러다 중학교를 다시 원거리로 배정받아 권선동에서 수원과 용인의 경계 근방까지 통학을 하게 되었다. 당시 학교 근방에 매탄동 주공아파트가 있었는데, 그곳 외 여러 곳에 다른 아파트들이 계속 들어서면서 새 학교가 여럿 들어선 것이다. 대강 위치를 말하자면 (나중에 박정근 덕분에 유명세를 탄) 남부경찰서와 수원지방법원

근처였다. 그 학교를 다니려면 작은 고개를 하나 넘어 버스를 타야
했는데, 고개를 넘어 가자마자 아파트 단지가 하나 보였던 것이
기억난다. 그 당시에도 꽤 낡고 좁은 느낌이었으니 지금은 재개발이
되었겠지 싶다. (근처에 갈 일이 없어 확인은 못 했다.) 고개를 넘고
버스를 타고 다시 걸어가면 한 시간 이상 걸렸기 때문에 동네 학생들을
대상으로 운영하는 '봉고차'를 타고 통학했다. 그 상황이 바뀐 것은
1994년에 생애 첫 아파트로 이사하여 버스 노선이 늘어난 다음의
일이다.

　당시 아버지께서는 공군기지 근처에 있는 동아건설의 아파트를
분양받으셨는데, 동아건설에 문제가 있었는지 입주할 때는
두산아파트가 되어 있었던 기억이 난다. 택지 규모가 상당해서 너댓 개
건설사가 나누어 시공했고, 내부에는 4차선 도로까지 지나고 있었다.
그런 다음에도 집 뒤쪽으로는 영통 방향으로 아파트가 계속 뻗어나가고
있었다.

　조부님께서 북문 근방에 서예학원을 하고 계셨기 때문에 아무래도
출퇴근하시기에는 부담도 좀 있고 하여 조부모님은 다시 정자동 집으로
옮겨가셨고, 당시 정자동 집을 수리하여 살고 계시던 큰아버지 댁에서
조부모님을 모시게 되었다. 부모-형제의 4인 가족 생활을 최초로
시작하게 된 셈이다. 아파트는 40평이 넘었다. 40평 넘는 공간에 4인
가족이 들어앉으니 집이 꽤나 넓게 느껴졌다. 동생과 내가 최초로
방을 가질 수 있었고, 둘이 같이 쓸 수 있는 공부방이 따로 생겼다. 집
주위에는 (공터가 아닌) 공원도 있었다.

　그러나 그 집에 대한 기억은 거의 주말에 한정된다. 학교에서 특목고
대비반에 편입되면서 밤늦게까지 학교에 붙들려 있었고, 특목고에
입학한 후에는 아예 기숙사 생활을 하며 토요일 오후에 집에 왔다가
일요일 저녁에 기숙사로 돌아가는 삶을 살았기 때문이다. 고등학교

1~2학년 때는 매주 혹은 한 주 걸러 집에 갔는데, 비디오를 참 많이
봤던 것이 기억에 남는다. 당시 동네 비디오 가게의 정책이 독특해서,
2,000원을 내고 최신 프로를 빌린 후 당일 반납하면 구프로 하나를 더
빌려줬다. 아파트 단지가 크다 보니 회전율을 높이기 위해 그렇게 했던
것 같다. 고3이 되던 무렵에는 주말에도 기숙사에 머물러 있어야 했고,
집에는 1~2개월에 한 번씩 갔다. 그러다 보니 영화를 보기 힘들어졌고,
그 아쉬움은 심야방송을 들으며 메꿨다. 전영혁 DJ가 읊어주는 시를
적어두었다가 학교 앞 서점에서 구해다 읽으며 소설책도 가끔 사다
봤다. 그러다 보니 서점 아저씨와 친해졌는데, 아저씨가 어느 문학
동인에 속해 계셨는지『수원문학』이나 수원 출신 시인들의 시집을 가끔
주시곤 했다.

　고3이 되던 무렵에는 IMF라는 불청객이 찾아왔다. 아버지도 그
영향에서 자유롭지 못하셨기에, 실직 후 재취직하셨다. 그 과정에서
수원역 앞 대한방직 자리에 새로 지어진 아파트를 전세로 얻어
다시 이사했는데, 학교에만 있다 보니 어떤 과정을 통해 옮겨가게
된 것인지는 기억이 나지 않는다. 어쨌든 내가 대학에 합격했을 때
등록금을 대주셨던 걸 보면 아주 큰 타격까지 입지는 않으셨던 것 같다.
그리고 나는 마포와 첫 인연을 맺(을 뻔하)게 되는데, 부모님께서 마포에
오피스텔을 몇 채 구매할 계획을 세우셨기 때문이다. 흑자부도의 시대를
맞아 깡통이 된 오피스텔이 여럿 있어, 몇천 만 원이면 목 좋은 곳에
있는 오피스텔을 살 수 있었던 것이다. 내가 기숙사에 입사했기 때문에
실제로 오피스텔을 사진 않았는데, 노무현 정권 끝 무렵 마포 지가를
생각해보면, 그때 그 오피스텔을 샀다면 내 인생 경로 역시 상당히
달라졌을 것이라는 생각이 든다.

　기숙사에 살다 보니 주중에는 학교에 있다가 주말에는 집에 돌아가서
음악을 듣고 책을 읽고 비디오를 보는, 고등학교 때와 별반 다를 것 없는

삶이 이어졌다. 2학년 때 기숙사에서 쫓겨난 이후로는 집에서 학교를
1년 반 정도 다니다 군에 입대했고, 제대 후에는 신림동 대학가에서 하숙
생활을 했다. 자취를 하라는 친구들이 많았지만, 나 자신의 생활능력을
믿을 수 없었기에 하숙을 고집했다. 지금 생각해봐도 월 40만 원 안쪽의
돈에서 전기와 물을 마음대로 쓰고 밥과 빨래까지 다 해주는 조건은 참
좋았던 것 같다.

　당시 나의 생활은 집의 도움에 의존하고 있었다. 부모님께서는
등록금과 월 35만 원의 생활비 외에 하숙비까지도 부담해주셨다. 월
35만 원이면 쪼들린다고 말할 수도 있지만, 밥 먹고 술 마시고 책 사보는
데는 큰 어려움이 없었다. 돈을 더 벌기보다는 가진 돈에 필요를 맞추어
놓고 썼다. 하숙집 밥을 잘 챙겨 먹고, 학교 식당의 싼 메뉴만 골라
먹으면 크게 모자란 것도 아니었다.

　물론 이 돈이 부모님께 부담이 되지 않았다고 하면 거짓말일 것이다.
하지만 당시는 부모님도 자신감을 가지실 만한 시기였던 것 같다.
전세로 살던 아파트를 빼서 같은 단지 내에서 새 아파트를 구매하셨고,
수원역 상권이 커지면서 지가 역시 크게 올랐다. 수원이 종점이었던
지하철은 병점까지 연장되었고, 천안을 넘어 신창까지 연결되었다.
애경백화점이 새로 지어준 민자역사가 들어섰고, 이 노선으로 인해
'시외버스 타고 들어오던' 오산이나 화성의 인구가 수원에 접근하기
편리한 환경이 조성되었다. 거기에 수원과 오산 사이에 있는 대학들이
'강남에서 30분'이라는 슬로건을 내세워 학생들을 대거 모집했고, 안산
쪽의 외국인 노동자들도 유입되기 시작했다. 역전의 상권은 자연히
커졌고, 거기에 부동산 열풍까지 더해졌다.

　그러나 집의 가치가 아무리 상승해봤자, 부동산이 돈이 되려면
그걸 팔고 다른 떠오르는 지역에 투자를 해야 했다. 게다가 종로로
출근하시는 아버지께 수원역 도보 10분이라는 입지 조건을 포기한다는

건 쉬운 일이 아니었다. 나 역시 2007년 말에 취직을 하며 "결혼하기
전에 잠깐 같이 살자."는 부모님의 제의를 받아들여 수원 아파트로
돌아간 상황이라, 교통 요충지인 수원역 주변을 포기하기는 쉽지 않은
일이었다.

　게다가 당시 나는 '총알을 모으는 것이 유리하다.'는 입장으로
서서히 돌아서고 있었다. 처음에는 빚을 얻어 집을 살 생각이 없었던
것도 아니었다. 하지만 상황이 별로 좋아 보이지 않았다. 주상복합,
오피스텔 등 종목을 바꾸어가며 지가는 참 잘만 올랐다. 그런 집들이야
가격이 너무 엄청나니 별 현실성이 없었지만, 선배 집에 놀러갔다가
자기 아파트는 3억에서 6억으로 뛰었는데, 뒷집은 그 배 이상을
상승했다며 조금 더 주고 비싼 아파트를 살 걸 그랬다는 말을 들으니
가히 초현실적이라는 느낌마저 들었다. 회사를 다니면서 여기저기 집을
알아보다 보니, 교통 여건이 좋거나 동네가 조용하다 싶은 곳은 아예
'부동산 안 가 봐도 견적 나온다.'는 느낌까지 들었다.

　그러니 '빌려서 투자한 다음 불려서 판다.'는 건 아예 고려 대상조차
되지 않았다. 빚을 얻어 집을 산 후 월세를 받아 대출금을 갚는 방식으로
자산을 불리는 것은 굉장한 투자 감각이 필요한 것이었고, 내게는 그런
감각이 없다는 확신도 있었다. 당시 뉴스들을 보니 돈이 생산 분야에서
부동산으로 몰려든다는 느낌이 들었다. 퇴직한 사람들이 자영업에
뛰어들었다 퇴직금을 날리는 이야기나 대기업 쏠림 같은 이야기가 자꾸
보였고, 이는 자연히 주택 소유자들이 이렇게 비정상적으로 높은 지대를
지불할 능력이 되는지에 대한 의심으로 이어졌다. 자연히 붕괴에 대한
희망이 일었다.

　그러다 보니 어떻게든 붕괴에 희망을 걸고 나중을 도모하자는 생각이
커졌다. 붕괴가 올 것을 대비하여 수익률 잘 나온다는 펀드도 들지
않고, 적금만 부어 정기예금으로 옮겨 담는 방식으로 돈을 모았다. 이런

방식으로 '총알'을 모을 때, 부모님께 빌붙어 살고 있는 상황은 신의
축복과도 같은 것이었다. 생활비를 드리긴 했지만, 월세에 생활비를
더한 돈에 비하면 거의 돈이 들지 않았다. 게다가 통근거리가 멀다 보니
9시까지만 뭘 해도 집에 가면 11시가 넘었고, 택시비가 부담이 되기
때문에 늦게까지 술을 마시는 일도 줄었다. 이렇게 회사와 집 사이에서
쳇바퀴를 돌다 보니 씀씀이가 줄었고, 주말에는 서울까지 나가기가
귀찮다는 이유로 집에서 빈둥댔다.

　결국 2012년경에는 그럭저럭 돈을 모을 수 있었고, 집값 역시 계속
하락 중이었다. 통장에 돈도 쌓여가고 있었다. 그런데도 서울에 집을
구한다는 건 여전히 부담스러운 일이었다. 1~2년 더 모아 대출을
받는다 해도 수원의 부모님 집보다는 (크기 문제가 아니라 접근성이나
집의 상태 면에서) 수준이 많이 낮아졌다. 어딜 가든 부모님 댁보다
큰 메리트가 있어 보이지 않았다. 그러니 나중에는 돈이 곤혹스러운
무언가가 되었다. 돈이 있으니 어떻게든 쓰고 싶은데 이걸 집으로
바꾸려면 모은 돈을 다 쓰고 빚까지 크게 떠안아야 하니 말이다.
당시에는 회사를 그만둘 생각도 하고 있었기 때문에 집(빚)이 족쇄가
되는 상황은 어떻게든 피하고 싶었다.

　붕괴만을 기다리며 연착륙론이나 하우스 푸어 등의 담론을 볼
때마다 짜증 섞인 조소를 보내던 중 동생이 결혼했다. 동생 부부에게
안양 역세권에 전세를 하나 마련해주신 부모님께서는, 그들이 직장과
가까운 곳에서 편하게 출퇴근한다는 소리를 들을 때마다 굉장히
기뻐하셨다. 나에 대한 결혼 압박이 심해지기 시작했고 나중에는 집을
하나 구하자는 말씀도 하시곤 했다. 그러나 빚을 끼고 내 집을 구한다고
생각해도 마땅한 곳은 없었고, 한성대입구나 녹사평 근방 다세대주택을
기웃거리는 게 전부였다. 부모님이 집을 구해보자는 말씀을 하실 때마다
현재 가진 돈과 집값을 설명해 드렸고, 빚을 많이 내지 않고는 현재보다

수준이 많이 떨어지는 집을 얻을 수밖에 없다고 주장했다. 그러면 부모님께서는 수준이 맞지 않으니 조금 더 기다리자는 식으로 결론을 맺으셨고, 이렇게 나는 캥거루 생활을 계속 연장할 수 있었다.

　　그러나 박근혜 정부가 쐐기못을 박았다. 생애최초주택마련대출에 양도세, 취득세 면제라는 두 개의 부양책을 내놓은 것이다. 중도상환 수수료 없이 연 3.1퍼센트라는 금리에 세금까지 면제된다니 부모님께서도 '빚 내고 사라'는 압박을 하실 만한 명분이 되었다. 그래서 아버지가 봐두신 약수역 쪽 아파트에 '가기만 해보자.'는 생각에 찾아갔다. 그런데 그게 화근이었다. 약수역 매물이 눈에 차지 않아 집에 돌아가는 길에 '여기까지 온 김에' 하는 마음으로 공덕역 근처 아무 부동산에 찾아 들어가서 소개받은 급매물이, 하필이면 마음에 들어버린 것이다. 집을 본 이후 통장 몇 개를 깨서 전세를 끼고 계약을 맺기까지는 채 한 달이 걸리지 않았다.

　　부모님께서도 자금을 지원해주셨고, 그러고도 모자란 돈은 대출로 메꿨다. 이 생애최초주택마련대출이라는 게 이상한 놈이라, 집 가격에서 전세금을 뺀 금액을 기준으로 대출액이 산정된다. 결국 부모님께서 전세금 전액을 세입자에게 지불하셔야만 했다. 그리고 나서야 충분한 돈을 대출받을 수 있었고, 대출액을 부모님께 돌려드리는 방식으로 거래를 마칠 수 있었다. 그렇게 나는 빚과 집을 동시에 가지게 되었고, 이는 부모님의 도움이 아니었다면 불가능한 일이었을 것이다. 게다가 나이가 35세 미만인 관계로 양도세와 취득세가 면제되지 않다 보니, 결과적으로는 이번 대책(?)으로 인해 받은 혜택이 그리 큰 것도 아니었다.

　　어쨌든 이사하고 전입까지 마쳤으니 먼저 빚을 상환할 방법을 찾아야 했다. 그러나 상환 계획을 세우기도 전에 놀랄 만한 일이 두 가지 발생했다. 첫째는 그동안 집값이 또 올랐다는 사실이었다. 그러나 내가 느낀 놀라움은 "뭘 해도 오를 가능성이 낮다."는 예측이 배신당했기 때문이 아니라, 나 자신의 행동 때문이었다. 나는 이 상승을 은근히 기뻐하고, 또 오르기를 기대하고 있었다. 신나게 하우스 푸어를 비웃고, 집의 사용가치가 더 중요하다 말하고, 왜 집은 감가상각이 안 되고 오르기만 하냐는 말을 하던 내가, 막상 이 상황에 처하고 나자 그런 뉴스를 볼 때마다 일희일비하고 있었다. 지금도 집 근처 부동산을 지날 때마다 매물을 보며 매입가와 비교하는 나 자신을 보며, 조금은 자기혐오를 느끼곤 한다.

둘째는 생활비였다. 반찬 몇 종류에 식재료 조금 샀더니 4만 원, 가재도구 몇 종류 사니 6만 원. 돈이 정말 여기저기서 새나가기 시작했다. 그제야 내가 정녕 캥거루 혹은 흡혈귀 같이 살고 있었다는 생각이 들었다. "밥 있으니 숟가락 하나 더 얹으면 한 사람 더 먹지 않냐."는 말이 사실이긴 하지만, 어쨌든 집에서 밥을 얻어먹고 생필품을 공유하며 아꼈던 돈은 정말 엄청난 것이었다. 어머니가 적금과 예금을 지시하며 내가 돈을 허투루 쓰지 못하게 하고 모은 돈을 운용해주신 것 역시 돈을 모으는 데 엄청난 도움이 되었다.

그러나 이를 더 거슬러 올라가보면, 이 모든 것은 내가 부모님 덕에 상당히 금전적으로 안정된 삶을 살았기 때문에 가능한 것이기도 했다. 대학교에 다니던 때만 해도, 집에서 매달 돈을 받아 썼기 때문에 씀씀이가 오히려 줄어들었다. 돈이 들어오는 일시와 금액을 알고 있는 상황에서는, 그 범위 내에서 모든 것을 해결하는 데 익숙해진다. 돈을 벌지 않는다는 것은 돈 쓸 일이 오히려 줄어드는 것을 의미하기도 한다. 과외라도 할라치면 어디론가 움직여야 하고, 시간이 안 맞으면 학교 밖에서 비싼 음식도 먹어야만 한다. 큰돈이 들어올 것을 기다릴 일도, 스트레스를 풀기 위해 돈을 쓸 일도 없다 보니 무언가를 구매하는 데 쓰는 비용 역시 줄어든다.

　　결국 내가 돈을 모은 것은 근검절약 때문이 아니라 안정적 환경 덕에 돈을 안 쓰고 돈 욕심 없이도 살 수 있었기 때문이다. 그 환경을 조성하고 정기예금 전환 때마다 조금씩 보태주신 부모님이 계셨기에 나는 돈을 모을 수 있었고, 여러 가지 대출과 선택지에 관한 정보를 부모님께서 알려주셨기에 지금의 집을 살 수 있었다.

　　그러나 이것은 내가 그만큼의 심리적 부채를 부모님께 지게 되었다는 것을 의미하기도 한다. 이만큼 도움을 받았으니 더 잘 살아야겠다는 생각도 들고, 연애나 결혼도 부모님을 신경 쓰지 않을 수 없다는 생각 역시 하게 되는 것이다. 지금 살고 있는 24평짜리 집 역시 내가 뿌리를 내리고 살 곳이라기보다는 아이를 낳아 키운 후 더 큰 집으로 옮겨가는 하나의 단계라는 느낌이 들었다. 나도 모르는 새 내 인생은 내가 생각해왔던 것과 다른 궤도 위에 올라선 것이다.

　　어쩌면 이것은 발레리 줄레조가 『아파트 공화국』에서 그렸던 예전 중산층의 주택 마련 방식이었을지도 모르겠다. 안정적 직장을 가진 부모가 사회에 나서는 자식들에게 전세 등을 통해 일정 부분의 부를 양도하고, 자식은 양도받은 부를 이용하여 조금 더 빨리 자산을 축적하고 집을 마련하는 방식. 물론 이 모델은 더 이상 지속될 수 없을 것 같다. 부동산이 현재 모습과 같이 유지된다면 내가 자식들에게 집을 구해줄 방법이 없을 것이고, 부동산 시장이 변화한다면 부모의 도움 없이도 내 자식들이 스스로 집을 마련할 수 있는 방법이 생길 것이다. 전자라면 슬픈 일이겠고, 후자라면 조금 기쁜 일이겠다. 하지만 어쨌든 지금 내가 자식을 낳게 되고 그 아이가 살 집이 필요하게 될 시점이 왔을 때, 부동산이나 아파트를 장만하는 방식이 어떻게 바뀌어 있을지에 대해 더 이상 짐작할 수가 없다는 것만은 확실하다는 생각이 든다.

1991-2013년 서울과 일산, 평촌, 분당, 판교, 동탄, 중동, 산본 지역 아파트 누적 시세차익

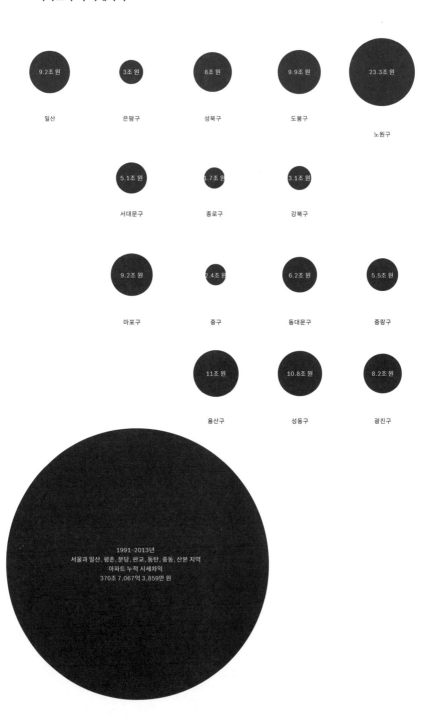

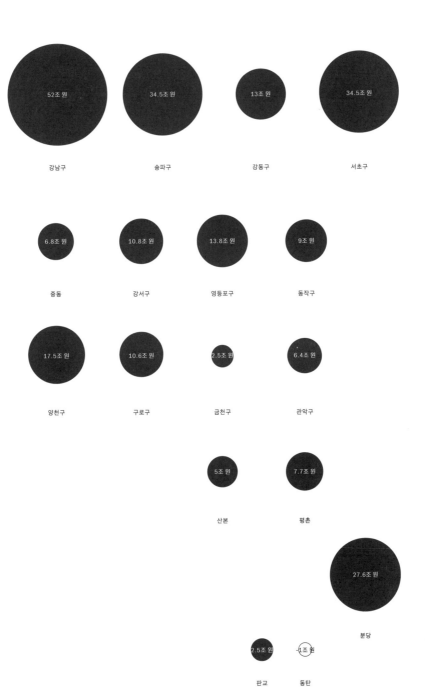

52조 원
강남구

34.5조 원
송파구

13조 원
강동구

34.5조 원
서초구

6.8조 원
중동

10.8조 원
강서구

13.8조 원
영등포구

9조 원
동작구

17.5조 원
양천구

10.6조 원
구로구

2.5조 원
금천구

6.4조 원
관악구

5조 원
산본

7.7조 원
평촌

27.6조 원
분당

2.5조 원
판교

1조 원
동탄

확률가족
아파트키드의 가족 이야기

박재현·김형재 엮음
박해천 기획

초판 2쇄 발행
2015년 9월 18일

발행처
도서출판 마티

출판등록
2005년 4월 13일

등록번호
제2005-22호

발행인
정희경

편집장
박정현

편집
강소영, 서성진

마케팅
최정이

디자인
홍은주, 김형재

주소
서울시 마포구 동교로12안길 31
2층 (121-839)

전화
02-333-3110

팩스
02-333-3169

이메일
matibook@naver.com

블로그
blog.naver.com/matibook

트위터
twitter.com/matibook

ISBN
979-11-86000-19-9 (03330)